开明出版社

图书在版编目（CIP）数据

出彩河南人最美教师. 2021 / 河南省教育厅编著. --
北京：开明出版社，2022.3
ISBN 978-7-5131-7367-4

Ⅰ. ①出… Ⅱ. ①河… Ⅲ. ①优秀教师—先进事迹—
河南—2021 Ⅳ. ①K825.46

中国版本图书馆 CIP 数据核字（2022）第 043337 号

责任编辑　程刚
书　　名　出彩河南人最美教师 2021

出版发行　开明出版社
地址：北京市海淀区西三环北路 25 号青政大厦 6 层
邮编：100089
电话：010-88817647
网址：www.kaimingpress.com
印　　刷　河南瑞之光印刷股份有限公司
版　　次　2022 年 3 月第 1 版
印　　次　2022 年 3 月第 1 次印刷
开　　本　787mm×1092mm　1/16
印　　张　21
字　　数　380 千字
书　　号　ISBN 978-7-5131-7367-4
定　　价　86.00 元

教师是教育工作的中坚力量。有高质量的教师，才会有高质量的教育。做好老师，就要执着于教书育人，有热爱教育的定力、淡泊名利的坚守，就要有理想信念、有道德情操、有扎实学识、有仁爱之心。广大思想政治理论课教师，政治要强、情怀要深、思维要新、视野要广、自律要严、人格要正。要把师德师风建设摆在首要位置，引导广大教师继承发扬老一辈教育工作者“捧着一颗心来，不带半根草去”的精神，以赤诚之心、奉献之心、仁爱之心投身教育事业。要加强中西部欠发达地区教师定向培养和精准培训，深入实施乡村教师支持计划。要在全党全社会大力弘扬尊师重教的社会风尚，推动形成优秀人才竞相从教、广大教师尽展其才、好老师不断涌现的良好局面。

——2021 年 3 月 6 日，习近平总书记在看望参加政协会议的医药卫生界教育界委员时强调

好老师要做到学为人师、行为世范。希望你们继续学习弘扬黄大年同志等优秀教师的高尚精神，同全国高校广大教师一道，立德修身，潜心治学，开拓创新，真正把为学、为事、为人统一起来，当好学生成长的引路人，为培养德智体美劳全面发展的社会主义建设者和接班人、全面建设社会主义现代化国家不断作出新贡献。

——2021 年 9 月 8 日，在第 37 个教师节来临之际，习近平总书记给全国高校黄大年式教师团队代表回信

“出彩河南人”2021 最美教师
宣传推介活动

主办单位

中共河南省委宣传部
中共河南省委高校工委
河南省教育厅
河南日报报业集团
河南广播电视台

承办单位

河南省师德建设宣传中心
河南广播电视台卫星频道
河南教育发展基金会

“出彩河南人”2021最美教师宣传推介活动
组 委 会

顾　　问　江　凌

总 策 划　曾德亚　郑邦山　宋争辉　方启雄

　　　　　董　林　王仁海

策　　划　毛　杰　张学文　李　波　崔炳建

执行策划　翁铁军　周大浩　张国强　杨　光

　　　　　李松原　唐泽仓

统　　筹　庞向辉　卢慎勇　刘林军　田少辉

　　　　　陈　凯　肖向毅　李宗英　罗兆夫

　　　　　刘　肖　田　珂

执行统筹　吕　康　邱长林　侯军锋　张利军

　　　　　李　沛　庞　珂　陈　超　杨智斌

目录
河南最美教师

绽　放

王变变、靳塬统

张　峰

朱奎鹏

刘安娜

申中华

梁　静

崔姗姗

特别奖

优秀奖

新世纪河南师德楷模

附录

最美教师

“出彩河南人”
2021 最美教师揭晓

2021 年 9 月 9 日晚，“出彩河南人”2021 最美教师发布仪式在河南卫视播出，11 位优秀教师荣获“出彩河南人”2021 最美教师称号，2 位教师获得特别奖，10 位教师获得优秀奖。受疫情影响，今年的最美教师发布仪式首次采用云录制方式进行。

发布仪式前，省教育厅党组书记宋争辉通过视频的形式，代表省委高校工委、省教育厅向全省广大教师和教育工作者送上节日的

省教育厅党组书记宋争辉通过视频送上节日祝福

祝福。宋争辉指出，2021 年是极不平凡的一年，我们激情满怀，热烈庆祝党的百年华诞，但又遭遇汛情疫情叠加的复杂形势，任务十分繁重。在没有硝烟的两个战场，全省广大教师和教育工作者心手相牵，同舟共济，为战胜疫情灾情做出了突出贡献，涌现出许多先进典型和感人事迹。百年大计，教育为本。河南教育的高质量发展，根本靠广大教师和教育工作者的接续努力与辛勤工作。希望大家共同携起手来，奋力谱写新时代中原教育更加出彩的绚丽篇章。

发布仪式上，“出彩河南人”2021 最美教师正式揭晓，他们分别是：夫妻同心、让村小旧貌换新颜的禹州市花石镇观音堂小学教师王变变、靳塬统，扎根田野、激活乡村教育蓬勃力量的濮阳县文留镇东王庄小学教师王爱红，投身特岗、拓展启智扶贫之路的林州市采桑镇第一初级中学教师元建周，兼任驻村第一书记、探究控辍保学新路径的漯河市高级中学教师申中华，在“校史中挖掘党史”、助力红色基因传承的郑州市第101中学教师朱奎鹏，课堂因材施教、课下网络互联的河南师范大学教师刘安娜，倾其所有、把留守孩子送向理想学堂的新乡县大召营中学教师张峰，全科教学、让乡村孩子全面发展的沁阳市西向镇屯头村教学点教师陈佩，共享精品课程资源、传承中华医学精华的河南中医药大学教师崔姗姗，引领智能优化领域发展、为“双一流”建设增砖添瓦的郑州大学教师梁静。

以焦裕禄为榜样、讲活思政课、引导学生走好人生路的“思政网红”——郑州大学教师周荣方，用白发书写青春、用亲情点亮心灵的“80后白发校长”——太康县清集镇二郎庙小学校长张鹏程，被组委会授予特别奖。

另外，“出彩河南人”2021最美教师宣传推介活动还首次增设优秀奖，共有10位教师获奖，他们分别是：尉氏县庄头镇第二初级中学教师于松平、郸城县东风乡郑庄小学教师于金梅、栾川县特殊教育学校教师王丽娟、范县第三小学教师巴世阳、鹤壁市第四中学教师朱利军、河南省工业科技学校教师刘小翠、民权县教师进修学校教师宋念慈、河南省济源第一中学教师宗星星、郑州大学体育学院教师侯雯、驻马店市驿城区胡庙乡臧集小学教师耿峰。

特别值得注意的是，这次的发布仪式还有两大亮点：一是刚刚获得2021年全国教书育人楷模的辉县市西平罗乡中心幼儿园园长郭文艳，在发布仪式上代表全省教师表达了“为党育人、为国育才”的信心和决心。二是河南省首批教育世家的家庭代表，一起云合诵原创叙事诗《赓续百年，初心不变》，展现了教育世家代代传承、薪火相传育桃李的教育情怀。

整场发布仪式分为楷模的力量、特别的影响、清澈的信仰、多彩的课堂、求索的方向、振兴的希望、使命的传承七个篇章，利用虚拟演播室、跨时空对话，云互动、云接力等艺术呈现方式，在保证疫情防控安全的情况下，让更多人物参与进来，展现河南教师在传承“红色基因”、创新“多彩课堂”、奋进“科研创新”、助力“乡村振兴”中的美丽身影，体现广大教师倾情奉献，做学生“锤炼品格引路人、学习知识引路人、创新思维引路人、奉献祖国引路人”的高尚品质。

2021 年全国教书育人楷模郭文艳代表全省教师表达“为党育人、为国育才”的信心和决心

赓续百年，初心不变，河南省首批教育世家彰显教育人的执着追求和使命担当

重新作词谱曲的河南省师德教育活动主题歌《一切都给你》首次唱响

同时，整场发布仪式还融入了建党百年、防汛救灾、抗击疫情等多种元素，既展现了河南教师在特殊时刻、非常时期的倾情奉献，又体现了全省教育工作者“把灾难当教材，与祖国共成长”的使命担当。

发布仪式最后，重新作词谱曲的河南省师德教育活动主题歌《一切都给你》的旋律响起，2021 最美教师及特别奖获得者云接力领唱，教育世家代表、师德楷模云接力合唱。新的歌词，新的曲调，更加贴近教师生活，贴合时代发展节奏，给这首已经传唱了 15 年的主题歌注入了新的活力，凸显出河南教育铁军将继续夯实信仰支撑、增厚信念土壤，在新的赶考路上继往开来、开拓前进，交出更加优异答卷的坚定信心。

据悉，“出彩河南人”2021 最美教师宣传推介活动由中共河南省委宣传部、中共河南省委高校工委、河南省教育厅、河南日报报业集团、河南广播电视台共同主办，河南省师德建设宣传中心、河南广播电视台卫星频道、河南省教育发展基金会承办。自2015年开始，“出彩河南人”最美教师宣传推介活动已连续举办7届，在全社会营造了尊师重教的浓厚氛围。

（原载2021年9月10日《教育时报》，作者：杨智斌）

扫一扫，观看发布仪式

扫一扫，观看全新改版的《一切都给你》，由“出彩河南人”2021最美教师联袂出镜演绎

赓续百年初心

——"出彩河南

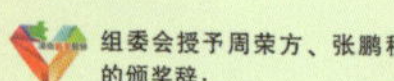

特别奖

组委会授予周荣方、张鹏程的颁奖辞:

你以焦裕禄精神为榜样，用心用情讲好思政大课；你以父亲的心态做校长，倾心倾力陪伴孩子成长。你们在网络上不意走红，红的不仅是故事，更是炽热的情怀。从小学到大学，你们传递的不仅是知识，更是生命的力量。你们是"出彩河南人"2021最美教师——周荣方、张鹏程。

周荣方，女，1981年生，中共党员，郑州大学教师

获奖感言：

获得最美教师这份荣誉，我感到很惊喜。从教十几年，学生们的支持一直是我前进的动力。"讲好中国故事，传播好中国声音"，作为思政课教师的我一直铭记在心。今后，我会继续脚踏实地，把思政小课堂融入社会大课堂，上好每一堂思政课，做好青年学生健康成长的引路人！

张鹏程，男，1982年生，中共党员，太康县清集镇二郎庙小学校长

获奖感言：

能获得这个奖，说实在的有些不好意思，我所做的和最美的标准还有很大的差距。像我这样的农村教师有很多很多，我只是做了一个基层校长该做的事儿，本来就应该做好的事儿。今后，我要继续扎根农村教育，陪着孩子们健康快乐地成长，给他们一个最美的未来！

组委会授予朱奎鹏的颁奖辞:

向内，深入挖掘校史里的党史；向外，用现代手段传承红色基因。以史为鉴，引导学生筑牢信仰基石；以史为师，帮助学生树立文化自信。你传授的不仅是知识，更让党的光辉薪火相传。你是"出彩河南人"2021最美教师——朱奎鹏。

朱奎鹏，男，1987年生，中共党员，郑州市第101中学教师

获奖感言：

作为一名青年教师，能获得最美教师这份荣誉，真的很激动，因为这将成为我个人经历的重要一部分。作为一名历史老师，我只是跳出教材、结合实际，在"校史中挖掘党史"方面做了一点点工作，没想到就得到了这么大的认可。这也给了我们很大启示：教材是活的，知识也是活的，就看我们怎么调度它、使用它。用心揣摩，让我们共同书写属于教育人的历史吧！

组委会授予申中华的颁奖辞:

执教二十载，一支粉笔放飞的是孩子们的梦想；驻村一年多，遍野汗水拉近的是与老百姓的距离。从模范教师到第一书记，转换的是角色，不变的是相信教育改变命运的初心。你是"出彩河南人"2021最美教师——申中华。

申中华，男，1970年生，中共党员，漯河市高级中学教师

获奖感言：

非常感谢组委会对我的肯定和鼓励！一段经历就是一段成长，换个角度能看到更全面的教育。控辍保学、智志双扶，农村教育的发展，的确要考虑很多教育之外的事情。如今的水坑赵村，村民们都支持自己的孩子去上学，孩子们也都十分热爱学习，这是我最开心的事。接下来，回归校园，我将继续全身心地投入到教学工作中。

组委会授予梁静的颁奖辞:

引领智能优化领域发展，让"中国标准"走向世界；潜心高等教育科学研究，为"双一流"建设增砖添瓦。放弃海外优厚待遇，你怀揣梦想回国执教；鼎力助推学子成才，你为科研工作者树立标杆。你是"出彩河南人"2021最美教师——梁静。

梁静，女，1981年生，中共党员，郑州大学教师

获奖感言：

作为一名教师，能拿到最美教师这么高的荣誉非常开心。未来，我希望能够带领更多学生，走上科研道路，把关键核心技术掌握在自己手中。科技强则国家强，为中国发展、河南发展提供创新动力之源，助力"双一流"建设，我们要做的还有很多很多。真的是应了那样一句话：时不我待，只争朝夕。加油！

组委会授予崔姗姗的颁奖辞:

潜心钻研先贤典籍，探求中医理论的博大；共享精品课程资源，传承中华医学的精华。创新科研，孜孜追求36年，硕果累累；亦师亦友，诲人不倦36载，成绩斐然。你是"出彩河南人"2021最美教师——崔姗姗。

崔姗姗，女，1963年生，中共党员，河南中医药大学教师

获奖感言：

这座沉甸甸的奖杯，浓缩了我对中医的热爱、对学生的热爱、对教育事业的热爱。这份荣誉不仅属于我个人，更属于为中医传承与发扬坚守的所有同人。以后，我要和广大同人一道，继续把最美的中医传授给我们最美的学生，让世界领略我们的中医之美，让博大精深的中医继续造福人类！

走出
科教学，
角落里，
风采与
佩。

西

获奖感言
拿到
比，我
倍努力，
彩，让
全，助

以
船，你
灵魂，
为每一
师——

中

获奖感
多
个好老
为学生
近学生，
他们走

担当育人使命

最美教师风采展示

辞：

守护整个村庄的希望；全
命茁壮成长。在远离繁华的
你展示了一名全科教师的
人”2021最美教师——陈

年生，中共党员，沁阳市

度忍，与名师、骨干教师相
升空间。接下来，我还要加
学科的课上得更扎实、更精
，用小学全科教师的小而

组委会授予元建周的颁奖辞：

投身特岗，点亮乡村教育之光，你无怨无悔；情系太行，拓展启智扶贫之路，你尽职尽责。一往情深，把青春和智慧播撒在红旗渠畔；执着守山，却让学生踩着你的肩头走出大山。你是“出彩河南人”2021最美教师——元建周。

元建周，男，1984年生，中共党员，林州市采桑镇第一中学教师

获奖感言：

说实话，真没想到咱山里的老师，也能获得这么高的荣誉。我现在最想把这份荣誉，分享给我的父亲。我当老师，还是受了他的影响。我父亲为教育事业奉献了一辈子，我也要像他一样，守在山里，教好村里每一个孩子，守住我报考特岗教师的那份初心。

组委会授予刘安娜的颁奖辞：

博学多才、挥洒自如，你是学生追捧的偶像；春风化雨、水到渠成，你是学生知心的姐姐。课堂因材施教，课下网络互联。你执念，“教书育人，非一课之功”；你坚信，付出真爱，爱就永不泯灭。你是“出彩河南人”2021最美教师——刘安娜。

刘安娜，女，1978年生，中共党员，河南师范大学教师

获奖感言：

最美教师的荣誉，对我来说更是一种激励。经常有人说，老师是蜡烛，燃烧了自己，照亮了学生。最美教师似乎更应该毫无保留地把自己燃烧殆尽才算够格。但我认为，教育不该是单向的消耗，而应是双向的点燃。未来，我更愿和学生一起，激发彼此的生命，点燃彼此，成就最美的彼此。

辞：

子渡向理想的学堂；用身做
的彼岸。传播知识，更塑造
；倾己所有，拼尽全力，你
“出彩河南人”2021最美教

中共党员，新乡县大召营

获得多高的荣誉，只想着做
好老师是一个人的幸运。因
我会一如既往地爱学生，走
不放弃任何一个学生，引导

组委会授予王爱红的颁奖辞：

扎根田野，你用光照亮光，带领工作室成员拔节向上；坚守村小，你用梦点燃梦，标志着“首席教师”激活乡村教育的蓬勃力量。苔花虽小，也学牡丹盛开。不鸣则已，一鸣响彻中原。你是“出彩河南人”2021最美教师——王爱红。

王爱红，女，1985年生，中共党员，濮阳县文留镇东王庄小学教师

获奖感言：

今天我能成为最美教师，最要感谢的是国家的好政策，在乡村实施“首席教师”岗位计划，让我们这些偏远地区的老师，也能拥有更大的舞台。

今后，我要尽自己最大的努力，能够影响一名学生的进步，就影响一名学生；能够助力一位老师的成长，就助力一位老师；能够带动一个区域的发展，就带动一个区域……从而让更多的农村孩子拥有美好的未来。

组委会授予王变变、靳塬统的颁奖辞：

在家是伉俪，到校成战友。夫妻同心，用五年改变倒闭小学命运；相扶相携，用真爱点亮乡村孩子梦想。聚沙成塔，村小旧貌换新颜；无私奉献，种得桃李芳满园，你们是“出彩河南人”2021最美教师——王变变、靳塬统。

王变变，女，1986年生；靳塬统，男，1985年生，均为中共党员、禹州市花石镇观音堂小学教师

获奖感言：

最美教师的这座奖杯，不仅是我们的荣誉，也是母亲的荣誉。母亲最大的心愿，就是让我们守好学校，照顾好孩子们。守住这所农村小学，让学生有更好的学习条件，学到更多知识，我们会继续走下去！

相比从前，现在条件好多了，但服务乡村振兴，乡村教育还有更大的发展空间，我们会继续加油。

优秀奖

于松平 尉氏县庄头镇第二初级中学教师

于金梅 郸城县东风乡郑庄小学教师

王丽娟 栾川县特殊教育学校教师

巴世阳 范县第三小学教师

朱利军 鹤壁市第四中学教师

刘小翠 河南工业科技学校教师

宋念慈 民权县教师进修学校教师

宗星星 河南省济源第一中学教师

侯雯 郑州大学体育学院教师

耿峰 驻马店市驿城区胡庙乡臧集小学教师

礼赞建党百
河南省师德主

矢志为党育人
朗诵比赛总决赛

党啊，我把颂诗献给您

——“礼赞建党百年，矢志为党育人”河南省师德主题诗歌朗诵比赛总决赛侧记

2021 年 6 月 28 日晚，“礼赞建党百年，矢志为党育人”河南省师德主题诗歌朗诵比赛总决赛在河南广播电视台成功举办。时任省教育厅党组书记、厅长郑邦山，省委宣传部副部长赵云龙，省教育厅党组成员、副厅长毛杰等出席总决赛。总决赛现场，从初赛和复赛中脱颖而出的 9 支参赛队伍，用饱含真情的朗诵诉说着教育人的使命担当，表达了对党和祖国的赤诚热爱与满腔祝福。

“这一次，我们把爱写进诗里，读给您听”

9 组选手，9 首原创诗歌，每首诗歌都各有特点。在总决赛中，9 组选手分成了三组进行比赛。

来自河南省第二实验中学的王珂、胡苏煜、高婕、孙小飞共同朗诵《最亮的星》，将王生英、刘文婷、郭天财、张玉滚 4 位河南的全国教书育人楷模比作教育星空中指引百万教师前行的明星，向他们致敬。

六千里漫漫援疆路，万千人浓浓豫疆情。郑州市第九中学的王金娇、李悦以一首《为了远方的召唤》，对数万河南援疆教师表达了崇敬之情。

由安阳市第一实验小学的石肖庆朗诵的《我们记得，他们就还活着》，表达了对坚守岗位直至生命最后一刻的师德楷模——孙阳吉、张伟、李芳等河南教育界英模的无限怀念。

点点萤火，汇成星河。第一组朗诵者以质朴而优美的诗句让我

濮阳市昆吾小学带来的《老师好》荣获金奖

们感受到了无数楷模先锋的师德力量。

折翼，不代表着灵魂缺失，在特殊教育教师的指引下，乘风破浪的少年，从一棵棵幼小的树苗，长成了南国浩渺烟波的垂柳、北方浩荡大漠的胡杨。漯河市特殊教育学校的两位教师胡梦阳、汪硕与学生赵紫怡、梁锦鹏共同朗诵的诗歌《长成树》，让现场观众无不动容。

一粒粒种子，破土而出，挺立在亿亩麦田；一批批学子，春华秋实，奋战在科研战线。河南科技学院的刘梦月以一首《种子·初心》表达对“小麦狂人”茹振钢的无比尊敬，也表达了对广大既科研攻关又教书育人的高校学者的崇高敬意。

青春相继，百年新启，教育之兴在于青年担当。河南师范大学的许艺馨、李孟钊、李世元、刘梦堞 4 位学生带来《毕业后，我愿成为你》，表达出广大师范专业学生渴望站上三尺讲台，只为“传道受业解惑”的决心和担当。

带着期待，铸就未来。第二组诗歌带领我们感受到了特殊教育、高等教育、师范教育中那些无可替代的师者力量，受他们感召，向未来前行。

不当老师，怎能理解教师的平凡与高尚；不当老师，怎能懂得师爱无疆。来自濮阳市昆吾小学的林文、李洪亮、张丽华、司培宁带来参赛作品《老师好》，引导更多教师体味日常生活中的职业幸福。

安阳市第一实验小学教师石肖庆带来的《我们记得，他们就还活着》荣获金奖

一群人，肩负着党的重托，为了共同的目标，到基层去，到山区去，把知识带去，把希望带去。许昌市建安区镜水路小学的刘元以一首《特殊的奖章》，带大家走进特岗教师的世界。

河南省实验小学的黄博、张博、吴丹阳、樊艳茹呈现的《您的背影，我们的方向》中，表达了对百年来无数仁人志士的无限追思，更表达了“教育征途漫漫，唯有砥砺前行”的决心和勇气，用打动人心的诗歌，抒发出河南教育人对党的耿耿忠心、一片赤诚。

培根铸魂，启智润心。第三组诗歌通过平实的语言，对广大教师们既平凡又不凡的教学经历进行解读，让广大教师产生共鸣，让万千溪流汇聚，形成助力河南教育谱写新篇章的蓬勃力量。

诗以言志。这 9 首诗歌，均为原创作品，在建党百年之际，他们把对党和国家、对教育无限的爱写进诗里，代表全省百万教师，大声告白。

“这一场，我们用尽全身力气，只为向全省百万教师致敬”

“拂去岁月厚厚的封尘，敞开心的世界、记忆的闸门，一幅幅一帧帧，不能忘却的画卷，引领着我默默地前行……”舒缓深情的节奏，气势磅礴的歌词，让全场观众沉浸其中——感受红色精神，追寻先辈足迹，总决赛在童声合唱《追寻》中拉开帷幕。

随后，在第一组朗诵结束后，《祖国不会忘记》深情而高亢的旋律在舞台上响起。那句句歌词，是铿锵有力的誓言，也是掷地有声的承诺。这歌，仿佛是唱给那无数的师德榜样和先锋模范，歌颂他们用行动树起了当代人民教师的丰碑，谱写了一曲为人师表、大爱无疆的赞歌。

第二组的 3 支参赛队伍比赛结束，舞台上的灯光渐渐亮起，来自郑州升达经贸管理学院的学生为现场观众献上展现师生深厚情意的舞蹈《萱草花》，演员优美的舞姿，音乐动听的旋律，让现场观众为之陶醉。

随着第三组选手全部朗诵结束，评委中的两位，河南大学新闻与传播学院播音主持专业学科带头人、硕士生导师强海峰，“出彩河南人”2020 最美教师、濮阳市第五中学教师王红玉与 9 支参赛队伍的选手代表一同带来组委会为这次比赛专门创作的诗歌《奠基》，将总决赛的气氛推向高潮。

一切都给你，这是万千人民教师礼赞建党百年的拳拳初心；一切都给你，这是广大教育工作者矢志为党育人的铮铮誓言。随后，河南省师德教育活动主题歌《一切都给你》的旋律再次响起，总决

本次比赛评审组阵容强大

赛也在全场的大合唱中圆满落下帷幕。

"河南一共有 4 位全国教书育人楷模，由于种种原因，我们没办法把他们都请到现场来，但作为我省师德建设的标志性人物，我们克服重重困难，为他们 4 位分别拍摄了短片，穿插在比赛中间，向全省观众展现他们潜心为党育人、为国育才的精神风貌。"河南广播电视台都市频道综艺部副主管、决赛总导演郜琳琳告诉记者。

总决赛中的节目，导演组也下了大功夫，内容上都是既能表达爱党爱国情怀，又能展现教育人矢志为党育人风采的；形式上，童声合唱团、教师合唱团、初中生弦乐团、大学生舞蹈演员等，形式多样，表达新颖。"我们能做的，就是用最大的努力，呈现最精彩的画面，在建党百年之际，向奋战在教育一线的河南教育铁军致敬。"郜琳琳说。

"这一回，我们只想把'独一无二'的礼物献给党"

2021 年 3 月，省委高校工委、省教育厅在全省教育系统启动"礼赞建党百年，矢志为党育人"师德主题诗歌朗诵比赛活动。本次活动旨在全面加强和改进新时代师德师风建设，以高质量的师德建设向党的百年华诞献礼。作为全省教育系统向建党百年的一次师德汇报和展示，得到了各地各校的积极响应和广泛关注。

经过层层动员、初赛、复赛等程序，综合排名前 9 组进入决赛，其中包括教师组 7 组、师范生组 2 组。在复赛结束后，"河南师德"微信公众号推送 9 组选手的复赛视频，并开放了投票通道。经统计，11 天的宣传推介，共 12 万余人次参与投票。

"举办朗诵比赛，主要不是为了颁出几个奖，而是以这种形式进行师德宣传，投票点赞显然是一种扩大宣传的有效渠道。为了让每一票都有所体现，我们把每组的得票数换算成满分为 1 分的分值。总决赛现场的评委打分满分为 9 分，网络投票得分与现场评委打分，共同组成每组选手的最终成绩——这是本次活动的一个创新，也是对选手们前期进行宣传推介的一种鼓励。"本次总决赛评审组组长、河南省师德建设宣传中心主任刘肖告诉记者。

《一切都给你》的旋律响起，把现场气氛推向高潮

据了解，此次师德主题诗歌朗诵比赛总决赛由中共河南省委高校工委、河南省教育厅主办，河南广播电视台都市频道、河南省师德建设宣传中心承办，为全省师德主题教育活动的重要内容之一。

“我省师德主题教育活动每年开展一次，围绕一个主题开展内容丰富、形式多样的师德教育活动，今年为庆祝建党百年，举办师德主题诗歌朗诵比赛尚属首次，而且活动的形式和内容都进行了较大创新。”省教育厅副厅长毛杰说，“希望在党的百年华诞到来之际，在如此重要的时间节点，献出这份属于我们河南教育人的‘独一无二’的礼物。”

扫一扫，观看朗诵比赛总决赛全程视频

获奖名单

金奖

《老师好》

濮阳市昆吾小学

《我们记得，他们就还活着》

安阳市第一实验小学

银奖

《您的背影，我们的方向》

河南省实验小学

《最亮的星》

河南省第二实验中学

《毕业后，我愿成为你》

河南师范大学

铜奖

《种子·初心》

河南科技学院

《特殊的奖章》

许昌市建安区镜水路小学

《长成树》

漯河市特殊教育学校

《为了远方的呼唤》

郑州市第九中学

四位全国教书育人楷模以视频短片的形式出现在现场，为观众讲述他们心中的那一抹红

奠 基

□ 刘肖 庞珂

朋友，这是一个新的时代，
民族复兴，中原崛起，
朋友，这是一个新的时代，
教育发展，日新月异。
我们深知：
中原崛起，教育为基，
这奠基石到底在哪里呢?
让我们一同来细细寻觅……

教育发展的奠基石在哪里?
在哪里——
就在张玉滚挑课本一挑就是十多年的老扁担上，
就在王生英红旗渠畔十年以家为校的教室里，
就在刘文婷帮助折翼天使执着圆梦的行动中，
就在郭天财为了天下粮仓耕耘数十载的麦田里……
寒来暑往，夜以继日，
不忘初心，不辱使命，
他们用爱和信仰谱写出一个个教书育人的传奇。

教育发展的奠基石在哪里?
在哪里——
就在茹振钢为了粮食安全昼夜不休潜心攻关的实验室中，
就在王彩琴跋涉山山水水助力教师专业成长的征途里，

两位教师评委与9组选手的代表共同朗诵原创诗歌《奠基》

就在杨承把青春和热诚全都倾注乡村教育的黄河滩上，
就在李芳老师用鲜血和生命为孩子们上的最后一课里……
立德树人，前赴后继，
桃李不言，下自成蹊，
他们用最美的身影示范着人民教师最美的轨迹。

教育发展的奠基石在哪里？
在哪里——
就在特岗教师立志让乡村教育从孱弱走向丰盈的理想中，
就在全科教师扎根基层为留守儿童默默付出的陪伴里，
就在乡村首席教师以教育高质量助力乡村振兴的实践中，
就在援疆教师将爱与智慧的种子播撒天涯的满腔热血里……
为党育人，为国育才，
执着前行，毅然接力，
他们的勇于担当让中国教育的未来充满无限希冀。

中原崛起，教育奠基，
那奠基石啊，我们无须再苦苦地寻觅。
它不在远方，就在脚下，
它不在别处，就在这里。
它就在人民教师为教育事业勇于献身的实践中，
它就在师范学子用知识报效祖国培养的信念里，
它总是以爱的化身出现，
它永远与心灵没有距离，
我们每一个人不都是一粒这样的石子吗？
梦想把我们紧密地相连、筑成坚实的根基！

为了中华民族的伟大复兴，
为了中原大地的持续崛起，
我们愿把心给你，把爱给你，
把青春给你，
把生命给你，
一切，
一切，
一切都给你，都给你！

（原载 2021 年 7 月 2 日《教育时报》）

党啊，我把颂诗献给您

——“礼赞建党百年，矢志为党育人”河南省师德主题诗歌朗诵比赛总决赛侧记

□ 本报记者 庞珂

6月28日晚，“礼赞建年，矢志为党育人”河师德主题诗歌朗诵比赛赛在河南广播电视台成办。省教育厅党组书记、郑邦山，省委宣传部副赵云龙，省教育厅党组、副厅长毛杰等出席总。总决赛现场，从初赛赛中脱颖而出的9支参伍，用饱含真情的朗诵着教育人的使命担当，了对党和祖国的赤诚热满腔祝福。

▶安阳市第一实验小学教师石肖庆带来的《我们记得，他们就还活着》荣获金奖

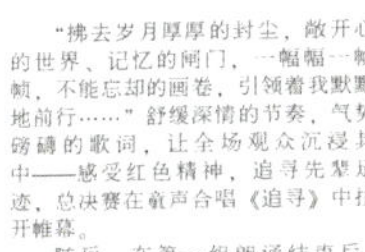
◀濮阳市昆吾小学带来的《老师好》荣获金奖

“这一次，我们把爱写进诗里，读给您听”

选手，9首原创诗歌，每首有特点。在总决赛中，9组了三组进行比赛。

河南省第二实验中学的王昱、高婕、孙小飞共同朗诵》，将王生英、刘文婷、郭玉滚4位全国教书育人楷模星空中指引百万教师前行的他们致敬。

且漫漫援疆路，万千人浓浓郑州市第九中学的王金娇、首《为了远方的召唤》，对援疆教师表达了崇敬之情。

阳市第一实验小学的石肖庆我们记得，他们就还活着》，坚守岗位直至生命最后一刻模——孙阳吉、张伟、李芳育界英模的无限怀念。

萤火，汇成星河。第一组朗朴而优美的诗句让我们感受楷模先锋的师德力量。

不代表着灵魂缺失，在特师的指引下，乘风破浪的少棵棵幼小的树苗，长成了南坡的垂柳、北方浩荡大漠的河市特殊教育学校的两位教、汪硕与学生赵紫怡、梁锦诵的诗歌《长成树》，让现不动容。

粒种子，破土而出，挺立在一批批学子，春华秋实，研战线。河南科技学院的刘首《种子·初心》表达对”茹振钢的无比尊敬，也广大既科研攻关又教书育人者的崇高敬意。

相继，百年新启，教育之兴担当。河南师范大学的许艺刊、李世元、刘梦燦4位学生带来《毕业后，我愿成为你》，表达出广大师范专业学生渴望站上三尺讲台，只为“传道受业解惑”的决心和担当。

带着期待，铸就未来。第二组诗歌带领我们感受到了特殊教育高等教育、师范教育中那些无可替代的师者力量，受他们感召，向未来前行。

不当老师，怎能理解教师的平凡与高尚；不当老师，怎能懂得师爱无疆。来自濮阳市昆吾小学的林文、李洪亮、张丽华、司培宁带来参赛作品《老师好》，引导更多教师体味日常生活中的职业幸福。

一群人，肩负着党的重托，为了共同的目标，到基层去，到山区去，把知识带去，把希望带去。许昌市建安区镜水路小学的刘元以一首《特殊的奖章》，带大家走进特岗教师的世界。

河南省实验小学的黄博、张博、吴丹阳、樊艳茹呈现的《您的背影，我们的方向》中，表达了对百年来无数仁人志士的无限追思，更表达了“教育征途漫漫，唯有砥砺前行”的决心和勇气，用打动人心的诗歌，抒发出河南教育人对党的耿耿忠心、一片赤诚。

培根铸魂，启智润心。第三组诗歌通过平实的语言，对广大教师们既平凡又不凡的教学经历进行解读，让广大教师产生共鸣，让万千溪流汇聚，形成助力河南教育谱写新篇章的蓬勃力量。

诗以言志。这9首诗歌，均为原创作品，在建党百年之际，他们把对党和国家、对教育无限的爱写进诗里，代表全省百万教师，大声告白。

“这一场，我们用尽全身力气，只为向全省百万教师致敬”

“拂去岁月厚厚的封尘，敞开心的世界、记忆的闸门，一幅幅一帧帧，不能忘却的画卷，引领着我默默地前行……”舒缓深情的节奏，气势磅礴的歌词，让全场观众沉浸其中——感受红色精神，追寻先辈足迹，总决赛在童声合唱《追寻》中拉开帷幕。

随后，在第一组朗诵结束后，《祖国不会忘记》深情而高亢的旋律在舞台上响起。那句句歌词，是铿锵有力的誓言，也是掷地有声的承诺。这歌，仿佛是唱给那无数的师德榜样和先锋模范，歌颂他们用行动树起了当代人民教师的丰碑，谱写了一曲为人师表、大爱无疆的赞歌。

第二组的3支参赛队伍比赛结束，舞台上的灯光渐渐亮起，来自郑州升达经贸管理学院的学生为现场观众献上展现师生深厚情意的舞蹈《萱草花》，演员优美的舞姿，音乐动听的旋律，让现场观众为之陶醉。

随着第三组选手全部朗诵结束，评委中的两位，河南大学新闻与传播学院播音主持专业学科带头人、硕士生导师强海峰，“出彩河南人”2020最美教师、濮阳市第五中学教师王红玉与9支参赛队伍的选手代表一同带来组委会为这次比赛专门创作的诗歌《奠基》，将总决赛的气氛推向高潮。

一切都给你，这是万千人民教师礼赞建党百年的拳拳初心；一切都给你，这是广大教育工作者矢志为党育人的铮铮誓言。随后，河南省师德教育活动主题歌《一切都给你》的旋律再次响起，总决赛也在全场的大合唱中圆满落下帷幕。

“河南一共有4位全国教书育人楷模，由于种种原因，我们没办法把他们都请到现场来，但作为我省师德建设的标志性人物，我们克服重重困难，为他们4位分别拍摄了短片，穿插在比赛中间，向全省观众展现他们潜心为党育人、为国育才的精神风貌。”河南广播电视台都市频道综艺部副主管、决赛总导演郜琳琳告诉记者。

总决赛中的节目，导演组也下了大功夫，内容上都是既能表达爱党爱国情怀，又能展现教育人矢志为党育人风采的；形式上，童声合唱团、教师合唱团、初中生弦乐团、大学生舞蹈演员等，形式多样，表达新颖。“我们能做的，就是用最大的努力，呈现最精彩的画面，在建党百年之际，向奋战在教育一线的河南教育铁军致敬。”郜琳琳说。

四位全国教书育人楷模以视频短片的形式出现在现场，为观众讲述他们心中的那一抹红

《祖国不会忘记》唱出了人民教师的铿锵誓言和句句承诺

选手的精彩表现赢得现场观众阵阵热烈掌声

《一切都给你》的旋律响起，总决赛也接近尾声

“这一回，我们只想把‘独一无二’的礼物献给党”

两位评委与9组选手的代表共同朗诵原创诗歌《奠基》

今年3月，省委高校工委、省教育厅在全省教育系统启动“礼赞建党百年，矢志为党育人”师德主题诗歌朗诵比赛活动。本次活动旨在全面加强和改进新时代师德师风建设，以高质量的师德建设向党的百年华诞献礼。作为全省教育系统向建党百年的一次师德汇报和展示，得到了各地各校的积极响应和广泛关注。

经过层层动员、初赛、复赛等程序，综合排名前9组进入决赛，其中包括教师组7组、师范生组2组。在复赛结束后，“河南师德”微信公众号推送9组选手的复赛视频，并开放了投票通道。经统计，11天的宣传推介，共12万余人次参与投票。

“举办朗诵比赛，主要不是为了颁出几个奖，而是以这种形式进行师德宣传，投票点赞显然是一种扩大宣传的有效渠道。为了让每一票都有所体现，我们把每组的得票数换算成满分为1分的分值。总决赛现场的评委打分满分为9分，网络投票得分与现场评委打分，共同组成每组选手的最终成绩——这是本次活动的一个创新，也是对选手们前期进行宣传推介的一种肯定。”本次总决赛评委组组长、河南省师德建设宣传中心主任刘肖告诉记者。

据了解，此次师德主题诗歌朗诵比赛总决赛由中共河南省委高校工委、河南省教育厅主办，河南广播电视台都市频道、河南省师德建设宣传中心承办，为全省师德主题教育活动的重要内容之一。

“我省师德主题教育活动每年开展一次，围绕一个主题开展内容丰富、形式多样的师德教育活动，今年为庆祝建党百年，举办师德主题诗歌朗诵比赛尚属首次，而且活动的形式和内容都进行了较大创新。”省教育厅副厅长毛杰说，“希望在党的百年华诞到来之际，在如此重要的时间节点，献出这份属于我们河南教育人的‘独一无二’的礼物。”

■ 本版摄影：本报记者 杜帅鹏 庞珂 梁美玲

获奖名单

金奖

《老师好》
濮阳市昆吾小学

《我们记得，他们就还活着》
安阳市第一实验小学

银奖

《您的背影，我们的方向》
河南省实验小学

《最亮的星》
河南省第二实验中学

《毕业后，我愿成为你》
河南师范大学

铜奖

《种子·初心》
河南科技学院

《特殊的奖章》
许昌市建安区镜水路小学

《长成树》
漯河市特殊教育学校

《为了远方的呼唤》
郑州市第九中学

奠 基

□ 刘肖 庞珂

朋友，这是一个新的时代，
民族复兴，中原崛起，
朋友，这是一个新的时代，
教育发展，日新月异。
我们深知：
中原崛起，教育为基，
这奠基石到底在哪里呢？
让我们一同来细细寻觅……

教育发展的奠基石在哪里？
在哪里——
就在张玉滚挑课本一挑就是十多年的老扁担上，
就在王生英红旗渠畔十年以家为校的教室里，
就在刘文婷帮助折翼天使执着圆梦的行动中，
就在郭天财为了天下粮仓耕耘数十载的麦田里……
寒来暑往，夜以继日，
不忘初心，不辱使命，
他们用爱和信仰谱写出一个个教书育人的传奇。

教育发展的奠基石在哪里？
在哪里——
就在茹振钢为了粮食安全昼夜不休潜心攻关的实验室中，
就在王彩琴跋涉山山水水助力教师专业成长的征途里，
就在杨承把青春和热诚全都倾注乡村教育的黄河滩上，
就在李芳老师用鲜血和生命为孩子们上的最后一课里……
立德树人，前赴后继，
桃李不言，下自成蹊，
他们用最美的身影示范着人民教师最美的轨迹。

教育发展的奠基石在哪里？
在哪里——
就在特岗教师立志让乡村教育从孱弱走向丰盈的理想中，
就在全科教师扎根基层为留守儿童默默付出的陪伴里，
就在乡村首席教师以教育高质量助力乡村振兴的实践中，
就在援疆教师将爱与智慧的种子播撒天涯的满腔热血里……
为党育人，为国育才，
执着前行，毅然接力，
他们的勇于担当让中国教育的未来充满无限希冀。

中原崛起，教育奠基，
那奠基石啊，我们无须再苦苦地寻觅。
它不在远方，就在脚下，
它不在别处，就在这里。
它就在人民教师为教育事业勇于献身的实践中，
它就在师范学子用知识报效祖国培养的信念里，
它总是以爱的化身出现，
它永远与心灵没有距离，
我们每一个人不都是一粒这样的石子吗？
梦想把我们紧密地相连、筑成坚实的根基！

为了中华民族的伟大复兴，
为了中原大地的持续崛起，
我们愿把心给你，把爱给你，
把青春给你，
把生命给你，
一切，
一切，
一切都给你，都给你！

阅部66342631 记者部66323635 导刊部66356951 河南睿谷教育科技有限公司66342301 ■广告66327883 广告发布登记证号：郑惠济市监广发登字〔2019〕002号 ■河南教育报刊社发行部服务热线：400-659-7019 ■零售：1.50元 ■订阅：全国各地邮局 ■印刷：河南文达印刷公司（郑州市黄河路124号）

2021年全国教书育人楷模发布

辉县市西平罗乡中心幼儿园园长郭文艳入选

2021年9月8日，教育部召开第六场2021教育金秋系列发布会，公布了2021年全国教书育人楷模名单，我省辉县市西平罗乡中心幼儿园园长郭文艳入选。

为深入贯彻落实习近平总书记关于教育的重要论述精神，进一步落实《中共中央国务院关于全面深化新时代教师队伍建设改革的意见》，经中央领导同志批准，中宣部、教育部联合开展全国教书育人楷模学习宣传活动，今年共计推出10位全国教书育人楷模。

他们是河北省石家庄外国语学校教师李红霞，辽宁省本溪市本溪满族自治县第五中学教师张万波，黑龙江省牡丹江市职业教育中心学校教师王丹凤，浙江省台州市玉环市坎门海都小学教师叶海辉，东华理工大学教授周义朋，河南省新乡市辉县市西平罗乡中心幼儿园园长、教师郭文艳，重庆市特殊教育中心校长、教师李龙梅，贵州护理职业技术学院教师李红波，西藏自治区日喀则市萨嘎县昌果乡完全小学校长、教师强巴次仁，西安电子科技大学教授郝跃。

这10位全国教书育人楷模涵盖了高教、职教、中小学、幼教、特教等各级各类教育，同时兼顾了地域、民族、性别、年龄等因素，既有高校勇攀科研高峰的领军拔尖人才，也有在乡村默默奉献的一线教师，他们牢记为党育人、为国育才使命，坚决贯彻落实立德树人根本任务，模范践行“四有好老师”标准，努力当好“四个引路人”，始终坚守“四个相统一”，做学生为学、为事、为人的示范，贡献突出，事迹感人。

“出彩河南人”2019最美教师发布仪式上，2019河南省师德标兵、周口市实验幼儿园教师王君为郭文艳颁奖

此前，我省先后有4位老师入选全国教书育人楷模，他们分别是安阳市林州市横水镇卸甲平小学教师王生英（2010年）、洛阳市老城区培智学校教师刘文婷（2016年）、河南农业大学教授郭天财（2017年）、南阳市镇平县高丘镇黑虎庙小学校长张玉滚（2018年）。

（原载2021年9月10日《教育时报》，作者：张利军）

郭文艳：在乡村振兴中凸显教育的力量

2021年9月8日，2021年全国教书育人楷模名单公布，“出彩河南人”2019最美教师、辉县市西平罗乡中心幼儿园园长郭文艳光荣入选。这是继王生英、刘文婷、郭天财、张玉滚之后，从河南百万教师中产生的第五位全国教书育人楷模。

看到这一消息，曾多次采访郭文艳的记者难以平复激动的心，立即拨通了郭文艳的电话。

“郭老师，忙啥呢？”

“我正在去北京的高铁上，昨天接到教育部通知让去参加教师节庆祝活动哩！”

“祝贺您入选全国教书育人楷模！真替您感到开心！”

“谢谢，真是没想到，从没想到咱一个山区的老师也能获得这么高的荣誉。”隔着手机，也能感受到郭文艳发自内心的激动。

“郭老师，我们也没想到，但是，您值得！”和记者一样，若是对郭文艳的经历有所了解、对她的付出有所关注的话，谁都会道一句——“您值得！”

如果说郭文艳的教育人生是一部电影，那么片头的郭文艳怎么也不会想到，当年简单的决定，能如此深刻地影响自己的一生。

从城镇到乡村，她走出别样的教育人生之路

2002年，20岁的郭文艳从师范学校毕业，先后在幼儿园和小学

郭文艳与她的幼教团队在一起

做了两年教师。在熟人的介绍下，她与做建筑的丈夫王越峰相识走到了一起。

郭文艳很快便有了孩子，也做起了全职太太。可她总觉得自己闲不住。眼看儿子马上要上幼儿园了，她也不愿意一个人在家待着，便报名参加了辉县市教育局组织的招教考试。

“成绩竟然还不错，第一名，考取了辉县市第二幼儿园。”从师范毕业到结婚生子，离开几年之后，终于又要回到熟悉的校园了，郭文艳有些兴奋。这一年，她 30 岁。

郭文艳所在的辉县就像是挂在山上，2000 平方公里的总面积，其中山地就有 1007 平方公里。“盘上”是辉县人对北部山区盆地乡镇的泛称。其实，这个盆地名叫侯兆川，因其四周山峦叠嶂、中间是地势平坦的平原而得名。

偏僻的地理位置、落后的经济条件，造成了生源、师资、办学条件等一系列难题，教育水平偏低使得一些家长不计代价，甚至举家外迁，也要将孩子送到山外读书。

为了给当地老百姓提供更加优质的教育资源，2012 年，辉县市在西平罗乡成立了侯兆川教育文化中心（简称“川中”），建有幼儿园、小学和初中，当地人习惯把西平罗乡中心幼儿园叫作“川中幼儿园”。

有了学校还要有老师，老师优先从城里调，可谁会愿意放弃城里的优越条件去山区呢？

郭文艳当时的园长张青娥，是一位具有深厚教育情怀的基层教育家，即使身患重病，依然主动请缨到山区任职。

“找我谈话的时候，张园长已经是癌症中晚期，但她还是义无反顾地要去川中。”郭文艳说，“张园长真的很让我感动！我也想成为她那样的人。我早就想好了，只要她提出来让我跟她去川中，我马上就答应……”

从小生在农村、长在农村的郭文艳，对农村也有着深厚的感情。没有犹豫，没有彷徨，她跟着张青娥园长，背起行囊，来到了位于太行深山区的川中幼儿园。

3 年之后，年仅 47 岁的张青娥永远地倒在了工作岗位上，川中幼儿园园长的接力棒，自此传到了郭文艳手中。

她义不容辞。

她义无反顾。

从一无所有到“唾手可得”，她在实践中探寻教育真谛

还记得 2019 年 6 月，第一次走进川中幼儿园时，记者便被眼前郁郁葱葱的植物、环境幽雅的教室、取材于山间田野的工艺品，还有眼睛放光的孩子所吸引，不禁有些疑惑：“这哪里像偏远山村的幼儿园？”

“当初可不是这样！”尽管时隔多年，但回忆起创办时的情景，郭文艳依然动情，几欲落泪：“没电、没水、没桌椅、没大门、没厕所，早上洗脸要端着脸盆到很远的工地上去接水……我们所有老师跟张园长一起，在四壁空空的教室里，汗流浃背地白手起家。”

后来，为了筹建课程需要的生态种植园，郭文艳成了一个“不坐办公室”的园长。

那段时间，她早晨 5 点钟便开始工作，中午稍作休息接着干，一直干到天黑，一天两头见星星。

2021 年 9 月 9 日，郭文艳与 2016 河南最美教师杨承代表全省百万教师赴首都参加教师节庆祝活动

2021 年 7 月 10 日至 18 日，郭文艳带领川中幼教团队，到河北省涉县王金庄进行支教

夏天太阳非常火辣，烤得人喘不过气，她仍然赤脚挥锄，弯腰拔草、撒化肥，手上脚上都是泥。

活儿再多再累，稍微有些空闲时间，她就钻到班里给孩子上课。

有人到幼儿园找她，问园长办公室在哪里。老师们都会说："园长的办公室好找，但是园长不好找。因为我们园长几乎从来不坐办公室。"

生活的艰苦尚可以接受，可面对教育理念落后、办学资源紧缺、教具学具匮乏等状况，郭文艳犯了难：如何因地制宜开设课程？我们要培养什么样的孩子？

一切从头开始，需要怎么做？

郭文艳想到了中国学前教育的开创者陈鹤琴先生。她和小伙伴们决定，秉持陈鹤琴先生的"活教育"思想，依托乡土资源，构建园本课程，实施生态教育，倡导教育即生长、教育即生活、教育即活动、教育即唤醒。

"对于鹤琴先生的'活教育'，我们不能简单照搬，要进行本土化的创新落地。"在此理念引领下，川中幼儿园遵循规律、回归朴素，构建起了适合幼儿发展的生态教育园本课程体系，致力于培养崇尚自然、遵循自然、自主自由的社会公民。

"与城市幼儿园相比，乡村幼儿园虽然缺乏现成可用的资源，但是山间田野、河道密林随处可见的农作物、树叶、干树枝、石头，以及乡土文化、农耕技术、四季变化等，都是孩子体验、学习、成长的独特而优质的课程资源。"郭文艳说。

记者曾有幸在川中幼儿园，多次观摩"自然教育"的课堂。

一张张原本枯黄的玉米皮，在孩子们的手中，变成了拖鞋、靠垫、盛开的花朵……这是"玉米皮"课程，用玉米皮做素材教学生制作创意手工作品。所有的玉米皮都是秋收时节，老师们到地里、村民家里收集的，之后还要经过挑拣、熏蒸等处理，才能让孩子们拿来使用。

在老师的引导下，孩子们用山上的野菊花、枯树枝、蒲草，废旧纸箱、玻璃瓶、皮筋儿，等等，进行各具特色的花艺创作……这是"插花"课程，以提升孩子们发现美、欣赏美、创造美的能力。

田间地头都成了郭文艳的课堂

就这样，郭文艳带领老师们坚持采用参与式、体验式、实践式的学习方式，让孩子们亲身体验劳动的乐趣和成就感。老师们也逐渐明白了大自然、全社会都是活教材的课程观，教育观念和教育方法都在发生着改变。

这是属于山里孩子的课堂。

这是属于乡村教育的创造。

从学前教育到成人教育，她不断拓宽教育边界助力乡村振兴

渐渐地，郭文艳发现“教育即生长”，不仅包括幼儿的成长，而且还要把教师的成长、家长的成长也都考虑到，尤其是要启发家长的教育意识。

“孩子在幼儿园好不容易培养起的良好习惯，一回家、一放假，就一下子回到‘解放前’。长此以往，将严重影响孩子的身心健康和可持续发展。”郭文艳对记者说，家园共育也有了一个大前提——要想改变孩子，首先得改变家长；只有家长好好学习，孩子才能天天向上。

为把家长引领到科学教育孩子的大军中来，郭文艳请专家进行育儿知识专题讲座，定期给家长开放阅览室，并定期带领教师进行

与川中社大的学员在一起，郭文艳的脸上总挂着温柔的笑

全员家访活动，了解孩子的学习情况和家庭情况，帮助家长学习科学育儿知识。但这些，往往都是治标不治本。

为了彻底改变家长的思想意识，2014 年，经中国农业大学孙庆忠教授指导，郭文艳为家园共育换了一个新思路：她带领幼教团队成立了全国第一个以幼儿园为依托的乡村社区大学——川中社区大学。川中社大被定义为“不是家长学校、不是农民技术学校，是成人终身学习的公民学校”。

2021 年 6 月 10 日，第 16 届河南教育名片发展论坛暨“从幼儿教育到成人教育”观摩研讨会上，记者又一次在辉县市西平罗乡见到了郭文艳，她正在川中社大的兆村学堂为学员们排练节目。

“川中社大每年都有发展，每年都有新的规划，创新和发展的道路没有尽头，我们不敢停歇。”郭文艳说，“川中社大是平民教育，我们面对的教育对象是生活在乡村里的人，这就需要我们走进乡村，在教学方法和课堂形式上都与老百姓近一些、再近一些，真正实现平民教育的价值，这也是川中社大发展的必然之路，也是我们的初

走出山区，走向全国，郭文艳登上一个又一个讲坛

心所在。”

就这样，在郭文艳的带领下，川中社大又进行了一次新的尝试和突破——在西平罗村和兆村创办乡村学堂，进一步贴近乡村和学员。

如今的社大课程，也从最初的4门增加到24门，更加科学，也更接地气：育儿知识、卫生保健、法律常识等课程提高学员的生活认知水平；美术创作与欣赏、非洲鼓、舞蹈、音乐与欣赏等艺术课程丰富学员的精神生活；侯兆川自然风物与人文景观、烹饪与家乡美食等课程贴近学员的生活；每次课前，老师还会为学员准备丰富的热身活动，如游戏律动、音乐律动等。

现在，郭文艳和她的团队成员，不仅有着川中幼儿园教师、川中社大讲师双重身份，每人都还担任着西平罗乡一个行政村的村委会副主任一职。“既然让我们更深入地参与乡村振兴，那我们就要对得住这份信任，把做传播乡村文明使者的担子压得更实，我们想让村里的男女老少都走进社大，树立起终身学习的理念，让吵架和搓麻将的声音变少，让歌声和读书声变多……”对此，郭文艳越来越有信心。

“那您一路上辛苦了，不耽误您休息了，郭老师，祝您教师节快乐！”一不小心，记者的电话又打长了。

每次采访郭文艳，记者脑海里都会有一句诗在回荡：“苔花如米小，也学牡丹开。”是啊，郭文艳这一路走来，似乎只做了一件事——献身乡村教育，担当育人使命。而郭文艳一直在做的，并将继续做下去的，不正是以乡村教育的绵薄之力来助推乡村振兴、服务国家战略吗？

乡村振兴需要教育力量的助推和支撑。

乡村教育更需要郭文艳们的坚守与奉献。

（原载 2021 年 9 月 10 日《中国教育报》，作者：刘肖 庞珂）

扫一扫，快速了解楷模事迹

扫一扫，查看郭文艳坚守山区的“秘密”

中國教育報

21年9月24日 星期五

辛丑年八月十八 第11562号 今日八版

ZHONGGUO JIAOYU BAO

头题字：邓小平 | 国内统一刊号CN11—0035 | 邮发代号1—10

走近2021年全国教书育人楷模

用青春谱写乡村教育美丽篇章

——记河南省辉县市西平罗乡中心幼儿园园长郭文艳

本报记者 刘肖 《教育时报》记者 庞珂

是2021年全国教书育人楷模。
是全国第一所幼儿园附属乡村学的创办者。
是位于太行山区的河南省辉县罗乡中心幼儿园园长。
就是郭文艳。

从城镇到乡村走出样教育人生路

02年，20岁的郭文艳从师范业，先后在幼儿园和小学做了师。

婚后，等到有了孩子，郭文艳了全职太太。后来儿子要上幼，她也不愿意一个人在家待报名参加了辉县市教育局组织考试。"成绩竟然还不错，第一上了市第二幼儿园的教师岗师范毕业到结婚生孩子，离开后，终于又要回到熟悉的校园文艳有些激动。这一年，她30

文艳所在的辉县就像是挂在山2000平方公里总面积，其中山1007平方公里。"盘上"是辉北部山区盆地乡镇的泛称。其个盆地名叫侯兆川，因其四周嶂、中间是地势平坦的平原而

僻的地理位置、落后的经济条成了生源流失、师资短缺等一题，一些家长不计代价，甚至迁，也要将孩子送到山外读了给当地老百姓提供更加优质资源，2012年，辉县市在西平立了侯兆川教育文化中心（简中"），建有幼儿园、小学和初地人习惯把西平罗乡中心幼儿园叫作川中幼儿园。

郭文艳在和孩子们做游戏。 资料图片

有了学校还要有教师，教师优先从城里调，可谁会愿意放弃城里的优越条件去山区呢？

郭文艳当时的园长张青娥，是一位具有深厚教育情怀的基层教育人，即便身患重病，依然主动请缨到山区任职。

"找我谈话的时候，张园长已经是癌症中晚期，但她还是义无反顾地要去川中。"郭文艳说，"张园长真的很让我感动！我也想成为她那样的人。我早就想好了，只要她提出来让我跟她去川中，我马上就答应……"

生在农村、长在农村的郭文艳，对农村有着深厚的感情，没有犹豫，没有彷徨，她跟着园长张青娥，背起行囊，来到了位于大山深处的川中幼儿园。

3年之后，年仅47岁的张青娥永远地倒在了工作岗位上，川中幼儿园园长的接力棒，自此传到了郭文艳手中。

为了孩子们，她挑起了前辈的重担。

为了乡亲们，她选择了别样的教育人生路。

在实践中探寻教育真谛

还记得2019年6月，第一次走进川中幼儿园，记者便被眼前郁郁葱葱的植物、环境幽雅的教室、取材于山间田野的工艺品，还有眼睛放光的孩子所吸引，不禁有些疑惑："这哪里像偏远山村的幼儿园？"

"当初可不是这样！"尽管时隔多年，但回忆起创办时的情景，郭文艳依然动情，几欲落泪："没电没水、没桌椅、没大门、没厕所，早上洗脸要端着脸盆，到很远的工地上去接水……我们这些老师跟张园长一起，在四壁空空的教室里，汗流浃背地白手起家。"

后来，为了筹建课程需要的生态种植园，郭文艳成了一个"不坐办公室"的园长。那段时间，她凌晨5点便开始工作，中午稍作休息接着干，一直干到天黑，一天两头见星星。盛夏阳光刺眼、天气炎热，只见她赤脚挥锄，弯腰拔草、撒化肥，手上脚上都是泥。稍微有些空闲时间，她顾不上休息，就跑到班上给孩子上课。

（下转第三版）

近日，中办印发《关
义学院建设的意见》，
思主义学院建设的领导
思主义学院建设提供了

党的领导是马克思
神针"。当前要建好马
于加强党的领导。党的
科学结论，中国共产党
主义的最本质特征。
中国共产党的领导是中
得胜利的法宝。党的领
"马"姓"共"的根本
言马，这是马克思主义
特征，也是最根本的政
院是学习研究宣传马克
好中国故事的重要力量
的指导，坚持用马克思
代、引领时代，才能
理，让根本方法变成管
克思主义学院建设的
马克思主义学院发展指
义学院建设提供根本保
行稳致远的基石。

近年来，中央高度
设，多措并举，构建起了
院、省市示范马克思主
学院等齐头并进、相互
中央系列文件也对马克
更高要求，不断强化了
能、育人功能、研究宣传
深化了对马克思主义学

新时代马克思主义
领导，一是要提高政治
建设关乎高校事业发
克思主义学院建设工作
判形势，谋长远。高校
力解决马克思主义学院
和难题，切实为马克思
障碍、体制障碍、思想
思主义学院高质量发展
级党委要加强顶层设计
期发展规划中把马克
处，还要把马克思主义
略性工程来抓，主动谋
校办学治校的历史地位
造良好生态。办好思政
责任的重要内容之一，
动谋划思政课改革创新
力为办好思政课营造良
利于思政课教师发展、

加强党的领导，就
党的十八大以来，中央
师队伍建设等系列文件
增强对形势的判断力，
思主义学院建设关键在
切实担当主体责任，切
主义学院建设列为所在
评估、增强政治的导向
特别是各级党委领导
主要领导和分管领导

在全面建设社会主
恰逢其时，要立足"
建设成为一流学院，
律要严、人格要正的
育人基地、理论研究
主义建设者和接班人

聚焦点

校内减负提质，校外全链条治理，"双减"打出"组合拳"——

祛校外培训虚火 还教育生态清风

本报记者 欧媚

"双减"政策正式发布两月以教育部密集出台多份配套文件规理校外培训，减轻学生和家长校训负担，同时印发多项通知，对的课后服务、考试管理作出规减轻学生过重作业负担。

校内校外双管齐下，新学期开学"双减"效果到底如何？针对政地过程中的新问题，教育部下一何举措？9月23日，教育部召开

号工程"。今年秋季学期是"双减"政策落地的第一个学期，各项政策实施效果备受关注。

在校内减负提质上，自暑假以来，教育部督促各地全面落实《关于加强义务教育学校作业管理的通知》，着力健全作业管理机制，严控书面作业总量；印发了《关于进一步做好义务教育课后服务工作的通知》，着力推进课后服务"5+2"全

在课后服务方面，监测平台数据显示，全国有10.8万所义务教育学校（不含寄宿制学校和村小学）已填报课后服务信息，其中96.3%的学校提供了课后服务；有7743.1万名学生参加了课后服务，学生参加率85%；534.5万名教师参与课后服务工作，占这些学校教师数的86.2%，另聘请了20.6万名校外专业人员参与课后服务工作。

了。"教育部基础教育司司长吕玉刚表示，在"双减"工作总体思路上，要瞄准一个定位，即将校内减负提质作为"双减"工作的治本之策，强化学校教育主阵地作用，使学生学习更好回归校园。

11份配套文件防止出现政策空白

在中办、国办印发的《关于进一

贵州：学生

本报讯（记者
贵州省教育厅、省市
生健康委联合印发《

组委会授予王变变、靳塬统的颁奖辞：

在家是伉俪，到校成战友。夫妻同心，用五年改变倒闭小学命运；相扶相携，用真爱点亮乡村孩子梦想。聚沙成塔，村小旧貌换新颜；无私奉献，种得桃李芳满园。你们是“出彩河南人”2021 最美教师——王变变、靳塬统。

王变变 靳塬统

为一所村小发展圆梦的党员夫妻

王变变，1986年生；靳塬统，1985年生，均为中共党员、禹州市花石镇观音堂小学教师。让孩子们在家门口上学是王变变、靳塬统夫妻二人的共同梦想。五年来，在他们的努力下，保住了一所即将撤并的村小，他们的梦想也得到实现。

2016年春，王变变接任仅剩2名教师、6名学生，即将倒闭的观音堂小学校长，靳塬统放弃乡镇中心校政教主任工作回村任教。夫妻二人筹资金、捐设备、访生源、义务美化校园。婆婆退休前是教师，退休后仍无偿到校上课，因积劳成疾不幸离世。公公投入40多万元新盖的面积达512平方米的两层楼房，被夫妻二人做通了工作，把家变成学校。通过五年的努力，学生人数增加到256人，学校从教学点升格为完全小学。

王变变、靳塬统一家先后获得许昌市最美家庭、河南省最美家庭，王变变先后获得许昌市教坛新秀、许昌市三八红旗手，靳塬统先后获得许昌市最美教师、河南省最具智慧力班主任。

我们还能把什么奉献给你

一所村小，从只有6名学生、2位老师的教学点，发展成为远近闻名的拥有248名学生的完全小学，需要多长时间？——5年！

一对乡村教师，举全家之力，从房子、资金，到父母、爱人，全情投入乡村教育，能够付出多少？——全部！

“让农村家庭的孩子享受可与城市学校相媲美的免费优质特色教育！”记者来到禹州市花石镇观音堂小学，第一眼就看到教学楼上这句大大的标语。这句话，可以说是观音堂小学校长王变变和丈夫靳塬统的梦想，也寄托着观音堂村全村2250口人的希望。

只为让家门口的孩子有学上、有老师教

5年前，观音堂小学因硬件条件差、生源流失严重，即将被撤并。王变变在学校任教5年，她知道这个村子的孩子上学有多不容易。“城里的学校远，附近的私立学校贵，村里的孩子上学太难了。”王变变说。

2016年春，王变变从老校长手里接过这所1997年由村民集资建的学校时，学校只有6个学生、2位老师——她和董艳丽。

“巴掌大”的学校，教学设施也不齐全，王变变心里很清楚，要想让村里的孩子过来上学，必须要整修校园。在花石镇中心学校任教的丈夫靳塬统，也回到了观音堂小学，帮助妻子这个“光杆司令”。

硬化地面、批墙、架线、安装水管、墙体绘画……为了节省资金，这些校园改造工程，都由他们自己来做，硬生生地把王变变、

面向党旗，学校党员教师做出庄严的承诺

靳塬统、董艳丽 3 人从建筑“门外汉”逼成“多面手”。

校园的“面子”有了，但“里子”还是空荡荡的。夫妻二人一合计，就把家里的监控设备、电脑、打印机、电扇等，一股脑儿地搬到学校，还自费给学校添置了空调、饮水机、校园广播等设备……

为了把学校办好，夫妻二人甚至把自家一天都没住的新房给学校的特岗教师住，而自己则住在父亲工厂的平房里。采访当天，记者来到他们 2015 年建成的房子：从外观看，是一栋漂亮的两层小洋楼，里面有 500 多平方米；打通的一楼堆满了旧课桌、旧书等学校放不下的东西；二楼有相对独立的两套房，一套作为男教师宿舍，一套作为女教师宿舍，空调、洗衣机、厨具一应俱全……

“当初，一楼是计划放父亲厂子设备的，二楼的两套房，一套我们住，一套父母住。现在有 5 位特岗教师在新房里住，暑假来支教的大学生也在这里住。有了好的住宿条件，老师们才能安心从教。留不住老师，就对不起村里的孩子。”夫妻二人的想法很简单。5 年来，没有一位特岗教师调离学校。

课余时间，孩子们喜欢找靳塬统聊聊心事

只为传承乡村教育梦想，成就更多学生的出彩人生

靳塬统的母亲马彩峰是观音堂小学的老教师，在这里教了一辈子书——退休前在这里教书，退休后又回到这里义务教书。

“最开始接手学校的时候，是婆婆给了我坚定的信念。婆婆对我说，她当了 36 年的教师，现在将接力棒交给我们，希望我们能跑好这一棒。”一提起婆婆，王变变眼泪便止不住地流。

2014 年，马彩峰从观音堂小学退休，才休息没两年，看到学校师资严重不足，儿子、儿媳忙不过来，二话不说就回到学校义务任教。3 年多的时间里，她一直坚持带一个班的课，还带着全校的书法

面对学生，王变变总是精力充沛

课，没有拿过一分钱的工资。在学校改造最困难的时候，婆婆递给王变变一张银行卡说："变变，这是我这几年攒的工资，是我和你爸养老的钱，你拿去用吧！我知道你需要钱！"

2019 年冬天的一个清晨，早饭没顾上吃的马彩峰着急给即将去郑州轻工业大学参加联谊活动的孩子们借表演服，却在半路上突发心肌缺血，再也没能醒过来……

靳塬统的父亲靳欣义开了一个铸造厂，做了几十年生意。最开始他对儿子和儿媳做的事情不理解，时间长了看到他们把学校办了起来，村里的孩子能在家门口上学，也主动参与进来。

"接手学校时，30 套年久失修的桌椅是留给我为数不多的家当。"看着一地的"破烂"，王变变犯了难。靳欣义得知后，放下厂里的工作，拉上电焊机，和靳塬统一起维修桌椅。“正值酷暑，近些年很少干体力活的公公连干了几天，后背都没干过，毕竟是60多岁的老人了……”对记者说起这些事，王变变的眼睛里还隐隐有泪光闪动。

只为让村里的孩子也能享受免费优质的特色教育

其实，王变变可以有更多的选择：2016年，花石镇中心学校校长曾经找过她，想把她调到镇中心学校任教。结果，不但没有把她调走，她还说服了在镇中心学校任政教主任的丈夫靳塬统回到村小来任教。

从镇中心学校政教主任的位置“降格”到村小当一名普通的老师，靳塬统经过了一番思想斗争：“当时我不想放弃我的大好前途，也碍于面子。其实我一开始是想让变变去中心学校的，回头还可以往县城考。变变不忍心村小就这样散了，我妈也一再给她鼓劲儿。后来，我被我妈和变变的坚持打动，下决心回来帮她。”

“中心学校缺了他可以，但村小缺了他，就是一个很大的缺口。”王变变说。的确如此，靳塬统回到村小后，成了“全能教师”：教音乐，开设吉他课；教体育，开设篮球课；学校设备坏了，他就变成了勤杂工……他们两人还边教学边访生源，让家长们可以放心地把孩子送到学校。

正是有了这种全情的投入，有了学校教师的安心从教，观音堂小学的学生一个个成绩突飞猛进。课外兴趣社团的广泛开展，也让农村的孩子自信大方。观音堂小学良好的口碑不胫而走，迅速传播开来，许多家长带孩子慕名而来。

禹州市教育体育局对学校的发展也给予大力支持，多次给学校分配特岗教师，并拨付了170套新课桌，王变变也加入了许昌市名校长工作室和禹州市名校长工作室。2019年3月，学校由教学点升格为完全小学，学生人数达到了248人。今年的教师节前夕，夫妻俩入选“出彩河南人”2021最美教师，共同捧起了那尊流光溢彩的奖杯。

采访当天，观音堂小学迎来了禹州市新一批的特岗教师，有2位新教师加盟这所村小，师资队伍又壮大了！

采访时，王变变、靳塬统向记者透露，他们正谋划着一件大

午餐时间到了

美味的饭菜，让学生下午的学习更有力量

自家的新房成了特岗教师的宿舍

事——因现有的 8 间校舍不能满足学生回流的需求，学校的活动场地、卫生间、办公室等设施也严重不足，所以，他们梦想着能建一所标准化的乡村小学。“镇政府和村里已经研究决定，拟在村里选址新建一所寄宿制完全小学，建设规模为 6 级 12 班，可满足 600 名学生的就学需求，真正让更多的农村家庭的孩子，享受可与城市学校相媲美的免费优质的特色教育！”对于乡村教育的未来，这对教师夫妇满怀憧憬。

（原载 2021 年 10 月 8 日《教育时报》，作者：杨雷 王磊）

扫一扫，看王变变、靳塬统的事迹短片

帮乡村孩子扣好人生第一粒扣子

一问：您认为什么样的老师"最美"？

王变变：我认为美是发自内心的热爱——对教育的热爱、对学生的热爱。心中装着孩子的老师"最美"，有教育理想的老师"最美"，甘愿为孩子付出一切的老师"最美"。正是因为这种热爱，我学会了批墙、架线等；也正是因为这种热爱，数学专业毕业的我，现在成了全科教师。

靳塬统：我认为，坚守乡村的教师"最美"。其实，我一直对"坚守"这个词有些抵触，仿佛一直在农村工作需要特别大的勇气和耐力。但凡事因为热爱，所以执着；因为喜欢，所以快乐，所以我认为对乡村教育保有巨大热情并坚持着、奉献着的教师"最美"。

二问：结合从教以来的经历，您认为教师的职业获得感和幸福感来自哪里？

王变变：作为乡村小学的校长，我的职业幸福感来自三个方面：

一是学校能够留得住教师，创造条件让他们安心从教，获得专业上的成长；二是"让农村家庭的孩子享受和城市学校相媲美的免费优质特色教育"，看到孩子们脸上洋溢着快乐、自信的笑容，我觉得无比幸福；三是看到家长对学校办学理念的高度认同，对学校各项工作的充分肯定，对教师工作的不断理解，我很幸福。

靳塬统：刚入职时，作为一名班主任和科任教师，我的幸福感来自于家长对工作的理解与支持，学生喜欢、信任老师……

到观音堂小学后，我的幸福感来自于很多方面。水龙头坏了，我换了一个新的，学生不用再排队洗手，我很幸福；学校装上空调、电子白板等，让学生学习生活环境更舒适，我很幸福……看着学生在活动中提高了自己，在全镇全市崭露头角，全面健康成长，更是一种幸福。总之，做着让学校更好、学生更好的事，我很幸福！

三问：建党百年之际，作为党员教师，请谈谈您对“为党育人、为国育才”的理解和实践。

王变变：教师一生都在用笔耕耘、用汗水浇灌、用语言播种、用心血滋润，要有“捧着一颗心来，不带半根草去”的精神境界，培养合格的社会主义建设者和接班人。我们学校给孩子们提供了很多成长、学习、交流的平台。广播站培养小小广播员，锻炼孩子口才与胆量；每周一举行国旗下演讲，每周五下午开展社团活动；举行春游等一系列有益身心健康的活动，这些都在帮乡村孩子扣好人生第一粒扣子。

靳塬统：教师是人类灵魂的工程师。作为一名教师，尤其是党员教师，要从党和国家事业发展全局的高度，把立德树人融入教师发展、教育教学的全过程，真正实现培根铸魂、启智润心。我不断学习、不断阅读、撰写教育随笔，总结梳理班级管理经验，跟随教育时报学习，参加河南教师成长书院，为自己充电，参评河南最具智慧力班主任，让自己成长，只为给孩子更优质的教育。我们坚信，每一个乡村孩子都是祖国的花朵，经过精心浇灌，终有一天会成为社会的栋梁。

扫一扫，看王变变、靳塬统如何回答“最美三问”

彩河南人"2021最美教师·王变变、靳塬统

我们还能把什么奉献给你

□ 本报记者 杨雷 王磊 /文图

一所村小，从只有6名学生、2位老师的教学点，发展成为远近闻名的拥有248名学生的完全小学，需要多长时间？——5年！

一对乡村教师，举全家之力，从房子、资金，到父母、爱人，全情投入乡村教育，能够付出多少？——全部！

"让农村家庭的孩子享受可与城市学校相媲美的免费优质特色教育！"记者来到禹州市花石镇观音堂小学，第一眼就看到教学楼上这句大大的标语。这句话，可以说是观音堂小学校长王变变和丈夫靳塬统的梦想，也寄托着观音堂村全村2250口人的希望。

委会授予王变变、靳塬统的颁奖辞是：

在家是伉俪，到校成战友。

夫妻同心，用五年改变倒闭小学命

相扶相携，用真爱点亮乡村孩子梦

聚沙成塔，村小旧貌换新颜；无私

，种得桃李芳满园。

你们是"出彩河南人"2021最美教

——王变变、靳塬统。

为让家门口的孩子有学上、有老师教

前，观音堂小学因硬件条

源流失严重，即将被撤

变在学校任教5年，她知

子的孩子上学有多不容

里的学校远，附近的私立

村里的孩子上学太难了。"

年春，王变变从老校长

这所1997年由村民集资

时，学校只有6个学生、

——她和董艳丽。

掌大"的学校，教学设施

，王变变心里很清楚，要

的孩子过来上学，必须要

。在花石镇中心学校任教

塬统，也回到了观音堂小

妻子这个"光杆司令"。

地面、批墙、架线、安装

体绘画……为了节省资

校园改造工程，都由他们

，硬生生地把王变变、靳

董艳丽3人从建筑"门外

"多面手"。

的"面子"有了，但"里

空荡荡的。夫妻二人一合计，就把家里的监控设备、电脑、打印机、电扇等，一股脑儿地搬到学校，还自费给学校添置了空调、饮水机、校园广播等设备……

为了把学校办好，夫妻二人甚至把自家一天都没住的新房给学校的特岗教师住，而自己则住在父亲工厂的平房里。采访当天，记者来到他们2015年建成的房子：从外观看，是一栋漂亮的两层小洋楼，里面有500多平方米；打通的一楼堆满了旧课桌、旧书等学校放不下的东西；二楼有相对独立的两套房，一套作为男教师宿舍，一套作为女教师宿舍，空调、洗衣机、厨具一应俱全……

"当初，一楼是计划放父亲厂子设备的，二楼的两套房，一套我们住，一套父母住。现在有5位特岗教师在新房里住，暑假来支教的大学生也在这里住。有了好的住宿条件，老师们才能安心从教。留不住老师，就对不起村里的孩子。"夫妻二人的想法很简单。5年来，没有一位特岗教师调离学校。

面向党旗，学校党员教师做出庄严的承诺

只为传承乡村教育梦想，成就更多学生的出彩人生

靳塬统的母亲马彩峰是观音堂小学的老教师，在这里教了一辈子书——退休前在这里教书，退休后又回到这里义务教书。

"最开始接手学校的时候，是婆婆给了我坚定的信念。婆婆对我说，她当了36年的教师，现在将接力棒交给我们，希望我们能跑好这一棒。"一提起婆婆，王变变眼泪便止不住地流。

2014年，马彩峰从观音堂小学退休，才休息没两年，看到学校师资严重不足，儿子、儿媳忙不过来，二话不说就回到学校义务任教。3年多的时间里，她一直坚持带一个班的课，还带着全校的书法课，没有拿过一分钱的工资。在学校改造最困难的时候，婆婆递给王变变一张银行卡说："变变，这是我这几年攒的工资，是我和你爸养老的钱，你拿去用吧！我知道你需要钱！"

2019年冬天的一个清晨，早饭没顾上吃的马彩峰着急给即将去郑州轻工业大学参加联谊活动的孩子们借表演服，却在半路上突发心肌缺血，再也没能醒过来……

靳塬统的父亲靳欣义开了一个铸造厂，做了几十年生意。最开始他对儿子和儿媳做的事情不理解，时间长了看到他们把学校办了起来，村里的孩子能在家门口上学，也主动参与进来。

"接手学校时，30套年久失修的桌椅是留给我为数不多的家当。"看着一地的"破烂"，王变变犯了难。靳欣义得知后，放下厂里的工作，拉上电焊机，和靳塬统一起维修桌椅。"正值酷暑，近些年很少干体力活的公公连干了几天，后背都没干过，毕竟是60多岁的老人了……"对记者说起这些事，王变变的眼睛里还隐隐有泪光闪动。

王变变和靳塬统带领孩子们走进大自然，体味自然之美

自家的新房成了特岗教师的宿舍

午餐时间到了

美味的饭菜，让学生下午的学习更有力量

课余时间，孩子们喜欢找靳塬统聊聊心事

只为让村里的孩子也能享受免费优质的特色教育

其实，王变变可以有更多的选择：2016年，花石镇中心学校校长曾经找过她，想把她调到镇中心学校任教。结果，不但没有把她调走，她还说服了在镇中心学校任政教主任的丈夫靳塬统回到村小来任教。

从镇中心学校政教主任的位置"降格"到村小当一名普通的老师，靳塬统经过了一番思想斗争："当时我不想放弃我的大好前途，也碍于面子。其实我一开始是想让变变去中心学校的，回头还可以往县城考。变变不忍心村小就这样散了，我妈也一再给她鼓劲儿。后来，我被我妈和变变的坚持打动，下决心回来帮她。"

"中心学校缺了他可以，但村小缺了他，就是一个很大的缺口。"王变变说。的确如此，靳塬统回到村小后，成了"全能教师"：教音乐，开设吉他课；教体育，开设篮球课；学校设备坏了，他就变成了勤杂工……他们两人还边教学，边访生源，让家长们可以放心地把孩子送到学校。

正是有了这种全情的投入，有了学校教师的安心从教，观音堂小学的学生一个个成绩突飞猛进。课外兴趣社团的广泛开展，也让农村的孩子自信大方。观音堂小学良好的口碑不胫而走，迅速传播开来，许多家长带孩子慕名而来。

禹州市教育体育局对学校的发展也给予大力支持，多次给学校分配特岗教师，并拨付了170套新课桌，王变变也加入了许昌市名校长工作室和禹州市名校长工作室。2019年3月，学校由教学点升格为完全小学，学生人数达到了248人。今年的教师节前夕，夫妻俩入选"出彩河南人"2021最美教师，共同捧起了那尊流光溢彩的奖杯。

采访当天，观音堂小学迎来了禹州市新一批的特岗教师，有2位新教师加盟这所村小，师资队伍又壮大了！

采访时，王变变、靳塬统向记者透露，他们正谋划着一件大事——因现有的8间校舍不能满足学生回流的需求，学校的活动场地、卫生间、办公室等设施也严重不足，所以，他们梦想着能建一所标准化的乡村小学。"镇政府和村里已经研究决定，拟在村里选址新建一所寄宿制完全小学，建设规模为6级12班，可满足600名学生的就学需求，真正让更多的农村家庭的孩子，享受可与城市学校相媲美的免费优质的特色教育！"对于乡村教育的未来，这对教师夫妇满怀憧憬。

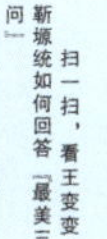

扫一扫，看王变变、靳塬统如何回答『最美三问』

扫一扫，看王变变、靳塬统的事迹短片

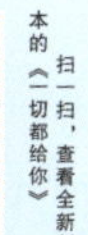

扫一扫，查看全新版本的《一切都给你》

新闻部 66342631 记者部 66323635 导刊部 66356951 河南睿谷教育科技有限公司 66342301 ■广告 66327883 广告发布登记证号：郑惠济市监广发登字（2019）002号 ■河南教育报刊社发行部服务热线：400-659-7019 ■零售：1.50元 ■订阅：全国各地邮局 ■印刷：河南文达印刷公司（郑州市黄河路124号）

组委会授予张峰的颁奖辞：

以手为桨，你把留守的孩子渡向理想的学堂；用身做船，你将迷惘的学生渡向梦想的彼岸。传播知识，更塑造灵魂，你不落下任何一位学生；倾己所有，拼尽全力，你为每一个希望保驾护航。你是“出彩河南人”2021 最美教师——张峰。

张　峰

义务辅导500名双困生的优秀班主任

张峰，1973年生，中共党员，新乡县大召营中学教师。她是一名体育老师，也是一名班主任，看到自己班级英语成绩较差，她主动请缨教英语。2004年至今，张峰利用节假日义务辅导包括其他年级、班级甚至其他学校学生在内的学生500多名，致力改造“双困生”。课下她把自己的家当成了“免费”补习班、看护所，把其他老师和家长管不了的学生领回家住，先后有60多名学生吃住在她家里。她用自己不算宽裕的收入，先后资助十几位家庭经济困难的学生。她动员全家上阵，不计得失，让一个个“迷途的羔羊”重拾生活信心，让一个个“学困生”重燃学习兴趣，考上理想的学校。

张峰先后获得河南省体育优质课一等奖、河南省优秀班主任、“李芳式的好老师”，新乡市教学能手、文明教师等荣誉称号。

不只给你一个有吃有住的地方

“这就是董颜峰。他今天去领结婚证，来晚了。”2021 年 9 月 22 日下午，在“出彩河南人”2021 最美教师、新乡县大召营中学张峰的家，记者见到了张峰担任班主任后所带的第一届学生董颜峰。记者听闻后，连忙恭喜道贺。“虽说我只是大专学历，却娶了一位硕士老婆。”董颜峰满脸自豪，“如果没有遇到张老师，没有吃住在老师家，或许我现在会在监狱里了！初中这三年的时间改变了我的人生。”

像董颜峰这样，因为初中三年吃住在张峰家里学习而发生改变的有很多学生。为什么要吃住在老师家里？这还得从 17 年前说起——

在家辅导 500 多名学生，有 60 多名学生吃住在家，17 年花费 7 万元

1996 年河南师范大学毕业后，张峰被分配到一所农村初中——新乡县大召营中学当了一名体育教师。不少学生基础差得难以想象。“很多学生乘法口诀都背不下来，1/3 加 1/4 等于几，好多学生不会计算。”说起当时的情况，张峰十分感慨。同时，农村经济落后，许多学生家里很贫困，面临着失学的困境。

2004 年，当了 8 年体育教师的张峰，主动找到校长，申请当上了班主任。也是从这年开始，张峰开始写班级管理日记，至今，已写了 24 本。

练过武术的董彦峰，不仅成绩差，还很捣蛋，曾经打得同学耳膜穿孔。张峰带着受伤的同学来到医院，帮忙垫付了医药费。谈心

在家里随时地就可以交流

谈了两个半小时后，董颜峰哭了，张峰也哭了。董彦峰告诉记者："我哭是因为张老师太执着了，我真得被感动了。特别是老师那句'你不能成为一个文盲，更不能成为流氓'的话让我永记在心。"

在大召营村捣蛋出了名的"五虎上将"全部在张峰的班级里，学生们常结队去网吧。面对这群自我约束力极差的学生，张峰有了一个念头：让他们住到自己家里来，既照顾这些留守学生的生活，也能更好地督促和辅导他们学习。于是，董彦峰、王景轩等 7 名同学住到了张峰家里。

记者在张峰家采访时，工人正在给女生房间装大衣柜。"今年教师节她获得了'新乡市年度教师'的称号，全市一年就一个，据说有不少奖金。"张峰的爱人张进潘说，"这不，奖金还没有到位，她就提前预支了。先给女生房间装，再装男生房间。"

17 年来，张峰的这个免费家庭学习班，先后辅导了 500 多名学生，光是吃住在家的学生就有 60 多名。很想知道这 17 年来，花在孩子们身上的钱有多少。张峰说："从来没有算过。"在记者地坚持下，她粗略算了一下，除了吃饭，一些上了高中、大学甚至研究生的学生，她都会持续关注，只要有困难就会伸手援助。17 年，她大约花费了近 7 万元。

业余辅导学生每周 20 个小时、寒暑假每天 8 小时，17 年辅导学生近 2 万个小时

5:30，起床。

5:40，叫醒孩子们，目前住在家里的有 10 名学生。

6:00，到教室辅导学生上早自习。

6:40，赶回来打了个招呼，吩咐记者在家里与孩子们一起吃饭，她则去学校食堂陪住校生吃饭。

7:10，张峰发微信说，她在教室辅导学生，让记者一会儿去找她。

上午，张峰上了两节课，接着又开了一个会。

11:40，孩子们陆续放学回来，张峰回家和孩子们一起吃饭。这时，张峰接到从郑州打来的电话，是前年考上郑州市第九中学海军航空班的张明麟打来的。他最近因为手机问题跟父亲产生了矛盾，很是苦恼，想找老师聊聊。整个午饭时间，张峰就一直通过电话帮他疏导。

13:00，孩子们回到教室，张峰也去了教室陪学生午休和辅导学生自习。

下午，张峰上课，同时准备即将去延津做报告的讲稿。

17:50，孩子们陆续开始吃晚饭了，张峰还在和董颜峰翻看 17 年前的日记和总结，师生两人沉浸在幸福的回忆当中。

22:00，张峰从班上回来，母亲给她温了碗牛奶，她坐在餐桌前，正式接受记者的采访。

接近零点时，张峰才准备休息。

这是张峰的一个日常时间记录。

记者再次请张峰算笔账，17 年间，她利用业余时间辅导学生花了多少时间。她大致计算了一下，按每周 20 个小时、寒暑假每天 8 小时 40 天计算，17 年间，她业余辅导学生近 2 万个小时。

“给孩子们做好饭，让我闺女放心好好工作。”

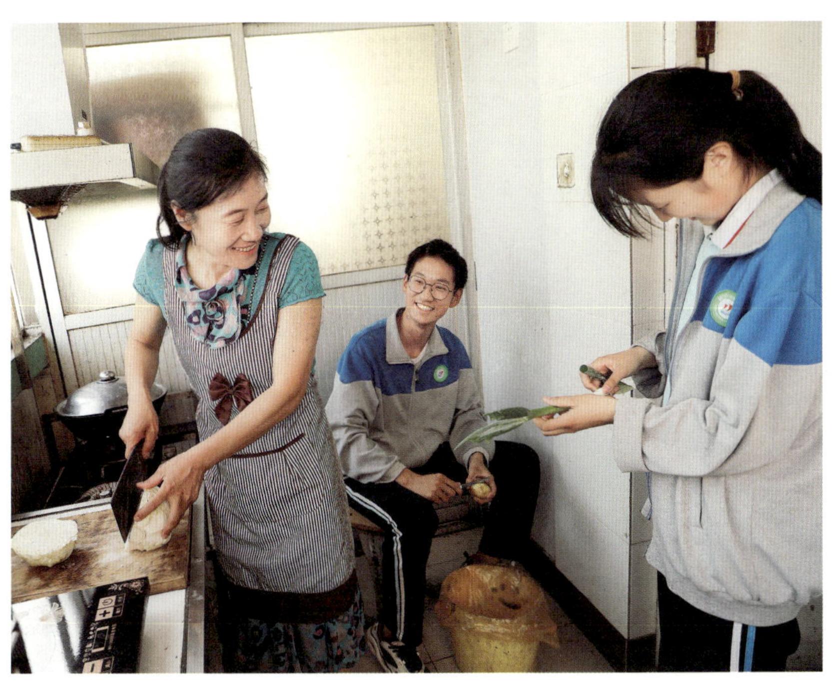

和学生一起做饭

全家齐动员，教好每一个学生，17 年认真为学生扣好人生第一粒扣子

张峰的家在学校后面的家属楼上，三室一厅的房子，总面积不到 110 平方米。两个卧室里分别放了 3 套上下铺的床，男生女生各一间。张峰和爱人住在另外一个卧室里。

“我们是第一批进住老师家的，那个时候是大通铺，夏天只有一台电扇。”王景轩对记者说。学生们会自找座位，餐桌、小方桌、茶几，只要能学习就行。来的学生一部分是吃住在家里，另一部分是只来学习不住宿。人多的时候，张峰自己连坐的地方都没有，只能站着或在学生堆里挤来挤去辅导。

“有一次，我和儿子从外面回来，客厅里都是学生，连个下脚的地方都没有，只好领着 7 岁的儿子到操场里消磨时间，一待就是两个小时。这样的日子持续了大半年。”张进潘说。原来儿子还有一张床，他上大学和工作后，这张床就妈妈被征用了。

这么多学生吃饭，做饭是一件让人操心的事情。早年，张峰会趁课间赶回家里做准备，放学后飞跑回家，两个锅一起炒菜，等孩子们到家时，饭菜也基本准备好了。

近几年，张峰忙不开，就把父母请过来专门做饭。母亲掌勺，父亲打下手。孩子和家长都叫张峰母亲为姥姥。姥姥今年 74 岁，她的家离张峰家不远，早上 5：30 就过来做饭了。

晚上 8：50，一阵香味从厨房飘出，记者看到姥姥正在做饭。“孩子上完晚自习回来，需要加点餐，我给他们下点面条。”姥姥说。姥姥做的饭很香，孩子们都喜欢吃。姥姥一天要做 4 顿饭，记者问她累不累，她说：“不累，好好把小孩子们管好，姑娘好好工作，我也是给国家做贡献。”

已经考上郑州西亚斯学院的王曾瀚海的妈妈这样评价：“张老师的家风特别好，姥姥、姥爷都是有大爱的人。孩子们跟他们在一起，不只是有了一个有吃有住的地方，更重要的是眼界会不一样，成长也会更快更健康!”

“年度教师”的奖金还没有到，张峰便提前预支为学生宿舍添置大衣柜

和董颜峰一起翻看 17 年前的日记

大学毕业后独自创业的王景轩，反复地对记者说：“要不是来了张老师家，估计我初二就不上学了。是老师把我的根扶正了，教会了我如何做人，才有了后来的发展。”

“我 14 岁生日时，张老师送了我一个日记本，扉页上写着：‘你已具备了腾飞的一切素质，走好 14 岁后的每一步，你的人生应该是很精彩的！’这个日记本我一直不舍得用，搬了几次家都很珍贵地收藏着。”董颜峰说，这句话就是老师对我们的期待。

“所以，我想告诉老师，您的期待我做到了！我一直在努力让自己变得更好，也在努力让身边的人变得更好。”透过董颜峰的这句话，记者真切地看到了：人生的第一粒扣子，张峰帮他扣得真结实。

(原载 2021 年 10 月 15 日《教育时报》，作者：张红梅)

扫一扫，看张峰的事迹短片

最美三问

教好每一个孩子是我的信仰

一问：您认为什么样的老师“最美”？

张峰： 在我心目中，能为学生的身心健康成长付出一切的老师“最美”。我认为，一名学生能积极地参加体育运动，能开开心心地生活和学习，能融洽地与同学、老师及家长相处交流，能把自己这个年龄段该做的事情做好，就是一个身心健康的学生。如果一个老师能潜移默化、润物无声地把学生们朝这个方向引领，这个老师就一定是“最美”的。

二问：结合从教以来的经历，您认为教师的职业获得感和幸福感来自哪里？

张峰： 我觉得我的幸福感和获得感来自两个方面：

一个幸福来自于我现在正教的学生。新学期刚刚开学，我们班有一名学生叫小奥，他的爸爸把他送进校门的时候跟我交待：这个孩子小学比较淘气，希望你好好管教。第一节英语课，我请小奥来坐到讲台上。他说：“老师我没有犯什么错误呀！”在这个学生心目中，犯了错误才会坐在讲台上。我说：“小奥，不是因为你犯了错误，是张老师希望这里成为你奋斗的起点、成功的起点。这个讲台位置，曾有许多学生从这儿起步，是从这儿开始努力学习的。从现在开始，你坐这里听一节课试试，肯定会有不一样的感受。”

上课期间，我让小奥做 6 道填空题，结果他破天荒地做对了 4 道。我说：“小奥，你进步很多，有没有感到很开心啊？”他腼腆地笑了：“是的！老师，我很开心。我想再给你说个好事！”“什么事儿？”我问。“今天我过生日呀！”他有点兴奋。我说：“同学们，小奥今天过生日，我们应该做什么呢？”大家就开始齐唱：“祝你生日快乐……”我也跟着唱起来。唱完以后，小奥向我们深深地鞠了一躬，然后说了声“谢谢”。我觉得他是发自肺腑地被感动了，一声“谢谢”包含万语千言。那一刻，我觉得很幸福。

另外一个幸福感的来源是已经毕业的学生，他们告诉我：“老师，你原来教我们的做人道理，现在都用在工作中了，你教会我们善良，教会我们与身边的人如何相处……”“老师，下星期，我要结婚了！”听到这些消息，我觉得自己就是最幸福的人。

三问：建党百年之际，作为党员教师，请谈谈您对“为党育人、为国育才”的理解和实践！

张峰：把每一个孩子都装在心里，教好每一个孩子是我的信仰。像董彦峰、王景轩等刚来到中学的时候，基础知识欠缺得不行。比如说数学吧，乘法口诀不会背，两位数加减法也是一头雾水，一时间我也是摇头叹息，但就这样放弃孩子吗？内心告诉我，不行。那怎么办呢？我把小学课本借过来，从乘法口诀到 1/3+1/4……一步一步地教他们。再说英语，他们居然不知道英语字母是 26 个。好，我们就从 A、B、C、D……牙牙学语般从头再来。

我对孩子们说：让我们从现在开始去创造自己的未来，通过不断的努力、日积月累的进步，去慢慢开启自己的精彩人生。当孩子们倦怠、迷茫，甚至想自我放弃的时候，我都会挺身而出、伸出援助之手。我相信，只要一直这样坚持下来，就会改变他们的一生。

扫一扫，看张峰如何回答“最美三问”

出彩河南人"2021 最美教师·张峰

委会授予张峰的颁奖辞是：
以手为桨，你把留守的孩子渡向理想
的殿堂；
用身做船，你将迷惘的学生渡向梦想
的彼岸。
传播知识，更塑造灵魂，你不落下任
一位学生；
倾其所有，拼尽全力，你为每一个希
望驾护航。
你是"出彩河南人"2021 最美教
——张峰。

在家辅导500多名学生，有60多名吃住在家，17年花费7万元

年河南师范大学毕业后，配到一所农村初中——召营中学当了一名体育少学生基础差得难以想多学生乘法口诀都背不3加1/4等于几，好多学算。"说起当时的情况，感慨。同时，农村经济多学生家里很贫困，面的困境。

年，当了8年体育教师主动找到校长，申请当任。也是从这年开始，写班级管理日记，至今，本。

武术的董彦峰，不仅成很捣蛋，曾经打得同学。张峰带着受伤的同学，帮忙垫付了医药费。两个半小时后，董颜峰峰也哭了。董彦峰告诉我哭是因为张老师太执真得被感动了。特别是'你不能成为一个文盲，为流氓'的话让我永记

召营村捣蛋出了名的"五虎上将"全部在张峰的班级里，学生们常结队去网吧。面对这群自我约束力极差的学生，张峰有了一个念头：让他们住到自己家里来，既照顾这些留守学生的生活，也能更好地督促和辅导他们学习。于是，董彦峰、王景轩等7名同学住到了张峰家里。

记者在张峰家采访时，工人正在给女生房间装大衣柜。"今年教师节她获得了'新乡市年度教师'的称号，全市一年就一个，据说有不少奖金。"张峰的爱人张进潘说，"这不，奖金还没有到位，她就提前预支了。先给女生房间装，再装男生房间。"

17年来，张峰的这个免费家庭学习班，先后辅导了500多名学生，光是吃住在家的学生就有60多名。很想知道这17年来，花在孩子们身上的钱有多少。张峰说："从来没有算过。"在记者地坚持下，她粗略算了一下，除了吃饭，一些上了高中、大学甚至研究生的学生，她都会持续关注，只要有困难就会伸手援助。17年，她大约花费了近7万元。

教授知识，更要引导孩子们学会生活、热爱劳动。张峰与住在生一起做饭

不只给你一个有吃有住的地方

□ 本报记者 张红梅/文图

"这就是董颜峰。他今天去领结婚证，来晚了。"9月22日下午，在"出彩河南人"2021最美教师、新乡县大召营中学张峰的家，记者见到了张峰担任班主任后所带的第一届学生董颜峰。记者听闻后，连忙恭喜道贺。"虽说我只是大专学历，却娶了一位硕士老婆。"董颜峰满脸自豪，"如果没有遇到张老师，没有吃住在老师家，或许我现在会在监狱里了！初中这三年的时间改变了我的人生。"

像董颜峰这样，因为初中三年吃住在张峰家里学习而发生改变的有很多学生。为什么要吃住在老师家里？这还得从17年前说起——

这样的氛围，在这个温馨的"家"里是常态

业余辅导学生每周20个小时、寒暑假每天8小时，17年辅导学生近2万个小时

5:30，起床。

5:40，叫醒孩子们，目前住在家里的有10名学生。

6:00，到教室辅导学生上早自习。

6:40，轩回来打了个招呼，吩咐记者在家里与孩子们一起吃饭，她则去学校食堂陪住校生吃饭。

7:10，张峰发微信说，她在教室辅导学生，让记者一会儿去找她。

上午，张峰上了两节课，接着又开了一个会。

11:40，孩子们陆续放学回来，张峰回家和孩子们一起吃饭。这时，张峰接到从郑州打来的电话，是前年考上郑州市第九中学海军航空班的张明麟打来的。他最近因为手机问题跟父亲产生了矛盾，很是苦恼，想找老师聊聊。整个午饭时间，张峰就一直通过电话帮他疏导。

13:00，孩子们回到教室，张峰也去了教室陪学生午休和辅导学生自习。

下午，张峰上课，同时准备即将去延津做报告的讲稿。

17:50，孩子们陆续开始吃晚饭了，张峰还在和董颜峰翻看17年前的日记和总结，师生两人沉浸在幸福的回忆当中。

22:00，张峰从班上回来，母亲给她温了碗牛奶，她坐在餐桌前，正式接受记者的采访。

接近零点时，张峰才准备休息。

这是张峰的一个日常时间记录。

记者再次请张峰算笔账，17年间，她利用业余时间辅导学生花了多少时间。她大致计算了一下，按每周20个小时、寒暑假每天8小时40天计算，17年间，她业余辅导学生近2万个小时。

荣誉奖金还没有到，张峰便提前预支，为学生宿舍添置衣柜

全家齐动员，教好每一个学生，17年认真为学生扣好人生第一粒扣子

张峰的家在学校后面的家属楼上，三室一厅的房子，总面积不到110平方米。两个卧室里分别放了3套上下铺的床，男生女生各一间。张峰和爱人住在另外一个卧室里。

"我们是第一批进住老师家的，那个时候是大通铺，夏天只有一台电扇。"王景轩对记者说。学生们会自找座位，餐桌、小方桌、茶几，只要能学习就行。来的学生一部分是吃住在家里，另一部分是只来学习不住宿。人多的时候，张峰自己连坐的地方都没有，只能站着或在学生堆里挤来挤去辅导。

"有一次，我和儿子从外面回来，客厅里都是学生，连个下脚的地方都没有，只好领着7岁的儿子到操场里消磨时间，一待就是两个小时。这样的日子持续了大半年。"张进潘说。原来儿子还有一张床，他上大学和工作后，这张床就妈妈被征用了。

这么多学生吃饭，做饭是一件让人操心的事情。早年，张峰会趁课间赶回家里做准备，放学后飞跑回家，两个锅一起炒菜，等孩子们到家时，饭菜也基本准备好了。

近几年，张峰忙不开，就把父母请过来专门做饭。母亲掌勺，父亲打下手。孩子和家长都叫张峰母亲为姥姥。姥姥今年74岁，她的家离张峰家不远，早上5：30就过来做饭了。

晚上8：50，一阵香味从厨房飘出，记者看到姥姥正在做饭。"孩子上完晚自习回来，需要加点餐，我给他们下点面条。"姥姥说。姥姥做的饭很香，孩子们都喜欢吃。姥姥一天要做4顿饭，记者问她累不累，她说："不累，好好把小孩子们管好，姑娘好好工作，我也是给国家做贡献。"

已经考上郑州西亚斯学院的王曾瀚海的妈妈这样评价："张老师的家风特别好，姥姥、姥爷都是有大爱的人。孩子们跟他们在一起，不只是有了一个有吃有住的地方，更重要的是眼界会不一样，成长也会更快更健康！"

大学毕业后独自创业的王景轩，反复地对记者说："要不是来了张老师家，估计我初二就不上学了。是老师把我的根扶正了，教会了我如何做人，才有了后来的发展。"

"我14岁生日时，张老师送了我一个日记本，扉页上写着：'你已具备了腾飞的一切素质，走好14岁后的每一步，你的人生应该是很精彩的！'这个日记本我一直不舍得用，搬了几次家都很珍贵地收藏着。"董颜峰说，这句话就是老师对我们的期待。

"所以，我想告诉老师，您的期待我做到了！我一直在努力让自己变得更好，也在努力让身边的人变得更好。"透过董颜峰的这句话，记者真切地看到了：人生的第一粒扣子，张峰帮他扣得真结实。

"给孩子们做好饭，让我闺女放心好好工作"

和董颜峰一起翻看17年前的日记，重温美好时光

在家里随时就可以交流，让爱春风化雨

扫一扫，看张峰如何回答『最美三问』

扫一扫，看张峰的事迹短片

扫一扫，看全新版本的《一切都给你》

新闻部 66342631 记者部 66323635 导刊部 66356951 河南睿谷教育科技有限公司 66342301 ■广告 66327883 广告发布登记证号：郑惠济市监广发登字（2019）002号 ■河南教育报刊社发行部服务热线：400-659-7019 ■零售：1.50元 ■订阅：全国各地邮局 ■印刷：河南文达印刷公司（郑州市黄河路124号）

组委会授予朱奎鹏的颁奖辞：

向内，深入挖掘校史里的党史；向外，用现代手段传承红色基因。以史为鉴，引导学生筑牢信仰基石；以史为师，帮助学生树立文化自信。你传授的不仅是知识，更让党的光辉薪火相传。你是“出彩河南人”2021最美教师——朱奎鹏。

朱奎鹏

巧用资源开展党史教育活动的德育先进

朱奎鹏，1987 年生，中共党员，郑州市第 101 中学教师。作为党员，朱奎鹏在庆祝建党百年活动中，积极开发校史中的党史资源，参与多项学校和郑州广播电视台的党史学习教育活动。他利用学校图书馆馆藏的民国时期的《新华日报》资源主持策划了南京大屠杀死难者国家公祭日主题展览；积极联系郑州市博物馆，将博物馆的《郑州历史名人展》引进校园；在建党百年的纪念活动中，将校史中的郑州市第一个中共地下党支部的历史发掘呈现，赢得了极大的社会反响。作为郑州市名班主任工作室主持人，他不断创新班级育人方式，带领工作室开展新德育，不断打造“年轻化、创新型、实践派”的班主任团队。

朱奎鹏曾获河南省德育先进个人、郑州市教育局学术技术带头人、郑州市骨干教师等荣誉称号。

他以校史为匙打开党史的宝库

1929 年，郑州市第 101 中学刚刚创办，名为郑州扶轮中学。

1937 年，河南的共产党组织受到国民党军警特务的严重破坏。同年，郑州扶轮中学成立了郑州第一个中共地下党支部，成为郑州抗日救国运动、青年救国运动的中心，被郑州各界誉为“郑州青年革命的摇篮”。

2011 年，刚刚大学毕业的朱奎鹏入职郑州市第 101 中学，成为该校的一名历史教师。

2019 年，朱奎鹏开始潜心挖掘学校的这段红色历史，打开这座红色资源宝库，把校史与党史相结合，融入到具体的教书育人当中。

2021 年 10 月 15 日、25 日，记者先后两次来到郑州市第 101 中学，跟随朱奎鹏的脚步，走进他的教育故事。

辛勤打磨出精品——未雨绸缪才能上好每一节课

10 月 15 日的郑州市第 101 中学，天朗气清，一排排海棠树上坠满了火红的果儿。教室里，书声琅琅；操场上，奔跑着孩子们矫健的身影。

与之形成反差的是朱奎鹏的办公室里，一片安静。此刻的他正忙着修改下午精品课录制所用的课件。就在采访前一天，他接到学校通知，要他进行郑州市教研室组织的精品课集中录制。

今年，朱奎鹏教的是高二年级，而他准备的却是高一年级的一节课——《全民族浴血抗战与抗日战争的胜利》。今年秋季开学后，高一年级的学生开始使用新教材，这也是朱奎鹏第一次为新教材备课。

关注到班里的每一个孩子，记挂着他们遇到的每一个问题

“按照新课程标准，历史教学要突出对学生历史综合能力的培养。所以，我在设计这节课的时候，引用了许多翔实的案例，让课内知识向课外不断延伸，加强学生学习与历史发展的联系。”朱奎鹏说。

虽然感觉自己准备得相当充分，但朱奎鹏还是有些不放心。刚好，在历史教研组里，教高一年级的翟金牛老师也要进行精品课录制。于是，身为历史教研组组长的朱奎鹏便组织教研组的老师们到办公室一起观课、磨课。

这节课，朱奎鹏以著名历史学家金冲及的话为引子，从民族自觉的空前提高、民主观念的曲折发展、民族复兴的历史起点讲起，旁征博引，为教研组的老师和记者上了精彩的一课，也得到了老师们的极大肯定。随后，老师们又针对朱奎鹏和翟金牛的两节课进行研讨、打磨。

当天下午，精品课录制现场，朱奎鹏反复讲了多次，最终才达到自己理想的效果。他说：“虽然我现在教高二年级，还有的老师教的是高三年级，没有直接教授新教材，但是我们都要提前做好准备，力争把每一节课都打造成精品。”

打造精品，是朱奎鹏对自己的一贯要求。工作之余，他不断加强专业学习，经常购买和阅读与教育教学相关的书籍，提高自己的教育教学水平，更新自己的教育教学理念。

作为历史教研组组长，朱奎鹏还带领教研组的同事开展一系列特色教研活动，打造研究型教研组。每周一的下午都是教研组开展大教研的时间，历史教研组也成为学校教研工作改革的试验田和排头兵。

匠心育人显精心——守着宝库怎能不好好利用

在朱奎鹏准备的精品课《全民族浴血抗战与抗日战争的胜利》中，有一段内容让记者印象深刻。他在讲到经济、教育战线的抗战时，专门穿插了学校 1938 年从郑州迁往陕西汉中的一段历史，一下子拉近了听者与历史的距离。

“我们学校是一座巨大的红色历史文化宝库，我把学校的历史与教学结合在一起，这样学生听起来，会有一种亲近感。历史不是那遥远的过往，其实就在我们的身边，与每一个人朝夕相伴。”这是朱奎鹏的初衷。

朱奎鹏把学校的红色历史文化精心融入教育教学，这不是第一次。

2019 年，朱奎鹏在校史馆整理资料时，得知学校曾成立了郑州第一个中共地下党支部，便开始潜心挖掘这段历史，打开这座红色资源宝库。

“学为万人役”的建校初心、学校的历史变迁、郑州第一个地下党支部组建……都成为朱奎鹏平时教学的素材。10 月 25 日，记者跟随他和学生一起走进学校校史馆。他像一位导游，带领学生穿越历史长河，“目睹”先辈们为国家、民族命运奋勇抗争的场景，感受那份深切而炽热的爱国主义情怀。

“九一八事变、一二·九运动、七七事变等，这些重大历史事件的学习，都可以与我们的校史结合起来。因为，在这些历史事件当

把准备好的课先讲给教研组的同事们听

教研组内热烈研讨，只为打造一节学生喜欢的好课

中，都有我们学校的进步师生为民族存亡多方奔走的身影。我们有责任赓续红色血脉。”朱奎鹏说。

尤其是在今年建党百年的纪念活动中，朱奎鹏利用课余休息时间多方查找资料，将学校的红色故事不断发掘呈现，并组织师生深入学习，发挥了巨大的教育作用。当他得知，学校图书馆收藏有全套的民国时期《新华日报》后，连续一个多月，他放弃午休时间，翻阅查找其中适合呈现的素材，利用这套报纸中有关南京大屠杀的相关报道、图片，主持策划了南京大屠杀死难者国家公祭日主题展览，让全校师生更真实地感受到了民族之殇。他还积极联系郑州博物馆，将博物馆的《郑州历史名人展》引进校园……

记者采访时还看到，在朱奎鹏的办公桌上放着一本《扶轮回响》。据他介绍，这本书也是他利用空余时间编写出来的，全书 5 万余字，详细介绍了学校的发展历史，如今已作为学校校本教材，在全校推广。

朱奎鹏工作日记里有一段话是这样写的：“我们是提灯者。暗夜中的一盏灯，可以护佑学生前行的脚步，可以给予学生前进的温暖，可以点亮学生奋发的理想，可以激起学生拼搏的勇气。我们是筑梦人。当我们为爱奉献，学生就会为梦改变。”

在学校『午后闻声』中宣讲党史

班级管理重精细——以身示范是爱的最好表达

一节精品课，体现出朱奎鹏工作认真的态度；把校史、党史融入日常教育教学，可以看出他对教学的深刻研究。除此之外，两次采访中，记者感受很深的还有他对班级的精细管理。是的，朱奎鹏还是学校高二（11）班的班主任。

早上、中午进班，朱奎鹏都要检查一遍教室的卫生。这本是一个很细微的行为。学生打扫完的地面上，有漏掉的纸屑，他会弯腰捡起，放到垃圾袋中；讲桌上的花盆、粉笔盒摆放不整齐，他会默默矫正；等等。他做这些的时候，记者注意到了，做值日的学生也注意到了——他在潜移默化地影响着他们。

朱奎鹏还会时不时地带给学生一些小惊喜。10 月 15 日采访时，记者在他的记事簿上看到一项内容是——为班干部发石榴。当时，颇感费解。

下午上课前的自习时间，朱奎鹏抱着 3 个箱子走进教室，箱子里装的是他自费购买的通红通红的大石榴。石榴一个个地分发出去，收到礼物的同学既意外又惊喜。他说，自己接这个班比较突然，班

朱奎鹏和学生在一起

里的工作班干部付出比较多，这一次的小礼物送给他们意在激励。

说到朱奎鹏的精心，同学们能列举出许多例子：他会对请假的学生安排有针对性的辅导，会细心记住每一名学生的生日，会利用各种办法增强班级的凝聚力……

作为寄宿制学校的班主任，朱奎鹏每天早上 6：00 前到达学校，中午在学校食堂吃完饭就开始各种忙，晚上 10 点左右才离开学校。两次见面，他在校园里都是行色匆匆，记者一度跟不上他的脚步。

写到最后，记者觉得在学校微信公众号上看到关于朱奎鹏的一段话，最能表达对这位“最美教师”的感受：他每天穿过贯通校园南北的主干道扶轮路，步履匆匆，似乎无暇欣赏校园里美丽的风景。他错过了春天教室外盛开的玉兰花、夏日操场边满枝的枇杷果、金秋庭阶旁浓郁的桂花香、深冬时校园小路边初雪覆盖下红色的女贞子。但他又没有错过，他从没有错过学生在拔节孕穗期需要的每一次栽培与呵护，从没有错过在教书育人的道路上为学生带来缤纷多彩的四季风景。

（原载 2021 年 10 月 29 日《教育时报》，作者：靳建辉）

扫一扫，看朱奎鹏的事迹短片

做一名提灯者，也做一名筑梦人

一问：您认为什么样的老师“最美”？

朱奎鹏：我认为，最美教师首先应该美在品德，正如习近平总书记所说，好老师首先应该有理想信念、有道德情操，高尚的师德应该是教师“最美”的底色。其次，最美教师还应该具有仁爱之心，教师应该能够带给学生温暖与光亮，驱散学生在成长路上的黑暗和阴霾。另外，最美教师还应该在学生的成长路上，帮助学生建构自己的梦想，能够尽最大可能助力学生实现自己的梦想，也就是要做一名筑梦人。如果这位老师在做好提灯者和筑梦人的同时，拥有着扎实的学识，而且能够不断提升自我、不断去践行自己的教育理想的话，那当然就更美了。

二问：结合从教以来的经历，您认为教师的职业获得感和幸福感来自哪里？

朱奎鹏：工作十年来，我的职业获得感部分来自自己，不断在教育教学中提升了自己的能力，打下了自我发展的根基。当然，这个方面的职业获得感，更多的是来自于我所处的平台、即我的学校郑州市第 101 中学对我的培养和支持，优秀的平台成就优秀的教师。

同时，我的职业获得感和幸福感也来自我的学生，我教的学生都处于 15 岁至 18 岁的年纪，可以说是人最美、最青春的年龄，我能在他们这样一个特殊的时间节点，来见证一朵花的盛开、一棵树的长大，以及能与无数青春的灵魂一起交流和碰撞，当我和学生一起来见证共同成长的经历时，这无异是一件非常幸福的事儿。我深知，是我的学生成就了现在的我。

总之，教师这份职业的获得感和幸福感，是其他职业都无法比拟的。我的职业获得感和幸福感都来自学生、来自课堂、来自日常教育教学的点点滴滴。

三问：建党百年之际，作为党员教师，请谈谈您对“为党育人、为国育才”的理解和实践。

朱奎鹏：作为一名党员历史教师，历史学科的性质，决定着我在为党育人、为国育才方面需要承担更多的责任和使命。尤其是面对新生代的学生时，需要不断创新育人、育才的方式，我要不断精进自己历史教学的水平，发挥历史学科在育人方面的独特优势，比如，利用历史来培养学生家国情怀方面。其实，在每一节历史课上，我都有意识地将学科育人融入其中，我会思考这节课如何让学生对我们这个民族多一份理解和认同，如何将我们民族历史的智慧传承给下一代。

我也觉得，为党育人、为国育才不应该局限在教室之内，像博物馆、校史馆，以及各种主题的历史展览都可以是课堂育人、育才的补充和延伸，尤其是身边的历史更能引起学生的共鸣和感悟。为了传承校史中的红色资源，我撰写了校史校本教材，开设了校本课程，做了很多次的讲座。我利用学校图书馆收藏的抗日战争时期的《新华日报》，与学生发展中心一起创办了一系列党史主题、爱国主义主题的教育展览。这些都创新了学科育人和立德树人的形式，也拓展了传承红色基因、赓续红色血脉的空间。

扫一扫，看朱奎鹏如何回答“最美三问”

彩河南人"2021最美教师·朱奎鹏

他以校史为匙打开党史的宝库

□ 本报记者 靳建辉/文图

1929年，郑州市第101中学刚刚创办，名为郑州扶轮中学。

1937年，河南的共产党组织受到国民党军警特务的严重破坏。同年，郑州扶轮中学成立了郑州第一个中共地下党支部，成为郑州抗日救国运动、青年救国运动的中心，被郑州各界誉为"郑州青年革命的摇篮"。

2011年，刚刚大学毕业的朱奎鹏入职郑州市第101中学，成为该校的一名历史教师。

2019年，朱奎鹏开始潜心挖掘学校的这段红色历史，打开这座红色资源宝库，把校史与党史相结合，融入到具体的教书育人当中。

今年10月15日、25日，记者先后两次来到郑州市第101中学，跟随朱奎鹏的脚步，走进他的教育故事。

会授予朱奎鹏的颁奖辞是：

向内，深入挖掘校史里的党史；
向外，用现代手段传承红色基因。
以史为鉴，
引导学生筑牢信仰基石；
以史为师，
帮助学生树立文化自信。
你传授的不仅是知识，
更让党的光辉薪火相传。
你是"出彩河南人"2021最美教
—朱奎鹏。

朱奎鹏带领学生穿越历史长河

勤打磨出精品——未雨绸缪才能一节课

5日的郑州市第101中清，一排排海棠树上的果儿。教室里，书场上，奔跑着孩子们。

成反差的是朱奎鹏的一片安静。此刻的他下午精品课录制所用在采访前一天，他接，要他进行郑州市教精品课集中录制。

朱奎鹏教的是高二年备的却是高一年级的一民族浴血抗战与抗日。今年秋季开学后，高生开始使用新教材，这第一次为新教材备课。

新课程标准，历史教学生历史综合能力的培我在设计这节课的时许多翔实的案例，让课外不断延伸，加强历史发展的联系。"朱

觉自己准备得相当充鹏还是有些不放心。史教研组里，教高一牛老师也要进行精品是，身为历史教研组鹏便组织教研组的老师们到办公室一起观课、磨课。

这节课，朱奎鹏以著名历史学家金冲及的话为引子，从民族自觉的空前提高、民主观念的曲折发展、民族复兴的历史起点讲起，旁征博引，为教研组的老师和记者上了精彩的一课，也得到了老师们的极大肯定。随后，老师们又针对朱奎鹏和翟金牛的两节课进行研讨、打磨。

当天下午，精品课录制现场，朱奎鹏反复讲了多次，最终才达到自己理想的效果。他说："虽然我现在教高二年级，还有的老师教的是高三年级，没有直接教授新教材，但是我们都要提前做好准备，力争把每一节课打造成精品。"

打造精品，是朱奎鹏对自己的一贯要求。工作之余，他不断加强专业学习，经常购买和阅读与教育教学相关的书籍，提高自己的教育教学水平，更新自己的教育教学理念。

作为历史教研组组长，朱奎鹏还带领教研组的同事开展一系列特色教研活动，打造研究型教研组。每周一的下午都是教研组开展大教研的时间，历史教研组也成为学校教研工作改革的试验田和排头兵。

在朱奎鹏准备的精品课《全民族浴血抗战与抗日战争的胜利》中，有一段内容让记者印象深刻。他在讲到经济、教育战线的抗战时，专门穿插了学校1938年从郑州迁往陕西汉中的一段历史，一下子拉近了听者与历史的距离。

"我们学校是一座巨大的红色历史文化宝库，我把学校的历史与教学结合在一起，这样学生听起来，会有一种亲近感。历史不是那遥远的过往，其实就在我们的身边，与每一个人朝夕相伴。"这是朱奎鹏的初衷。

朱奎鹏把学校的红色历史文化精心融入教育教学，这不是第一次。

2019年，朱奎鹏在校史馆整理资料时，得知学校曾成立了郑州第一个中共地下党支部，便开始潜心挖掘这段历史，打开这座红色资源宝库。

匠心育人显精心——守着宝库怎能不好好利用

"学为万人役"的建校初心、学校的历史变迁、郑州第一个地下党支部组建……都成为朱奎鹏平时教学的素材。10月25日，记者跟随他和学生一起走进学校校史馆。他像一位导游，带领学生穿越历史长河，"目睹"先辈们为国家、民族命运奋勇抗争的场景，感受那份深切而炽热的爱国主义情怀。

"九一八事变、一二·九运动、七七事变等，这些重大历史事件的学习，都可以与我们的校史结合起来。因为，在这些历史事件当中，都有我们学校的进步师生为民族存亡多方奔走的身影。我们有责任赓续红色血脉。"朱奎鹏说。

尤其是在今年建党百年的纪念活动中，朱奎鹏利用课余休息时间多方查找资料，将学校的红色故事不断发掘呈现，并组织师生深入学习，发挥了巨大的教育作用。当他得知，学校图书馆收藏有全套的民国时期《新华日报》后，连续一个多月，他放弃午休时间，翻阅查找其中适合呈现的教育资源，利用这套报纸中有关南京大屠杀的相关报道、图片，主持策划了"南京大屠杀死难者国家公祭日"展览，让全校师生更真实地感受到了民族之殇。他还积极联系郑州博物馆，将博物馆的"郑州历史名人展"引进校园等。

记者采访时还看到，在朱奎鹏的办公桌上放着一本《扶轮回响》。据他介绍，这本书也是他利用空余时间编写出来的，全书5万余字，详细介绍了学校的发展历史，如今已作为学校校本教材，在全校推广。

朱奎鹏工作日记里有一段话是这样写的："我们是提灯者。暗夜中的一盏灯，可以护佑学生前行的脚步，可以给予学生前进的温暖，可以点亮学生奋发的理想，可以激起学生拼搏的勇气。我们是筑梦人。当我们为爱奉献，学生就会为梦改变。"

在学校"午后阅声"中宣讲党史

朱奎鹏和学生在一起

关注到班里的每一个孩子，记挂着他们遇到的每一个问题

班级管理重精细——以身示范是爱的最好表达

一节精品课，体现出朱奎鹏工作认真的态度；把校史、党史融入日常教育教学，可以看出他对教学的深刻研究。除此之外，两次采访中，记者感受很深的还有他对班级的精细管理。是的，朱奎鹏还是学校高二(11)班的班主任。

早上、中午进班，朱奎鹏都要检查一遍教室的卫生。这本是一个很细微的行为。学生打扫完的地面上，有漏掉的纸屑，他会弯腰捡起，放到垃圾袋中；讲桌上的花盆、粉笔盒摆放不整齐，他会默默矫正；等等。他做这些的时候，记者注意到了，做值日的学生也注意到了——他在潜移默化地影响着他们。

朱奎鹏还会时不时地带给学生一些小惊喜。10月15日采访时，记者在他的记事簿上看到一项内容是——为班干部发石榴。当时，颇感费解。

下午上课前的自习时间，朱奎鹏抱着3个箱子走进教室，箱子里装的是他自费购买的通红通红的大石榴。石榴一个个地分发出去，收到礼物的同学既意外又惊喜。他说，自己接这个班比较突然，班里的工作班干部付出比较多，这一次的小礼物送给他们意在激励。

说到朱奎鹏的精心，同学们能列举出许多例子：他会对请假的学生安排有针对性的辅导，会细心记住每一名学生的生日，会利用各种办法增强班级的凝聚力……

作为寄宿制学校的班主任，朱奎鹏每天早上6：00前到达学校，中午在学校食堂吃完饭就开始各种忙，晚上10点左右才离开学校。两次见面，他在校园里都是行色匆匆，记者一度跟不上他的脚步。

写到最后，记者觉得在学校微信公众号上看到关于朱奎鹏的一段话，最能表达对这位"最美教师"的感受：他每天穿过贯通校园南北的主干道扶轮路，步履匆匆，似乎无暇欣赏校园里美丽的风景。他错过了春天教室外盛开的玉兰花、夏日操场边满枝的枇杷果、金秋庭阶旁浓郁的桂花香、深冬时校园小路边初雪覆盖下红色的女贞子。但他又没有错过，他从没有错过学生在拔节孕穗期需要的每一次栽培与呵护，从没有错过在教书育人的道路上为学生带来缤纷多彩的四季风景。

把准备好的课先讲给教研组的同事们听

教研组内热烈研讨，只为打造一节学生喜欢的好课

扫一扫，看朱奎鹏如何回答「最美三问」

扫一扫，看朱奎鹏的事迹短片

扫一扫，看全新版本的《一切都给你》

部 66342631 记者部 66323635 导刊部 66356951 河南睿谷教育科技有限公司 66342301 ■广告 66327883 广告发布登记证号：郑惠济市监广发登字〔2019〕002号 ■河南教育报刊社发行部服务热线：400-659-7019 ■零售：1.50元 ■订阅：全国各地邮局 ■印刷：河南文达印刷公司（郑州市黄河路124号）

组委会授予刘安娜的颁奖辞：

博学多才、挥洒自如，你是学生追捧的偶像；春风化雨、水到渠成，你是学生知心的姐姐。课堂因材施教，课下网络互联。你执念，“教书育人，非一课之功”；你坚信，付出真爱，爱就永不泯灭。你是“出彩河南人”2021 最美教师——刘安娜。

刘安娜

因博学备受学生追捧的“偶像教师”

刘安娜，1978 年生，中共党员，河南师范大学教师，从教十余载，“教师育人，非一课之功，乃终身之事”是刘安娜始终坚持的信念。她的课堂从不以点名的方式保证学生的出勤率，自如潇洒的执教风格、鲜活丰富的课程，常使她的课堂“拥挤不堪”。

她累计安排近 20 名考研学生吃住在自己家，保证学生全力考研，倾心帮已毕业学生设计公开课，对患病学生进行各种帮助……她还致力于课堂改革探索，善用学生最熟悉、最喜欢的方式，如短视频、时事新闻、音乐影视等讲述深刻复杂的理念，实现教学与生活紧密相连、与时俱进。

刘安娜曾获河南省师德标兵、河南省教学标兵等称号，两次获全省教育系统教学技能竞赛一等奖。2019 年 5 月，刘安娜获河南省师德演讲比赛冠军，同年被评为河南年度教育新闻人物。

把这个有趣的灵魂全都给你

刘安娜是谁？

“出彩河南人”2021 最美教师、河南省师德标兵、河南省师德主题演讲比赛冠军……这些都只是她的名号和荣誉，不是她的身份；

安娜女神、安娜老师、安娜姐姐……这些是学生对她常用的亲切昵称，也不能概括她的身份；

“自带‘热搜’体质”“集美貌与才华于一身”“有趣的灵魂”……她身上的标签让人对她更加好奇，却依旧无法解开她的身份之谜。

2021 年 10 月 18 日，记者来到河南师范大学见到刘安娜，通过半天的交谈和半天的课堂观摩，谜底逐渐显现——刘安娜，河南师范大学文学院教师，教语文，却又不只教语文。

“我最喜欢的就是做语文老师，从小一直这么认为，而且初心没变”

刘安娜在学校里很“红”。

杨冰竹，河南师大 2018 级汉语言文学专业学生，自称是“曾三次选到刘安娜热门课的幸运儿”。她说：“安娜老师人好、课好、有魅力，想上她的课，必须拼手速‘抢’才行！”

“其他学院学生的抢课压力更大！刘老师的《大学语文》是面向全校学生的，1 万多人只有两百出头的名额，每年选课的时候校园里都流传着各种版本的抢课攻略……”同为 2018 级汉语言文学专业的学生房美香补充道。

10 月 18 日，周一，下午第一节课，也是刘安娜本周的第一节

刘安娜的课堂活泼发散，总是在不经意间惹得学生哈哈大笑

课，是面向汉语言文学专业学生的语文课程概论。河南师大东区教学楼 104 教室里坐满了等待上课的学生。

午休过后，学生的状态并不是很好。没有过多铺垫，刘安娜直接播放了一首在 B 站（哔哩哔哩）上颇受欢迎的歌曲《错位时空》。“这个古风版是经过重新作词的，大家听听歌词里化用了哪些诗词？”原本还有些冷淡的课堂气氛很快就被点燃，学生开始踊跃作答。

“学生都喜欢逛 B 站，作为老师的我可以通过视频上的弹幕知道现在的年轻人都在想什么，这种反馈是即时的，对于掌握当代大学生的喜好是有效的。”刘安娜告诉记者，这样的切入，并不单纯是为了引起学生兴趣，更多地是为了引导学生把生活中的各种资源当作课堂的素材，用学生感兴趣的内容来讲不容易懂的知识。

影视剧、综艺、热点事件都能成为她的教学素材，对刘安娜来说，多种形式的教学方式可能会影响学生的一生。

“我喜欢做语文老师，这是我在小学三年级的时候就认定的事儿。”原来，读小学时，一位名叫李淑霞的语文教师打开了刘安娜对于语文的兴趣之门。“我记得特别清楚，当时学习课文《少年闰土》，李老师带领学生朗读课文，把闰土的憨厚、猹的狡黠和月色的恬静读得特别形象。那一下子，我就彻底爱上了语文。”

在后来的时间里，她对成为一名语文老师的执念不断加深。在本科学习结束后，她又通过保研读取了语文课程与教学论方向的研究生。2003 年研究生毕业后，刘安娜留在河南师大文学院，如愿成为了一名语文老师。

在随后的十几年时间里，刘安娜也不是没有更好的发展机遇，新加坡电台主播、建筑公司艺术总监等岗位都曾向她抛出过橄榄枝，但她心里只有一个念头：“做语文老师——这是让我感到满足的事儿。”

课间，学生与刘安娜闹作一团，记者问及为什么喜欢刘安娜的课，“有魅力”是被学生提及最多的一个词。

是啊，正是因为热爱，刘安娜和她的语文课才散发着如此的魅力。

“语文老师不只教语文，我试图教给他们关于教育的一切”

刘安娜似乎自带“热搜”体质。

新学期第一节课下课，学生围上来添加她的微信

2020 年 11 月 10 日，在微博热搜榜上有一个话题冲到了第 18 位——“郑州的学生有多幸福”。一看话题内容，曾是刘安娜学生、如今在上蔡县第一高级中学任教的戚荣玲立刻就给刘安娜发消息，问：“安娜，是不是你干的？好像是你的手笔啊！”

仔细一看，原来这是刘安娜受郑州市教育局邀请，为一批新入职教师做职业礼仪培训。“当时，我就把跟学生进行网络聊天的注意事项科普了一下。比如，慎用句号、感叹号，表达开心要连用 5 个‘哈’才算真诚，表情包使用禁区，等等。没想到会火。”刘安娜笑道。

“可是教师职业礼仪，怎么会牵扯到这些内容呢？”记者有些不解。

“我第一次准备这个题目的时候思考了一个问题，什么样的礼仪是能够突出教师这个职业身份的？那一定是与学生交往的礼仪。”刘安娜说，“穿衣礼仪、会议礼仪，这些礼仪都是普通的社交礼仪，教师职业礼仪一定是与学生打交道需要注意的内容。讲了很多类似的案例，还是希望能够传递一种教师要用学生的视角来与之交流的

与学生在一起，刘安娜永远满脸阳光

理念。”

10 月 18 日下午 4 点半，河南师大五五四教学楼 103 教室。“这是学校官方微信公众号上说的那个‘网红’老师不？”“是的是的，快进去占座。”前来上课的学生在教室外耳语。这节课刘安娜将要给学校外国语学院的大一新生上教师口语课。

做了简短的自我介绍后，刘安娜走下讲台，走到学生身边，宣布：“今天大家是第一次见面，我想要跟大家互相了解一下。你们提问，我来回答。”

大一入学的羞涩让刚开始的气氛有些凝重，但很快，一个诙谐幽默的问题打破了这种尴尬：“安娜老师，你知不知道你是个大美女？”

“谢谢！我知道我不是传统审美概念里的美女，但是自信的人都美丽。同学们，这里我还想跟大家讨论一下最近很热的话题——容貌焦虑。你们有过容貌焦虑吗？美的标准到底是什么？”刘安娜的回答简单直接，并且顺势又引出了一个社会关注的话题。

看似闲谈般的交流之中，暗含家国情怀、民族情感、价值观念等主线话题——这些都是刘安娜课堂上的主题。在 2021 年上半年，她的《大学语文》被学校推荐参评全省本科高校第二批课程思政项目，有望成为全省思政样板课。

是啊，主题不局限于课堂和课本，用学生的视角与之交流，刘安娜和她的课堂才能如此有吸引力。

“是学习导师，更是人生和心灵导师，对他们的影响可能会延续一生”

“十分感谢大学语文老师刘安娜，安娜老师腹有诗书气自华的谈吐深刻地影响着我的大学生活和看待世界的态度，四年的大学语文课使我更加热爱生活。”这是该校商学院 2017 级毕业生陶源毕业论文致谢部分中的几句话。

虽然刘安娜并未指导陶源的论文，他的论文内容与大学语文也无关联，但在这篇真挚的致谢中，刘安娜却占据着“一席之地”。原

课堂上的刘安娜，大部分的时间都是站在学生身边讲课

来，筹备毕业论文时的他承受着情感、毕业和各方的压力，状态很差。他把坚持蹭听刘安娜的课当成是一种消解压力的方式。

“我觉得跟学生之间不一定完全是学习上的交流，现在大学生面临的社会环境更复杂，作为老师，也可以与他们在生活、职业选择上的困惑和情感上的迷茫等问题上进行交流。”刘安娜说。

当刘安娜的学生走上教书育人岗位，遇到了班级管理和学生心理危机事件时，总是会第一时间与她联络。

学生陷入情感泥沼，刘安娜就用写文章的方式为其开导。2013年元旦，刘安娜在博客上写下文章《如果，爱情未遇匹诺曹》。“当时这篇文章就是写给那个学生的，写完后，我就给她发了一条私信，我说，‘你去看那篇文章，就是写给你的’。”

尽管过去多年，但这篇文章中的一句话至今都还在学生的朋友圈里流传，用作解开失恋的心结——“对一个人最大的报复，不是恨，不是你死我活，不是鱼死网破。对一个人最大的报复，是你离开他，却让自己风生水起，灿烂如花。”

刘安娜是浪漫的，在这封写给学生的“情书”中，同样体现着她的浪漫主义内核：“我经常对别人说，于我而言，教书就像谈恋爱。谢谢你们始终宠我爱我如豆蔻少女，谢谢你们念我忆我不离不弃。爱是 echo（回声，回响），我们互有回响。”

是啊，正是她对学生的爱，让学生看到了教师这个职业的无限可能，“师从刘安娜 4 年，决心从教 40 年”正在成为越来越多学生

每到毕业季，或是在异地偶遇，学生总会与她先来个大大的拥抱，再来一张美美的合影

内心的真实写照。在与学生的“恋爱”中，刘安娜也试图把自己有趣的灵魂全部都给学生，成为影响他们人生的一部分，帮助他们在未来的人生中战胜所有艰难困苦。

她这样想，也在这样做……

（原载 2021 年 11 月 5 日《教育时报》，作者：庞珂）

扫一扫，看刘安娜的事迹短片

让“琐碎”成就“宏大”

一问：您认为什么样的老师“最美”？

刘安娜：当我们说到“最美”的时候，似乎应该指向一个短暂的概念。因为“最”好像锁定了某一个时刻、某一个节点。但我觉得最美教师的“最美”对学生而言，不是一个短暂的概念，而是一种具有持续性的力量和依靠。无论他们遇到学业问题还是生活困惑，都依然会想到老师，并且希望能够从老师那儿汲取力量、获得帮助，而老师还恰好能够给予他们力量和帮助。我觉得这种影响无论换了什么时空，都是绵延不断的，学生对老师始终如一的信任感和依赖感，成就了老师的“最美”之处。所以，“最美”其实是一种师生间交互的、绵延的力量。

二问：结合从教以来的经历，您认为教师的职业获得感和幸福感来自哪里？

刘安娜：教师的职业获得感、幸福感最基本的来源，自然是教育对象的发展成就。但我觉得一个教师的职业获得感、幸福感，不仅仅源于学生本身发展，很大程度上也来自于教师个人的成长。

学生的成长发展不是一件孤立的事情。我们常说“教学相长”，是因为教师在执教过程中有一个非常特别的获得，就是能够拥有自我成长的契机和动机——教师的成长能帮助学生更好地成长，而学生的成长也逼迫着教师更进一步地成长。

很多人都觉得做教师就是要奉献，我觉得教师不是单纯地付出，教师也在不断地获得：获得教育对象的发展，获得自己的发展。这些获得构成了教师职业独特的幸福感。

LIUANNA

刘安娜

三问：建党百年之际，作为党员教师，请谈谈您对“为党育人、为国育才”的理解和实践。

刘安娜：踏踏实实完成每一节课的教学工作，认认真真对待学生的每一个问题，我认为这就是在践行“为党育人、为国育才”。把宏大的任务分解到日常教学的“琐碎”中，保证每一片“琐碎”的方向正确，保证每一片“琐碎”都掷地有声，最终才能汇成让人信服的“宏大”。

具体在实践中，我想应该注重这几个方面：

第一，育人育才的实践频率。在对学生进行教育的时候，要抓住各种各样的时机，把“为党育人、为国育才”的理念渗透在教学中，帮助学生潜移默化、不断加强对正确价值观念的认知。

第二，育人育才的广度和深度。我们对于学生的教育不仅仅是知识学习，还包括他们生活中的方方面面，包括社交、择业等问题。育人、育才是立体的、而非单一平面的工作，学生面临的诸多问题，都需要老师进行引导和关注。

第三，育人育才的持续性。我们对学生的教育不应只是在学生在校学习期间，也应包括他们毕业之后的时间里。老师应该尽力对学生“扶上马送一程，再送一程”，能够做好“售后服务”，始终对学生有所引导、有所指导，这样才能真正做好“为党育人、为国育才”。

扫一扫，看刘安娜如何回答“最美三问”

出彩河南人”2021最美教师·刘安娜

把这个有趣的灵魂全都给你

□ 本报记者 庞珂/文图

委会授予刘安娜的颁奖辞是：
博学多才、挥洒自如，
你是学生追捧的偶像；
春风化雨、水到渠成，
你是学生知心的姐姐。
课堂因材施教，
课下网络互联。
你执念，“教书育人，非一课之功”；
你坚信，“付出真爱，爱就永不泯灭”。
你是“出彩河南人”2021最美教
——刘安娜。

刘安娜是谁？

“出彩河南人”2021最美教师、河南省师德标兵、河南省师德主题演讲比赛冠军……这些都只是她的名号和荣誉，不是她的身份；

安娜女神、安娜老师、安娜姐姐……这些是学生对她常用的亲切昵称，也不能概括她的身份；

“自带‘热搜’体质”“集美貌与才华于一身”“有趣的灵魂”……她身上的标签让人对她更加好奇，却依旧无法解开她的身份之谜。

10月18日，记者来到河南师范大学见到刘安娜，通过半天的交谈和半天的课堂观摩，谜底逐渐显现——刘安娜，河南师范大学文学院教师，教语文，却又不只教语文。

每当刘安娜开讲座，教室内都是“人满为患”

我最喜欢的就是做语文老师，从小一么认为，而且初心没变”

娜在学校里很“红”。

竹，河南师大2018级汉专业学生，自称是“曾刘安娜热门课的幸运：“安娜老师人好、课力，想上她的课，必须抢’才行！”

学院学生的抢课压力更师的《大学语文》是面生的，1万多人只有两名额，每年选课的时候流传着各种版本的抢课同为2018级汉语言文学生房美香补充道。

18日，周一，下午第一是刘安娜本周的第一节向汉语言文学专业学生程概论。河南师大东区4教室里坐满了等待上

过后，学生的状态并不没有过多铺垫，刘安娜了一首在B站（哔哩哔受欢迎的歌曲《错位时个古风版是经过重新作家听听歌词里化用了哪原本还有些冷淡的课堂就被点燃，学生开始踊

都喜欢逛B站，作为可以通过视频上的弹幕的年轻人都在想什么，是即时的，对于掌握当的喜好是有效的。”刘记者，这样的切入，并为了引起学生兴趣，更了引导学生把生活中的当作课堂的素材，用学生感兴趣的内容来讲不容易懂的知识。

影视剧、综艺、热点事件都能成为她的教学素材，对刘安娜来说，多种形式的教学方式可能会影响学生的一生。

“我喜欢做语文老师，这是我在小学三年级的时候就认定的事儿。”原来，读小学时，一位名叫李淑霞的语文教师打开了刘安娜对于语文的兴趣之门。“我记得特别清楚，当时学习课文《少年闰土》，李老师带领学生朗读课文，把闰土的憨厚、猹的狡黠和月色的恬静读得特别形象。那一下子，我就彻底爱上了语文。”

在后来的时间里，她对成为一名语文老师的执念不断加深。在本科学习结束后，她又通过保研读取了语文课程与教学论方向的研究生。2003年研究生毕业后，刘安娜留在河南师大文学院，如愿成为了一名语文老师。

在随后的十几年时间里，刘安娜也不是没有更好的发展机遇，新加坡电台主播、建筑公司艺术总监等岗位都曾向她抛出过橄榄枝，但她心里只有一个念头：“做语文老师——这是让我感到满足的事儿。”

课间，学生与刘安娜闹作一团，记者问及为什么喜欢刘安娜的课，“有魅力”是被学生提及最多的一个词。

是啊，正是因为热爱，刘安娜和她的语文课才散发着如此的魅力。

新学期第一节课下课，学生围上来添加她的微信

刘安娜似乎自带“热搜”体质。

2020年11月10日，在微博热搜榜上有一个话题冲到了第18位——“郑州的学生有多幸福”。一看话题内容，曾是刘安娜学生、如今在上蔡县第一高级中学任教的戚荣玲立刻就给刘安娜发消息，问：“安娜，是不是你干的？好像是你的手笔啊！”

仔细一看，原来这是刘安娜受郑州市教育局邀请，为一批新入职教师做职业礼仪培训。“当时，我就把跟学生进行网络聊天的注意事项科普了一下。比如，慎用句号、感叹号，表达开心要连用5个‘哈’才算真诚，表情包使用禁区，等等。没想到会火。”刘安娜笑道。

“可是教师职业礼仪，怎么会牵扯到这些内容呢？”记者有些不解。

“我第一次准备这个题目的时候思考了一个问题，什么样的礼仪是能够突出教师这个职业身份的？那一定是与学生交往的礼仪。”刘安娜说，“穿衣礼仪、会议礼仪，这些礼仪都是普通的社交礼仪，教师职业礼仪一定是与学生打交道需要注意的内容。讲了很多类似的案例，还是希望能够传递一种教师要用学生的视角来与之交流的理念。”

10月18日下午4点半，河南师大五五四教学楼103教室。“这是学校官方微信公众号上说的那个‘网红’老师不？”“是的是的，快进去占座。”前来上课的学生在教室外耳语。这节课刘安娜将要给学校外国语学院的大一新生上教师口语课。

做了简短的自我介绍后，刘安娜走下讲台，走到学生身边，宣布：“今天大家是第一次见面，我想要跟大家互相了解一下。你们提问，我来回答。”

大一入学的羞涩让刚开始的气氛有些凝重，但很快，一个诙谐幽默的问题打破了这种尴尬：“安娜老师，你知不知道你是个大美女？”

“语文老师不只教语文，我试图教给他们关于教育的一切”

课堂上的刘安娜，大部分的时间都是站在学生身边讲课

“谢谢！我知道我不是传统审美概念里的美女，但是自信的人都美丽。同学们，这里我还想跟大家讨论一下最近很热的话题——容貌焦虑。你们有过容貌焦虑吗？美的标准到底是什么？”刘安娜的回答简单直接，并且顺势又引出了一个社会关注的话题。

看似闲谈般的交流之中，暗含家国情怀、民族情感、价值观念等主线话题——这些都是刘安娜课堂上的主题。在今年上半年，她的《大学语文》被学校推荐参评全省本科高校第二批课程思政项目，有望成为全省思政样板课。

是啊，主题不局限于课堂和课本，用学生的视角与之交流，刘安娜和她的课堂才能如此有吸引力。

每到毕业季，或是在异地偶遇，学生总会……个大大的拥抱，再来一张美美的合影

“是学习导师，更是人生和心灵导师，对他们的影响可能会延续一生”

与学生在一起，刘安娜永远满脸阳光

“十分感谢大学语文老师刘安娜，安娜老师腹有诗书气自华的谈吐深刻地影响着我的大学生活和看待世界的态度，四年的大学语文课使我更加热爱生活。”这是该校商学院2017级毕业生陶源毕业论文致谢部分中的几句话。

虽然刘安娜并未指导陶源的论文，他的论文内容与大学语文也无关联，但在这篇真挚的致谢中，刘安娜却占据着“一席之地”。原来，筹备毕业论文时的他承受着情感、毕业和各方的压力，状态很差。他把坚持蹭听刘安娜的课当成是一种消解压力的方式。

“我觉得跟学生之间不一定完全是学习上的交流，现在大学生面临的社会环境更复杂，作为老师，也可以与他们在生活、职业选择上的困惑和情感上的迷茫等问题上进行交流。”刘安娜说。

当刘安娜的学生走上教书育人岗位，遇到了班级管理和学生心理危机事件时，总是会第一时间与她联络。

学生陷入情感泥沼，刘安娜就用写文章的方式为其开导。2013年元旦，刘安娜在博客上写下文章《如果，爱情未遇匹诺曹》。“当时这篇文章就是写给那个学生的，写完后，我就给她发了一条私信，我说，‘你去看那篇文章，就是写给你的’。”

尽管过去多年，但这篇文章中的一句话至今都还在学生的朋友圈里流传，用作解开失恋的心结——“对一个人最大的报复，不是恨，不是你死我活，不是鱼死网破。对一个人最大的报复，是你离开他，却让自己风生水起，灿烂如花。”

刘安娜是浪漫的，在这封写给学生的“情书”中，同样体现着她的浪漫主义内核：“我经常对别人说，于我而言，教书就像谈恋爱。谢谢你们始终宠我爱我如豆蔻少女，谢谢你们念我忆我不离不弃。爱是echo（回声，回响），我们互有回响。”

是啊，正是她对学生的爱，让学生看到了教师这个职业的无限可能，“师从刘安娜4年，决心从教40年”正在成为越来越多学生内心的真实写照。在与学生的“恋爱”中，刘安娜也试图把自己有趣的灵魂全部都给学生，成为影响他们人生的一部分，帮助他们在未来的人生中战胜所有艰难困苦。

她这样想，也在这样做……

扫一扫，看刘安娜如何回答“最美三问”

扫一扫，看刘安娜的事迹短片

扫一扫，看全新版本的《一切都给你》

闻部66342631 记者部66323635 导刊部66356951 河南睿谷教育科技有限公司66342301 ■广告66327883 广告发布登记证号：郑惠济市监广发登字（2019）002号 ■河南教育报刊社发行部服务热线：400-659-7019 ■零售：1.50元 ■订阅：全国各地邮局 ■印刷：河南文达印刷公司（郑州市黄河路124号）

组委会授予申中华的颁奖辞：

执教二十载，一支粉笔放飞的是孩子们的梦想；驻村一年多，遍野汗水拉近的是与老百姓的距离。从模范教师到第一书记，转换的是角色，不变的是相信教育改变命运的初心。你是“出彩河南人”2021 最美教师——申中华。

申中华

扶贫助教投身乡村建设的第一书记

申中华，1970 年生，中共党员，漯河高级中学教师。从教 20 年多来，申中华坚持立体化施教，全方位育人，首创“蓝青带教，点面结合”的带教方法，构建青年教师培养的“点面体系”。2020 年 3 月，他到漯河市西城区阴阳赵镇水坑赵村担任驻村第一书记，积极参与完善村中五类户的各项资料，帮助贫困户树信心、想办法。他帮村里解决“井井通”问题，争取到投资 100 万元的高压架电项目，解决村小学的围墙建设问题，促成村里第一条长 1.6 公里、投资 80 余万元的生产路在 10 天内完成修建。工作之余，他化身“义务教师”“就业导师”，自掏腰包购买教辅资料，为村里的初高中生和待业人员答疑解惑、指点迷津，开展“中华英才支持计划”志愿服务，激志成才、应帮尽帮。

申中华先后获得全国模范教师、全国中小学优秀班主任、河南省优秀教师、河南省骨干教师、漯河市优秀共产党员等称号。

以师者智慧 成就老百姓的“金水坑”

庄稼人靠天吃饭，即使在科技发达的今天，这话仍有体现。

2021 年 9 月，我省再次迎来连续强降雨天气，这对正进入秋收季节的河南老乡来说，相当“致命”！9 月底，一条记录驻马店老乡在深水中抢收玉米的视频被传到了各大短视频平台，人们心疼粮食，更心疼辛苦了大半年的老乡……

10 月 21 日，记者一到漯河，便第一时间与漯河市高级中学教师申中华联系，商定在西城区阴阳赵镇水坑赵村党员群众活动中心碰面。“今年的雨水太大了，要是村里的冬麦种不成可咋办……”通话结束前，作为驻村第一书记的申中华还是忍不住说出了自己的心事。

曾经人们被大大小小的“臭水坑”束缚，如今“金水坑”的理想越来越接近现实

水坑赵村，真的很多坑塘。坑塘里大片枯荷傲然地昭示着夏日的繁华——如果是夏荷绽放的时间来此，恐怕没人能抵挡住接天莲叶带来的震撼。塘里的水清澈，一村民正在塘边洗菜，充满了烟雨江南小镇的生活气息。

然而，曾经的水坑赵村却“臭”名远扬——村中坑塘面积大且多为死水，加上村中生活垃圾的污染，导致村中常年弥漫着一股恶臭，百姓苦不堪言。

2020 年 3 月，受漯河市委组织部委派，申中华代表漯河市高级

“申书记，我们村多亏了你呀”

中学到水坑赵村担任驻村第一书记。

“我来的时候，村里的路都是土路，一下雨，村民们连家门都出不去，还咋去地里管庄稼、做其他的事情？要致富，先修路！”面对这一情况，申中华看在眼里、急在心里。

“虽然做驻村第一书记和当老师教书完全是两码事，但从教 20 年的经验也帮了我不少忙。”申中华说，作为一名老教师，解读国家相关政策的压力相对较小，对后期精准对接相关职能部门筹备修路资金，起到了大作用。

一年多来，他争取到 80 余万资金，用 10 多天的时间帮村里修的柏油马路，打通了出村的路，延伸到田头，每户村民的家门口多了一条水泥路，告别了出门“泥腿子”的烦恼；到漯河市农业主管部门协调，为村里争取到部分打井指标，村民们的吃水、庄稼灌溉有了保障；将村里的 3000 亩耕地纳入我省 2021 年高标准粮田改造提升项目，借助专业团队帮助村民改善土质及地势，让村里的耕地不再只管家家户户的温饱；争取到市环保局关于农村污水集中处理项目资金近 106 万元，进行坑塘改造与污水集中处理；回学校又争取到 30 万资金，确定在村里建设农产品加工厂房，注册“金水坑”商标，助力村中豆制品深加工，助力村集体经济实现由输血向造血的转变……

在漯河市高级中学的协调与帮助下，申中华带着村干部对水坑赵村进行了大刀阔斧的改造，“金水坑”的理想也越来越接近现实。

“往年，水坑赵村的秋收碰上雨季，庄稼被淹是常态。今年有沥青路，收割机器能开进田里作业，帮助我们抢收回不少粮食！”申中华指着整齐码在各家各户门口的一袋袋玉米，满是欣慰。

“玉米是收回来了，但今年的降雨量大，一些田地到现在还被泡在水里，秋播是个问题。这两天，我正在与村两委班子商讨解决办法。”申中华说。

11 月 10 日，距离记者前往水坑赵村采访已有 20 天。这天上午，申中华带来了好消息：村里大部分田地已经成功种下冬小麦。

用脚步丈量，光靠听到可不行，没有走到、实地看到，无法对症下药

1994 年走上讲台的申中华，至今教龄已有 20 余年，是河南省骨干教师、河南省学术技术带头人，也是全国模范教师，享受河南省政府特殊津贴。在英语教学工作中，他提出了“三维六元”卓越学习模式，还首创了“蓝青带教，点面结合”带教方法，构建青年教师培养的“点面体系”，帮助了一大批青年教师成长。

当教师是专家型的，但能够胜任驻村第一书记吗？来水坑赵村已有一年多，对这个村庄的了解有多深？于是，记者提出到村里走走。“这是申书记帮俺们修的路！”“村里的水坑不臭了，多亏了申书记！”“申书记，又来转啦？”围村行走一圈，这是记者听到的最多的声音。

“帮学生提升学习能力，首先要摸清他的基础，才能找到最适合的方法帮他。在这一点上，驻村工作与教学互通。”申中华说，2020 年 3 月，到水坑赵村的第一周，自己只做了一件事——家访，用脚步丈量这个村子，光靠听到可不行，没有走到、实地看到，无法对症下药。

申中华的这番话，让记者想起了那张特殊照片：下雨天，一手打着伞的申中华，跟着村民走进田里后，没穿鞋子的脚早已被泥巴包裹……如果他没切切实实走过那些泥泞，怎知过去几十年村民的苦。

脚上有泥，心中有情

扶贫更扶智，村里的学生也一直是申中华的牵挂

年少时期在农村生活的申中华，深知教育对于一个孩子、一个家庭的影响。“村里的小刚，是奶奶一手拉扯大的，如今在市区读高中。这个孩子，在学校里有些捣蛋，今年差点失学。你想啊，这么小的年纪就不读书了，将来能做什么？能为奶奶养老吗？”申中华说，小刚奶奶一接到学校的通知，就找到了他。

“其实，这孩子本质真不坏，能拉一把。于是，我一边观察这个孩子，一边给他补落下的课，跟他分析辍学的坏处，让他从内心对读书有了实质的改观后，做通他们学校的工作，终于帮助他回到校园。”今年暑期，疫情又起，全省各地严防疫情内输，小刚在申中华的带动下，成了村防疫大队中的一员，表现特别突出。

除了小刚，申中华在驻村工作之余，还是村里好几个孩子的“义务教师”。“他们愿意学，我就愿意教。”申中华悄悄告诉记者，这几个孩子的学习劲头十足，只要保持现在的好状态，明年考大学不成问题，有的还能报考重点高校。

自掏腰包给孩子们买教辅、给村民讲解就业注意事项，回学校为孩子们募集图书……10 月 21 日这天，记者在新建成的村党员群众活动中心二楼，发现对村里所有孩子开放的借阅图书室，也已经投

惦记着老党员家的秋收，来到家门口看到码得整齐的玉米，申中华松了口气

入使用，村里的孩子们再添精神食粮。

日久生情的，何止是他们啊……

“申书记，来客人啦？中午来俺家，俺们招待……” “买了点菜种子，听别的村说，这家的种子不赖呐！”记者随申中华前往村里的污水处理站，10 分钟不到的路程，这天，申中华走了近半个小时。“他们拉着我聊家长里短，把我当成自家人，我是打心底里高兴。”

今年 3 月，申中华驻村工作满一年，按照原来的工作安排，他将回学校继续他教书育人的事业。得知这一情况的村民，选出几位老党员作为村民代表，带着锦旗来到漯河市高级中学，向学校、向他们的驻村第一书记表示感谢，要挽留他们的申书记。

“后来，漯河市委考虑各方原因做出决定，让申中华继续任水坑赵村驻村第一书记，对脱贫的水坑赵村扶上马再送一程，支持国家的乡村振兴工作。”漯河市高级中学办公室主任程克勇说。

“我们全村的人都舍不得申书记呀，你看看他把俺们村建设得多好啊！”采访中，水坑赵村的张大姐拉住记者说。

采访快结束时，记者在申中华宿舍的书桌上，发现了几本英语资料和一本翻阅得快散了架的英语词典——原来，申中华驻村工作

紧密团结班子，密切联系群众，奔向乡村振兴

的间隙，不忘时时“磨练”一位英语学科教师的基本素养，为未来的返岗积蓄能量。

如今，申中华已在水坑赵村工作了一年零 7 个月。“村里各家啥情况我都知道，如果哪天要离岗了，我得嘱咐清楚。我是一名党员，只要国家有需要，我服从组织安排……”申中华对水坑赵村不舍，藏于他聊起的每件村事中，他说：作为一名人民教师，他有割舍不了的讲台与学生；作为驻村第一书记，水坑赵村的未来的发展，需要他和他的村两委班子成员的共同努力。

申中华，作为漯河市教育系统的驻村第一书记，他的师者风范不止于校园……

(原载 2021 年 11 月 12 日《教育时报》，作者：梁美玲)

扫一扫，看申中华的事迹短片

从教师到第一书记，收获幸福不是难事儿

一问：您认为什么样的老师“最美”？

申中华：在我心目当中，最美教师不是单指某一个人或某几个人，而是指一个群体。这个群体的老师，每个人都认真钻研业务，在自己的岗位上努力工作，把自己的学生当做自己的孩子来教，把自己的班级当成自己的家庭来经营，帮助学生建构梦想，实现梦想。在我们的教育战线上有这样一群老师，他们是学生的提灯者和筑梦人，同时也努力践行着自己的教育理想，竭尽全力把学校办好，造福一方百姓——这样的教师，都应该称得上是“最美教师”。

二问：结合从教以来的经历，您认为教师的职业获得感和幸福感来自哪里？

申中华：从教28年以来，我立足讲台，努力工作，把教书这件事做好，使很多学生步入了不同的大学，走向不同的工作岗位，实现了各自的人生理想，为我们国家的繁荣昌盛贡献着他们的一份力量。每每这个时候，我感到自己充满了活力，教师的职业幸福感也从这里显现。通过自身努力，帮助学生成人成才，改变了他们的一生，也相当于改变了他们家庭的命运，这让我感到非常有获得感和幸福感。

作为一名教师，职业的获得感和幸福感是其他任何一种职业都无法匹敌的。日常教育教学中的点滴收获都是幸福感的来源。同时我也十分荣幸，能够加入驻村第一书记这个队伍当中，为国家的乡村振兴贡献自己的一份力量。我们做的，老百姓看在眼里、记在心

里，他们给予我们的高度评价，也让我时刻有获得感和幸福感。

所以说，获得感和幸福感，它不拘泥于某一个人、某一件事、某个时刻，它来自我们生活的各个方面，只要我们脚踏实地，努力去做有意义的事儿，努力去帮助那些需要帮助的人，获得感和幸福感自然就来了。

三问：建党百年之际，作为党员教师，请谈谈您对“为党育人、为国育才”的理解和实践。

申中华：作为一名教师，特别是一名党员教师，这意味着在“为党育人、为国育才”方面我要承担更多的责任与使命。尤其是面对新时代的这些学生，我们要不断创新育人育才的形式，不仅仅局限于课堂教学当中，要利用多种渠道、多种媒介，通过多姿多彩的呈现方式，让学生受到潜移默化的红色影响。漯河高中通过“井冈翠竹红色文化教育基地”、党建长廊建设，思政课大练兵、许慎文化园远足等活动的举办，从软硬件两个方面创造条件，让学生追思革命先烈，品读革命精神，感受革命洗礼，受到很好的红色教育。

传授知识、培养人才，是我们教师的使命。我们育人，就要时刻叮嘱学生牢记“以德为先，德才兼备”的道理，继而陪伴他们成长为专业的建设型人才。总之，育人是我们的第一使命，也是我们教师应该履行的历史使命。

扫一扫，看申中华如何回答“最美三问”

出彩河南人”2021最美教师·申中华

以师者智慧成就老百姓的“金水坑”

□ 本报记者 梁美玲/文图

庄稼人靠天吃饭，即使在科技发达的今天，仍有影响。

今年9月，我省再次迎来连续强降雨天气，这对正进入秋收季节的河南老乡来说，相当“致命”！9月底，一条记录驻马店老乡在深水中抢收玉米的视频被传到了各大短视频平台，人们心疼粮食，更心疼辛苦了大半年的老乡……

10月21日，记者一到漯河，便第一时间与漯河市高级中学教师申中华联系，商定在西城区阴阳赵镇水坑赵村党员群众活动中心碰面。“今年的雨水太大了，要是村里的冬麦种不成可咋办……”通话结束前，作为驻村第一书记的申中华还是忍不住说出了自己的心事。

委会授予申中华的颁奖辞是：

执教二十载，

一支粉笔放飞的是孩子们的梦想；

驻村一年多，

遍野汗水拉近的是与老百姓的距离。

从模范教师到第一书记，

转换的是角色，

不变的是相信教育改变命运的初心。

你是“出彩河南人”2021最美教

——申中华。

在即将完工的党群服务站规划未来

曾经人们被大大小小的“臭水坑”束]今“金水坑”的理想越来越接近现实

亢赵村，真的很多坑塘，邵不夸张。坑塘里大片枯地昭示着夏日的繁华——夏荷绽放的时间来此，恐能抵挡住接天莲叶带来的塘里的水清澈，一村民正洗菜，充满了烟雨江南小气息。

，曾经的水坑赵村却远扬——村中坑塘面积大水，加上村中生活垃圾导致村中常年弥漫着一百姓苦不堪言。

0年3月，受漯河市委组，申中华代表漯河市高水坑赵村担任驻村第一

来的时候，村里的路都是一下雨，村民们连家门都还咋去地里管庄稼、做事情？要致富，先修路！”情况，申中华看在眼里、。

然做驻村第一书记和当老全是两码事，但从教20也帮了我不少忙。”申中为一名老教师，解读国政策的压力相对较小，对对接相关职能部门筹备，起到了大作用。

多来，他争取到80余万10多天的时间帮村里修路，打通了出村的路、头，每户村民的家门口条水泥路，告别了出门”的烦恼；到漯河市农业主管部门协调，为村里争取到部分打井指标，村民们的吃水、庄稼灌溉有了保障；将村里的3000亩耕地纳入我省2021年高标准粮田改造提升项目，借助专业团队帮助村民改善土质及地势，让村里的耕地不再只管家家户户的温饱；争取到市环保局关于农村污水集中处理项目资金近106万元，进行坑塘改造与污水集中处理；向学校又争取到30万资金，确定在村里建设农产品加工厂房，注册“金水坑”商标，助力村中豆制品深加工，助力村集体经济实现由输血向造血的转变……

在漯河市高级中学的协调与帮助下，申中华带着村干部对水坑赵村进行了大刀阔斧的改造，“金水坑”的理想也越来越接近现实。

“往年，水坑赵村的秋收碰上雨季，庄稼被淹是常态。今年有沥青路，收割机器能开进田里作业，帮助我们抢收回不少粮食！”申中华指着整齐码在各家各户门口的一袋袋玉米，满是欣慰。

“玉米是收回来了，但今年的降雨量大，一些田地到现在还被泡在水里，秋播是个问题。这两天，我正在与村两委班子商讨解决办法。”申中华说。

11月10日，距离记者前往水坑赵村采访已有20天。这天上午，申中华带来了好消息：村里大部分田地已经成功种下冬小麦。

扶贫更扶智，村里的学生也一直是申中华的牵挂

用脚步丈量，光靠听到可不行，没有走到、实地看到，无法对症下药

1994年走上讲台的申中华，至今教龄已有20余年，是河南省骨干教师、河南省学术技术带头人，也是全国模范教师，享受河南省政府特殊津贴。在英语教学工作中，他提出了“三维六元”卓越学习模式，还首创了“蓝青带教，点面结合”带教方法，构建青年教师培养的“点面体系”，帮助了一大批青年教师成长。

当教师是专家型的，但能够胜任驻村第一书记吗？来水坑赵村已有一年多，对这个村庄的了解有多深？于是，记者提出到村里走走。“这是申书记帮俺们修的路！”“村里的水坑不臭了，多亏了申书记！”“申书记，又来转啦？”围村行走一圈，这是记者听到的最多的声音。

“帮学生提升学习能力，首先要摸清他的基础，才能找到最适合的方法帮他。在这一点上，驻村工作与教学互通。”申中华说，2020年3月，到水坑赵村的第一周，自己只做了一件事——家访，用脚步丈量这个村子，光靠听到可不行，没有走到、实地看到，无法对症下药。

申中华的这番话，让记者想起了那张特殊照片：下雨天，一手打着伞的申中华，跟着村民走进田里后，没穿鞋子的脚早已被泥巴包裹……如果他没切切实实走过那些泥泞，怎知过去几十年村民的苦。

年少时期在农村生活的申中华，深知教育对于一个孩子、一个家庭的影响。“村里的小刚，是奶奶一手拉扯大的，如今在市区读高中。这个孩子，在学校里有些捣蛋，今年差点失学。你想啊，这么小的年纪就不读书了，将来能做什么？能为奶奶养老吗？”申中华说，小刚奶奶一接到学校的通知，就找到了他。

“其实，这孩子本质真不坏，能拉一把。于是，我一边观察这个孩子，一边给他补落下的课，跟他分析辍学的坏处，让他从内心对读书有了实质的改观后，做通他们学校的工作，终于帮助他回到校园。”今年暑期，疫情又起，全省各地严防疫情内输，小刚在申中华的带动下，成了村防疫大队中的一员，表现特别突出。

除了小刚，申中华在驻村工作之余，还是村里好几个孩子的“义务教师”。“他们愿意学，我就愿意教。”申中华悄悄告诉记者，这几个孩子的学习劲头十足，只要保持现在的好状态，明年考大学不成问题，有的还能报考重点高校。

自掏腰包给孩子们买教辅、给村民讲解就业注意事项，回学校为孩子们募集图书……10月21日这天，记者在新建成的村党员群众活动中心二楼，发现对村里所有孩子开放的借阅图书室，也已经投入使用，村里的孩子们再添精神食粮。

紧密团结班子，密切联系群众，奔向乡村振兴

“申书记，我们村多亏了你呀”

脚上有泥，心中有情

日久生情的，何止是他们啊……

“申书记，来客人啦？中午来俺家，俺们招待……”“买了点菜种子，听别的村说，这家的种子不赖呐！”记者随申中华前往村里的污水处理站，10分钟不到的路程，这一天，申中华走了近半个小时。“他们拉着我聊家长里短，把我当成自家人，我是打心底里高兴。”

今年3月，申中华驻村工作满一年，按照原来的工作安排，他将回学校继续他教书育人的事业。得知这一情况的村民，选出几位老党员作为村民代表，带着锦旗来到漯河市高级中学，向学校、向他们的驻村第一书记表示感谢，要挽留他们的申书记。

“后来，漯河市委考虑各方原因做出决定，让申中华继续任水坑赵村驻村第一书记，对脱贫的水坑赵村扶上马再送一程，支持国家的乡村振兴工作。”漯河市高级中学办公室主任程克勇说。

“我们全村的人都舍不得申书记呀，你看看他把俺们村建设得多好啊！”采访中，水坑赵村的张大姐拉住记者说。

采访快结束时，记者在申中华宿舍的书桌上，发现了几本英语资料和一本翻阅得快散了架的英语词典——原来，申中华驻村工作的间隙，不忘时时“磨练”一位英语学科教师的基本素养，为未来的返岗积蓄能量。

如今，申中华已在水坑赵村工作了一年零7个月。“村里各家啥情况我都知道，如果哪天要离岗了，我得嘱咐清楚。我是一名党员，只要国家有需要，我服从组织安排……”申中华对水坑赵村不舍，藏于他聊起的每件村事中，他说：作为一名人民教师，他有割舍不了的讲台与学生；作为驻村第一书记，水坑赵村的未来的发展，需要他和他的村两委班子成员的共同努力。

申中华，作为漯河市教育系统的驻村第一书记，他的师者风范不止于校园……

扫一扫，看申中华如何回答“最美三问”

扫一扫，看申中华的事迹短片

扫一扫，看全新版本的《一切都给你》

新闻部 66342631 记者部 66323635 导刊部 66356951 河南睿谷教育科技有限公司 66342301 ■广告 66327883 广告发布登记证号：郑惠济市监广发登字〔2019〕002号 ■河南教育报刊社发行部服务热线：400-659-7019 ■零售：1.50元 ■订阅：全国各地邮局 ■印刷：河南文达印刷公司（郑州市黄河路124号）

组委会授予梁静的颁奖辞：

引领智能优化领域发展，让“中国标准”走向世界；潜心高等教育科学研究，为“双一流”建设增砖添瓦。放弃海外优厚待遇，你怀揣梦想回国执教；鼎力助推学子成才，你为科研工作者树立标杆。你是“出彩河南人”2021最美教师——梁静。

梁　静

引领智能优化领域发展的归国博士

梁静，1981 年生，中共党员，郑州大学教师。十几年前，梁静远赴新加坡南洋理工大学求学，取得博士学位后，毅然放弃海外科研机构提供的优厚待遇，坚持回国工作，将自己的爱国之情、报国之志融入教书育人的事业中。

梁静针对新时代大学生的新特点，结合电气工程学院专业课程进行教学改革尝试。在她的指导下，本科生曹帅等人获得了“挑战杯”河南省大学生课外学术科技作品竞赛一等奖，硕士研究生王棚等人获得中国研究生数学建模竞赛一等奖，博士研究生岳彩通在人工智能领域顶级期刊上发表学术论文。

归国 12 年，梁静一直专注于群体智能优化方法及其应用方面的研究，所提出的智能优化算法和标准测试函数集被 67 个国家和地区的 45 个学科领域学者认可并推广使用，其先进教学及科研事迹被新华社、光明日报、中国青年报等 30 多家媒体报道。

她让世界“听”到中国声音

18 岁考入哈尔滨工业大学控制科学与工程系，就读自动化专业；

22 岁本科毕业拿到新加坡南洋理工大学全额奖学金，直接攻读博士学位；

28 岁博士毕业，入职郑州大学，被破格晋升为副教授；

38 岁成为郑州大学电气工程学院院长；

…………

这段“金光闪闪”、让人羡慕的简历，来自本次报道的主角——“出彩河南人”2021 最美教师梁静。

2021 年 11 月 9 日，记者原计划到郑州大学采访梁静，受到新冠肺炎疫情防控影响，无法进入校园，采访地点不得不临时改变。

下午两点钟，几经波折，记者终于在一家与梁静的科研团队有着紧密合作的企业中见到了她。

“你好，我是梁静。”身着卡其色风衣，化了淡妆的梁静，一进门就跟记者打招呼。漂亮、干练，这是记者对她的第一印象，而一下午的交谈，让记者对这位大学教授有了更深的认识……

毅然回国，在专业领域打造出“中国标准”

出生于 1981 年的梁静，从小在郑州纺织机械厂长大，受到周围生活环境的影响，梁静对机械工业有着强烈的好奇心。1999 年高考，梁静考入哈尔滨工业大学，选择了自己感兴趣的自动化专业。

2003 年，梁静大学本科毕业，为了学习更前沿的科技和知识，

工作时的梁静，全神贯注、心无旁骛

梁静放弃保研机会，选择出国留学。优异的成绩，让她成功获得新加坡南洋理工大学电气电子工程学院的直接攻读博士名额和全额奖学金。也就是从那时起，梁静定下了自己的研究方向——群体智能优化算法设计及其应用。

“因为是从本科直接读博，我最初对科研其实不太了解。”梁静向记者介绍，选择群体智能优化算法这个方向，主要是觉得看上去比较有趣，感觉未来也会有很大的发展。

“最开始还是有些不适应，真正接触到这个领域，才发现跟自己当初的想象有较大的差距。”梁静说。

在导师的带领下，梁静开始将全部的精力放在科学研究上，不服输的性格加上严谨务实的态度，让她成功坚持了下来。2008 年 11 月，梁静通过博士论文答辩，2009 年 3 月，她成功拿到博士学位。6 年的刻苦努力、潜心钻研带来了回报，梁静的博士论文荣获 IEEE-CIS（电气和电子工程师协会计算智能学会）优秀博士论文奖。而记者了解到，该奖项全球每年只颁发给 1 位在计算智能领域有突出贡献的研究者。

博士毕业后，许多国外科研机构向梁静抛来了“橄榄枝”，她都选择了拒绝。“读博期间，每次暑假回国，都能感觉到祖国有新的变化，看到家乡发展这么迅速，我想，我也应该回来，贡献自己的一份力量。”梁静说。

于是，学成归来的梁静入职郑州大学，正式开始了她身为一名高校教师的职业生涯。归国 12 年，从普通教师到《郑州大学学报》编辑部副主任再到电气工程学院院长，梁静一直在从事群体智能优化方法及其应用方面的研究，她提出的多个算法和标准测试问题集被国际同行专家认可并广泛使用，在智能优化算法方面，她多次在进化计算国际会议上组织优化算法竞赛，发表论文 160 余篇，其中，代表性的论文曾成为相关领域 10 年内被引用次数最多的论文。

而在优化算法测试评价方面，梁静设计出了新的标准测试函数集，发表的相关技术报告总引用超过 3700 次，目前被全世界 67 个国家和地区 45 个学科领域的学者认可和使用，实现了用“中国标准”衡量世界智能计算。

无惧流言，继续奋斗，在压力下成就更好的自己

打开手机上的搜索软件，输入“郑州大学梁静”，可以检索到 90 多万个相关词条。记者注意到，在众多对梁静的报道中，“28 岁副教授”“美女院长”这两个词语出现的频率是最高的，而在大量的网友留言中，记者发现，其中也不乏对梁静的误解和质疑……

采访时，记者询问这些流言是否会对梁静造成影响，梁静回答：“其实我本人并不在意这些流言，只是有些未经核实的报道，被领域内的专家或者同事看到后，会转发给我，跟他们解释相关情况让我比较苦恼。”

实际上，了解梁静的人都清楚，她的做事风格是，没有最好只有更好。“有些人办一件事，办完就万事大吉了，或者凑合凑合完成就得了。梁老师则不然，她骨子里有股精益求精的劲儿。”郑州大学电气工程学院副研究员陈科对记者说，“没有接触过梁静的人会觉得她

梁静与同事一起讨论，分析问题

实验室里，梁静为学生解答遇到的问题

课堂上，梁静严肃、认真

发展得很顺利，但我们都知道她背后有多努力，没有强大的学术实力，也不会发展到今天。”

采访中，梁静告诉记者，目前她的科研团队正在与记者采访时所在的企业，合作做地铁排班的项目。项目做成后，能通过电脑系统直接给地铁司机安排更均衡的工作和休息时间，同时可以减少人力排班带来的资源浪费。“后续我们还计划与洛阳的中国一拖集团有限公司开展合作，结合省内的需求，在智能农机上下功夫。”陈科补充道。

采访临近尾声，梁静对记者说：“相对于大家关注的‘美女院长’，我更喜欢‘梁老师’这个称呼。身为高校教师，科研能力和教学能力是最重要的，我下一步的目标就是继续耕耘在我的教学科研领域，争取早日推出新的成果，为国家科研领域输送更多的新鲜血液。”

是良师，更是益友，对待学生她全心全意

作为一名科研工作者，梁静的科研成果是开放的，供人无偿下载使用。而作为一名高校教师，她对待学生的成长，是全心全意的。

梁静荣获 IEEE-CIS 优秀博士论文奖颁奖现场

身为郑州大学电气工程学院院长，梁静除了负责整个学院的行政管理工作，还要参加各种会议和讲座，每天的日程都安排得很满，但她始终坚持做好基础的教学工作。今年秋季学期，梁静除了带博士研究生和硕士研究生的课程，还需要教授一门电气工程学院生物医学工程系的本科课程，以及一门面向全校学生的通识课。

海外归来，梁静深知人才培养的重要性，作为博士生导师，她十分清楚科研能力是决定一个学生未来发展的重要保障。针对自己的硕士研究生和博士研究生，梁静在理论教学的基础上，注重培养他们的实践能力和科技论文写作能力，鼓励学生根据自己的兴趣爱好选择研究方向。

为了开阔学生的科研视野，梁静也会经常带着学生参加领域内的各种会议，有时也会放手让学生去组织一些会议，培养学生合作、协调等方面的能力。

“梁老师鼓励我们多出去看看，带我们参加很多学术会议，每次开阔眼界之后，我们都会发自内心地想去学习，想去提高自己的认知。”梁静的学生杨昊天说，他在求学阶段就认识了各个领域的“大牛”，学到了前沿的知识，这为他毕业后可以迅速成长为一名大数据研发工程师提供了保障。

“是良师，更是益友。”采访时，记者问及他对梁静的印象，杨昊天不假思索地说出了这句话。当学生遇到学术问题时，梁静是可以解疑答惑的良师，“她总能一针见血地指出问题的关键，然后简单的几句话就说明了如何解决这种问题，或者如何尝试下一步的实验。”曾经是梁静的学生、现在是梁静同事的岳彩通说。

在生活中，她是给予学生极大耐心和包容的好友。“梁老师是我见过脾气和性格最好的老师之一。”梁静的学生，如今在澳大利亚读博士的宋慧说，“我读硕士研究生的时候梁老师经常周末来学校帮我改论文，每次修改，都是和气地告诉我哪里有问题，怎么去改。跟着她，我有安全感。”

“作为一名高校教师，教好学生是我的本职工作；作为一名科研工作者，能为国家培养出科研后备力量也是我义不容辞的责任。”从教 12 年来，梁静培养的学生有些到国内外的一流高校、科研机构学习深造，成为学术界冉冉升起的新星；有些步入社会，也已经成为各自研究领域的应用专家。“看到学生都有所成，这就是身为教师的快乐。”梁静说。

（原载 2021 年 11 月 19 日《教育时报》，作者：杨智斌）

扫一扫，看梁静的事迹短片

最美三问

培养"有国界"的青年科学家

一问：您认为什么样的老师"最美"？

梁静：我觉得"最美"的老师，应该是蜡烛，是学生成长路上的引路人。像蜡烛一般点燃自己的学识，为学生照亮知识的殿堂，为学生照亮前行的道路，根据学生不同的特点，帮助他们树立正确的"三观"，指明未来的道路，让学生走得更远、更顺、更好。

最美教师还应该虚怀若谷，立德修身，潜心治学，开拓创新，真正把为学、为事、为人统一起来，自己在专业上要有所建树，才能够给学生带来最新的、最好的知识体验，真正实现学生从"要我学"到"我要学"的转变。以身作则，用个人实际行动感化学生，真正做到为人师表、行为世范。

二问：结合从教以来的经历，您认为教师的职业获得感和幸福感来自哪里？

梁静：我觉得作为一名教师，最大的职业幸福感和获得感来源于学生的成长和他们在不同领域取得的成就。看着孩子们从刚到学校时对专业知识的不太了解、不太喜欢，到几年后能够在专业领域开展自己的工作，取得一些成绩，这对于老师来说就是最幸福的事。有很多现在正在国外攻读更高学位的学生，刚开始读硕士的时候，可能没有考虑走科研的道路。但在我的影响下，他们最后都走上了学术的道路，并且取得了不小的成就。他们的这种成长对我来说，是很大的激励。

当学生们毕业后，回到学校来看望老师，听他们讲述在脱贫攻坚一线扶贫助农，在疫情防控前沿日夜值守，在国家重大工程建设现场挥洒汗水，在科研团队攻克“卡脖子”问题，在祖国需要的地方书写青春的绚丽华章……我觉得这对老师来说，就是个人价值和职业价值的最好体现。

三问：建党百年之际，作为党员教师，请谈谈您对“为党育人、为国育才”的理解和实践。

梁静：作为一名中共党员，我在日常的教育教学工作中高度重视“培养什么人、怎样培养人、为谁培养人”这一关键问题。通过把党史学习教育、改革开放伟大成就、大国重器等思政元素融入到课堂之中，将专业与思政相融合，让学生对我们国家的发展有更多了解。

作为一名高校教师，立德树人是根本任务，培养创新型人才是国家、民族长远发展的大计。当今世界的竞争说到底是人才竞争、教育竞争。在培养高端人才的过程中，首先要帮助学生建立完备知识体系、夯实研究基础，其次要培养学生善于观察发现问题的能力，把握未来研究的方向，最后锻炼学生独立探索未知领域的能力，从国家急迫需要和长远需求出发，努力培养一批具有世界影响力的顶尖科技人才。

科学是没有国界的，但是科学家是有国界的，我们培养出来的学生，不仅要掌握我们专业的知识，而且能够从心底想要为我们的国家服务，为我们的国家奉献，建设我们的国家。

扫一扫，看梁静如何回答“最美三问”

出彩河南人"2021最美教师·梁静

她让世界"听"到中国声音

□ 本报记者 杨智斌

18岁考入哈尔滨工业大学控制科学与工程系，就读自动化专业；

22岁本科毕业拿到新加坡南洋理工大学全额奖学金，直接攻读博士学位；

28岁博士毕业，入职郑州大学，被破格提升为副教授；

38岁成为郑州大学电气工程学院院长；

…………

这段"金光闪闪"、让人羡慕的简历，来自本次报道的主角——"出彩河南人"2021最美教师梁静。

11月9日，记者原计划到郑州大学采访梁静，受到新冠肺炎疫情防控影响，无法进入校园，采访地点不得不临时改变。

下午两点钟，几经波折，记者终于在一家与梁静的科研团队有着紧密合作的企业中见到了她。

"你好，我是梁静。"身着卡其色风衣，化了淡妆的梁静，一进门就跟记者打招呼。漂亮、干练，这是记者对她的第一印象，而一下午的交谈，让记者对这位才貌双全的"美女院长"有了更深的认识……

委会授予梁静的颁奖辞是：

引领智能优化领域发展，

让"中国标准"走向世界；

潜心高等教育科学研究，

为"双一流"建设增砖添瓦。

放弃海外优厚待遇，

你怀揣梦想回国执教；

鼎力助推学子成才，

你为科研工作者树立标杆。

你是"出彩河南人"2021最美教

——梁静。

实验室里，梁静为学生解答遇到的问题

回国，造出衡量世界智能计算的"中国标准"

于1981年的梁静，从小纺织机械厂长大，受到周环境的影响，梁静对机械强烈的好奇心。1999年静考入哈尔滨工业大学，己感兴趣的自动化专业。年，梁静大学本科毕业，更前沿的科技和知识，保研机会，选择出国留的成绩，让她成功获得洋理工大学电气电子工直接攻读博士名额和全。也就是从那时起，梁自己的研究方向——群化算法设计及其应用。

为是从本科直接读博，我研其实不太了解。"梁静绍，选择群体智能优化方向，主要是觉得看上趣，感觉未来也会有很。

开始还是有些不适应，真这个领域，才发现跟自想象有很大的差距。"梁

师的带领下，梁静开始将力放在科学研究上，不服加上严谨务实的态度，让持了下来。2008年11了近两年的等待和修改，通过博士论文答辩，2009她成功拿到博士学位。6努力、潜心钻研带来了回报，梁静的博士论文荣获IEEE CIS（电气和电子工程师协会和计算智能学会）优秀博士论文奖。该奖项全球每年只颁发给1位在计算智能领域有突出贡献的研究者。

博士毕业后，许多国外科研机构向梁静抛来了"橄榄枝"，梁静都选择了拒绝。"读博期间，每次暑假回国，都能感觉到祖国有新的变化，看到家乡发展这么迅速，我想，我也应该回来，贡献自己的一份力量。"梁静说。

于是，学成归来的梁静入职郑州大学，正式开始了她身为一名高校教师的职业生涯。归国12年，从普通教师到《郑州大学学报》编辑部副主任再到电气工程学院院长，梁静一直在从事群体智能优化方法及其应用方面的研究。她提出的多个算法和标准测试问题集被国际同行专家认可并广泛使用。在智能优化算法方面，她多次在进化计算国际会议上组织优化算法竞赛，发表论文160余篇，其中，代表性的论文曾成为相关领域十年内被引用次数最多的论文。

而在优化算法测试评价方面，梁静设计出了新的标准测试函数集，发表的相关技术报告总引用超过3700次，目前被全世界67个国家和地区45个学科领域的学者认可和使用，实现了用"中国标准"衡量世界智能计算。

梁静荣获IEEE CIS优秀博士论文奖颁奖现场

课堂上，梁静是个严肃、认真的老师

梁静与同事一起讨论、分析问题

工作时的梁静，全神贯注，心无旁骛

是良师，更是益友，对待学生她全心全意

作为一名科研工作者，梁静的科研成果是开放的，供人无偿下载使用。而作为一名高校教师，她对待学生的成长，是全心全意的。

身为郑州大学电气工程学院院长，梁静平常需要负责整个学院的行政管理工作，还要参加各种会议和讲座，每天的日程都安排得很满，但她始终坚持做好基础的教学工作。今年秋季学期，梁静除了带博士研究生和硕士研究生的课程，还需要教授一门电气工程学院生物医学工程系的本科课程，以及一门面向全校学生的通识课。

海外归来，梁静深知人才培养的重要性，作为博士生导师，她十分清楚科研能力是决定一个学生未来发展的重要保障。针对自己的硕士研究生和博士研究生，梁静在理论教学的基础上，注重培养他们的实践能力和科技论文写作能力，鼓励学生根据自己的兴趣爱好选择研究方向。

为了开阔学生的科研视野，梁静也会经常带着学生参加领域内的各种会议，有时也会放手让学生去组织一些会议，培养学生合作、协调等方面的能力。

"梁老师在教我们的时候，鼓励我们多出去看看，带我们参加很多学术会议，每次开阔眼界之后，我们都会由内而外地想去学习，想去提高自己的认知。"梁静的学生杨昊天说，他在求学阶段就认识了各个领域的"大牛"，学到了前沿的知识，这为他毕业后可以迅速成长为一名大数据研发工程师提供了保障。

"是良师，更是益友。"采访时，记者问及他对梁静的印象，杨昊天不假思索地说出了这句话。当学生遇到学术问题时，梁静是可以解疑答惑的良师，"她总能一针见血地指出问题的关键，然后简单的几句话就说明了如何解决这种问题，或者如何尝试下一步的实验。"曾经是梁静的学生，现在是梁静同事的岳彩通说。

在生活中，她是给予学生极大耐心和包容的好友。"梁老师是我见过脾气和性格最好的老师之一。"梁静的学生，如今在澳大利亚读博士的宋慧说，"我读硕士研究生的时候梁老师经常周末来学校帮我改论文，每次修改，都是和气地告诉我哪里有问题，怎么去改。跟着她，我有安全感。"

"作为一名高校教师，教好学生是我的本职工作；作为一名科研工作者，能为国家培养出科研后备力量也是我义不容辞的责任。"从教12年来，梁静培养的学生有些到国内外的一流高校、科研机构学习深造，成为学术界冉冉升起的新星；有些步入社会，也已经成为各自研究领域的应用专家。"看到学生都有所成，这就是身为教师的快乐。"梁静说。

无惧流言，继续奋斗，在压力下成就更好的自己

打开手机上的搜索软件，输入"郑州大学梁静"，可以检索到90多万个相关词条。记者注意到，在众多对梁静的报道中，"28岁副教授""美女院长"这两个词语出现的频率是最高的，而在大量的网友留言中，记者发现，其中也不乏对梁静的误解和质疑……

采访时，记者询问这些流言是否会对梁静造成影响，梁静回答："其实我本人并不在意这些流言，只是有些未经核实的报道，被领域内的专家或者同事看到后，会转发给我，跟他们解释相关情况让我比较苦恼。"

实际上，了解梁静的人都清楚，她的做事风格是，没有最好只有更好。"其他人办一件事，办完就万事大吉了，或者凑合凑合完成就得了，梁老师则不然，她骨子里有精益求精的劲儿。"郑州大学电气工程学院副研究员陈科对记者说，"没有接触过梁静的人会觉得她发展得很顺利，但我们都知道她背后有多努力，没有强大的学术实力，也不会发展得这么顺利。"

采访中，梁静向记者透露，目前她的科研团队正在与我们采访时所在的企业，合作做地铁排班的项目，项目做成后，能通过电脑系统直接给地铁司机安排更均衡的工作和休息时间，同时可以减少人力排班带来的资源浪费。"后续我们还计划与洛阳的中国一拖集团有限公司开展合作，结合省内的需求，在智能农机上下功夫。"陈科补充道。

采访临近尾声，梁静对记者说："相对于大家关注的'美女院长'，我更喜欢梁老师这个称呼。身为高校教师，科研能力和教学能力是最重要的，我下一步的目标就是继续耕耘在我的教学科研领域，争取早日推出新的成果，为国家科研领域输送更多的新鲜血液。"

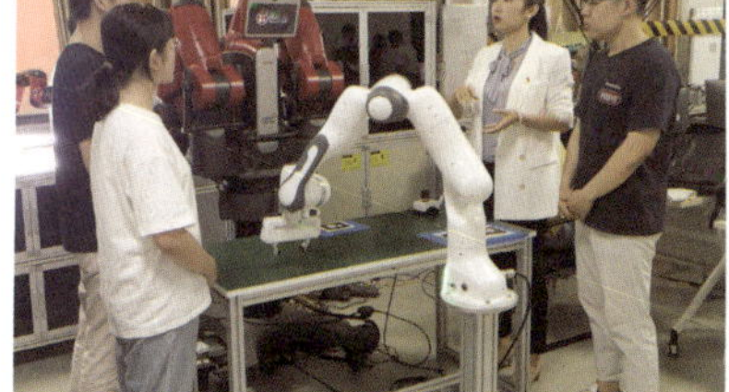

梁静正在指导学生做实验

（本版图片由受访者提供）

扫一扫，看梁静如何回答"最美三问"

扫一扫，看梁静的事迹短片

扫一扫，看全新版本的《一切都给你》

新闻部 66342631 记者部 66323635 导刊部 66356951 河南睿谷教育科技有限公司 66342301 ■广告 66327883 广告发布登记证号：郑惠济市监广发登字〔2019〕002号 ■河南教育报刊社发行部服务热线：400-659-7019 ■零售：1.50元 ■订阅：全国各地邮局 ■印刷：河南文达印刷公司（郑州市黄河路124号）

组委会授予王爱红的颁奖辞：

扎根田野，你用光照亮光，带领工作室成员拔节向上；坚守村小，你用梦点燃梦，标志着“首席教师”激活乡村教育的蓬勃力量。苔花虽小，也学牡丹盛开。不鸣则已，一鸣响彻中原。你是“出彩河南人”2021最美教师——王爱红。

王爱红

引领教师专业发展的乡村首席教师

王爱红，1985年生，中共党员，濮阳县文留镇实验学校教师。她不顾家人的反对，放弃城市的优越条件，扎根乡村教育19年，不断尝试课程改革，改善学习环境，为青年教师搭建成长平台，在黄河滩上办出了有特色的乡村教育。作为河南省首批乡村中小学首席教师，她建工作室、招募团队成员，通过问题诊断、通识研修、示范教学、研课磨课、成果展示、总结提升等六个阶段开展活动，以“七个一工程”引领乡村教师专业发展，推动乡村教育再上新台阶，并在今年的“河南省乡村中小学首席教师岗位计划试点工作现场推进会”上情景再现了工作室从成立到壮大的点滴成长，点燃了一大批乡村教师的激情，被中国教育报、学习强国、教育时报等媒体报道，引发社会广泛关注。

王爱红先后被评为河南省骨干教师、第四批河南省名班主任工作室主持人，并入选河南省优秀乡村青年教师培养奖励计划。

以梦筑梦，为“乡村首席”代言

“各位家长请带好自己的孩子，保持 1 米间隔。”2021 年 11 月 16 日上午，在濮阳县文留镇新冠病毒疫苗接种点，“出彩河南人”2021 最美教师、濮阳县文留镇实验学校校长王爱红正带着教师志愿者维持现场秩序。从早上 6 点开始，王爱红就和志愿者一起守在疫苗接种点。遇到害怕打针的孩子，她就上前把孩子抱在怀里安抚……

爱笑，是王爱红给记者的第一印象。在新冠病毒疫苗接种现场，孩子被她的笑容治愈，不再害怕；现在，记者也被她的笑容治愈，几个小时的奔波疲惫一扫而空。而接下来的采访交谈，让记者对这位“乡村首席教师”有了更深的认识……

爱家乡，她毅然回到乡村

跟着王爱红回学校，记者发现，她一是十分健谈，二是对文留镇的情况十分熟悉。“这是我的家乡，从小长大的地方。”王爱红向记者介绍，她 2002 年毕业后，通过应聘来到濮阳市区一所幼儿园工作，经过几年的拼搏与努力，还成为了执行园长。“好不容易从农村走了出来，当时从未想过自己会返回农村。”王爱红说。

2007 年，偶然间的一次回村，王爱红得知母校东王庄小学因生源流失快要办不下去的消息。从那之后，她就时常牵挂着村里的孩子。直到有一天，村支书王顺堂拨通了王爱红的电话：“妮儿，咱们村里很多孩子都被家长送到县城里的学校了，你来学校看看吧，给孩子们上节课。”正是这通电话，让王爱红和东王庄小学又连在了一起。下定决心的王爱红不顾家人的反对，通过招教考试来到东王

放学了，要保证孩子们平平安安回到家

庄小学当了一名乡村教师。

“看，那儿就是东王庄村。”路上，王爱红指着远处的一处村庄向记者介绍，“我第一天到东王庄小学的时候，偌大的校园只有23个孩子。当时学校条件很差，和我一起来学校的还有一位王燕老师。由于家离得远，她只能住在学校，而我家和学校只有一条胡同的距离。”王爱红回忆说。因为担心王燕晚上自己一人在学校住不安全，她决定和王老师一起住校，而当时她还怀有身孕，母亲不同意，但也奈何不了她的坚持。

为了不耽误学生学习，王爱红吃住都在学校。“因为当时怀孕，我爱人极力反对我来农村，后来我给他写了一封信，信里写了我对家乡学校的感情。”王爱红说。这封带着泪水痕迹的信，让爱人终于妥协。自那之后，周末骑摩托车往返60公里来看她，成了爱人的固定安排。

刚到东王庄小学时，王爱红面临的第一个难题是厕所。当时的学校厕所蹲位少、环境差，必须整改。王爱红找来施工人员，但当

回到家，王爱红会抽空辅导一双儿女练习书法

一家四口特别珍惜在一起的时光

他们走进厕所时，掉头就走：“这活儿没法儿干。”没办法，王爱红戴上口罩，穿上靴子，找来大锤，用尽全力把蹲坑砸掉，再把脏的砖块运走。最后，施工人员被她打动了。当大家回来重新开始施工时，她才感受到手上的疼痛。母亲知道以后心疼地说：“你说你图个啥?”王爱红笑着说：“就图孩子们能舒服点儿。”

终于，王爱红和同事的付出得到了认可，短短一个学期，东王庄小学的学生从原来的 23 人增加到了 176 人。村里的孩子开始“回流”，周边几个村的孩子也来了，原先即将停止招生的校园恢复了往日的生机与活力。“当看到孩子们求知若渴的眼睛，我就决心要在这里一直干下去，让家乡的孩子也可以享受和城市一样的优质教育。”回想起当初那段经历和决定，王爱红说她一辈子都不后悔。

爱教育，她选择扎根成长

在文留镇采访时，记者参观了三个工作室——河南省王爱红小学语文乡村首席教师工作室、河南省王爱红名班主任工作室、濮阳县文留镇实验学校党建工作室，也看到了她所获得的诸多荣誉：河南省骨干教师、河南省优秀班主任……但王爱红告诉记者，她最看重的是首批乡村中小学首席教师这一“荣誉”。

“我是一名特岗教师，刚参加工作那会儿很迷茫，爱红姐很照顾我。乡村首席教师工作室成立时，我是第一批报名的。进入工作室之后，我发现她就像一个小太阳，永远充满着正能量，这种精神也成了我在困惑、疲乏时前进的动力。”濮阳县文留镇刘楼中心小学教师赵珊珊是王爱红乡村首席教师工作室第一批正式成员。在王爱红的影响和带领下，她成长迅速，已经入选河南省优秀乡村青年教师奖励计划，获得濮阳市文明教师等多项荣誉。

“以前上课没有太多新意，加入工作室以后，王爱红老师帮我们优化了教学方法和教学方式。如今，我们的教学技能提升了，孩子们的成绩也提高了!”濮阳县文留镇文兴佳苑社区学校校长李世伟也是工作室的成员之一。他告诉记者：“大家聚在一起可以产生更好的想法，在工作室里大家可以畅所欲言，不再受校长、教师的身份束缚。”

目前，王爱红小学语文乡村首席教师工作室共有 42 名成员，已经辐射到全镇所有小学及周边 7 个乡镇。王爱红不断整合资源实现自我专业成长，并带动了一批青年教师的专业成长。濮阳县 127 所村小抱团取暖，校校联合，实现教育资源共享，形成了微型学校联盟。为了做好联盟培训，王爱红听课堂、访学生、阅资料、学名家、编教案、做课件，做了 60 多场专题报告，培训教师 1 万余人次。

尤其是 2021 年 4 月 26 日，王爱红带领工作室成员在河南省乡村中小学首席教师岗位计划试点工作现场推进会上，以情景讲述的方式，生动呈现了工作室从创建到发展壮大，引领乡村教育走向专业发展的经验和实践，得到了教育部和省教育厅领导的一致肯定，成为乡村首席教师的“代言人”。

“我很庆幸遇到了一群志同道合的乡村筑梦人，我们一起走进孩子的心灵，让更多的乡村留守儿童享受优质的教育。”王爱红告诉记者，“孩子们笑了，我们的教育也就成功了。”

王爱红与名班主任工作室成员一起提升带班理念，用爱守护学生

爱学生，她再次踏上新征程

早上5：30，王爱红离开濮阳市区的家，驱车一个多小时，赶到学校。下午6：00，她又开车返回。这样的生活节奏王爱红已经坚持了9年。“如果不是因为爱学生，王爱红不会在农村学校19年。”这是记者在采访中，同事对她的一致看法。

“有一年夏天，王爱红班里有个学生一直穿着一双厚厚的棉鞋。王爱红把他叫到办公室问原因，得知孩子爸妈去打工了，爷爷照顾生病的奶奶，鞋子小了需要等妈妈回来买。”据王爱红的同事王芳介绍，王爱红知道这件事后，当天下午回到家就和爱人给孩子买了双新鞋。怕伤孩子的自尊心，王爱红悄悄告诉他由于近段学习进步很快，鞋子是老师给他的奖品。而这样的例子在王爱红身上还有很多。年龄在变，能力在变，唯独初心不变，对学生的爱不变，正是王爱红的包容心和爱心，让一个又一个在学习生活中存在困难的学生重拾信心。

“王老师好!”“校长妈妈，你真漂亮!”记者走在校园里，孩子们见到王爱红都会亲切地打招呼。王爱红告诉记者：“我最喜欢孩子叫我‘校长妈妈’，这样显得亲切。”乡村学校的留守儿童比较多，缺乏父母关爱，王爱红对他们更加关注，像家人一样对待他们。学生犯错了，她总是亲切地与之谈心，指引学生找到正确的方向，做好学生成长的引路人；学生有困难了，她总是第一时间帮助解决，是学生名副其实的“班妈”。

今年9月，因为工作调整，王爱红来到了一所新的学校——濮阳县文留镇实验学校。这所学校原来是一所中学，学校搬迁后校舍就闲置了下来。“学校之所以命名为实验学校，是想办成一所九年一贯制学校，也是一种尝试吧。”王爱红说。从村小校长到九年一贯制学校校长，从办小学到将来还要办初中，增加的不仅仅是师生的数量，王爱红还面临诸多的挑战。

为了给孩子们一个舒适、干净的校园环境，王爱红带领教师团队亲自上阵，操场重修、学校部分设施翻新、校园文化重塑都在有

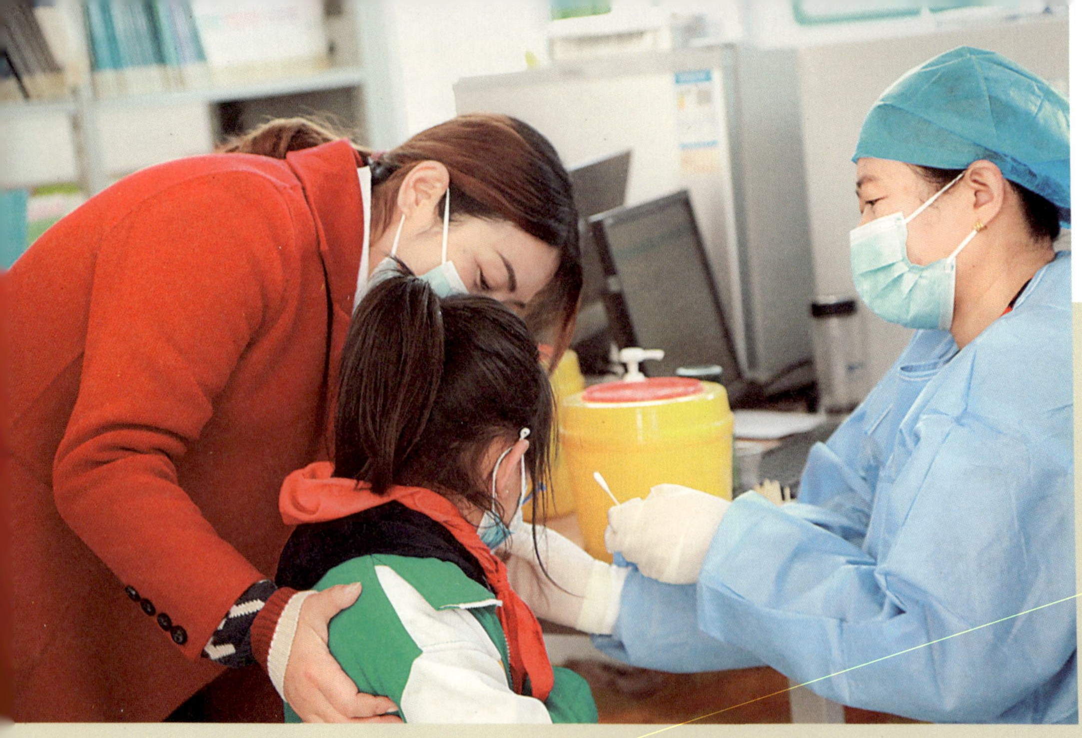

孩子们接种新冠病毒疫苗时，王爱红一直守在他们身边

条不紊地进行中。

“今年 9 月份我才开始工作，因为新冠肺炎疫情的影响没有实习经历，王校长给予了我很大指导和帮助，我才得以在学校找到自己的方向。”学校全科教师石宵荣这样评价王爱红，“她是我的引路人。”

为了做好“双减”工作，王爱红要求每位老师在自身专长的基础上开设一节特色课程。新学期开始，孩子们有了书法、象棋、朗读、手工、绘画等课程，得到了家长和孩子的一致好评。“新学校‘百废待兴’，我们也肩负着更重要的乡村教育振兴责任。”王爱红这样和老师们共勉。

（原载 2021 年 11 月 26 日《教育时报》，作者：魏旭 杜帅鹏）

扫一扫，看王爱红的事迹短片

成长是教育永恒的主旋律

一问：您认为什么样的老师“最美”？

王爱红：我觉得有专业素养、能够走进学生内心、喜爱学生并被学生喜欢的教师“最美”。没有爱就没有真正的教育，没有兴趣就没有真正的学习。教师喜爱学生不仅有干工作的动力而且还能唤醒学生的兴趣，让学生因为教师的爱而产生对学习的兴趣，学生因为喜欢你而喜欢你这门学科、喜欢上这门课程，成为孩子生命成长中的“引路人”。

善用赏识的眼光去挖掘孩子闪光点的老师“最美”，因为当一个人的优点被无限放大的时候，他的缺点就会无形中被缩小，向着最好的自己去迈进；我觉得爱笑的老师也“最美”，它是一种鼓励、信任、关心，就像太阳一样给大家带去温暖，让大家汲取能量。

二问：结合从教以来的经历，您认为教师的职业获得感和幸福感来自哪里？

王爱红：教师的职业获得感和幸福感来自于教育实践活动中的教学相长。我认为教育永恒的主旋律是成长。这种成长，不仅有学生身心发展的全面成长，而且还有教师自己的全方位成长。教师在用爱与智慧成全学生的同时，学生也用他们的成长反过来成全了教师的职业成就。

教师的幸福感从教学的自由驾驭中来，教师只有具有较高的专业素养，有足够的教学经验，甚至上升为教育艺术才会产生职业幸福感，也就是自己的专业成长。这种专业的成长，不仅是专业知识的成长，应该还包括专业精神、专业修养、专业知识和专业技能等。正是因为有了这些专业技能，才能让孩子们更爱自己。无论是在校园里或者是走在大路上，孩子们见到我之后，都会亲切地问上一句："王老师好！""校长妈妈好！"去基地校，每次给孩子们送完课之后，好多孩子都会围在我的身边问我："王老师！王老师！您什么时候再给我们来上课呀？"这个时候我就感觉到了专业技能的提升给自己带来的幸福感。

还有就是同伴给予的力量，作为乡村首席教师工作室和名班主任工作室的主持人，在这个大家庭里总能让我感受到同伴互助的幸福——不是一个人在前行，而是一群人在奔跑。每当大家有困惑给我打来电话，我就感觉到自己被别人所需要、所需求的这种种幸福感。

三问：建党百年之际，作为党员教师，请谈谈您对"为党育人、为国育才"的理解和实践。

王爱红："为党育人、为国育才"的实践让我感受到了自己生命的价值与意义，一滴水融入海洋也一样可以波澜壮阔。小天地连着大世界，具体事连着千秋业。做好一个螺丝钉就是服务国家大机器。

乡村振兴，教育先行！作为一名党员教师，培养学生从小立大志、明大德，引领学生把握好人生的方向，培养孩子成为一个健全人格的人。结合我校实际，把握教育的每一个契机，我们开设红领巾广播站、一扇窗看世界、新闻快报等一系列活动，就是为了让孩子们有发现真善美的眼睛，真正成为一个幸福的人。

扫一扫，看王爱红如何回答"最美三问"

彩河南人”2021 最美教师·王爱红

以梦筑梦，为“乡村首席”代言

□ 本报记者 魏旭 杜帅鹏/文图

“各位家长请带好自己的孩子，保持1米间隔。”11月16日上午，在濮阳县文留镇新冠病毒疫苗接种点，“出彩河南人”2021最美教师、濮阳县文留镇实验学校校长王爱红正带着教师志愿者维持现场秩序。从早上6点开始，王爱红就和志愿者一起守在疫苗接种点。遇到害怕打针的孩子，她就上前把孩子抱在怀里安抚……

爱笑，是王爱红给记者的第一印象。在新冠病毒疫苗接种现场，孩子被她的笑容治愈，不再害怕；现在，记者也被她的笑容治愈，几个小时的奔波疲惫一扫而空。而接下来的采访交谈，让记者对这位“乡村首席教师”有了更深的认识……

会授予王爱红的颁奖辞是：
扎根田野，
你用光照亮光，
带领工作室成员拔节向上；
坚守村小，
你用梦点燃梦，
标志着“首席教师”激活乡村教育的力量。
苔花虽小，
也学牡丹盛开。
不鸣则已，
一鸣响彻中原。
你是“出彩河南人”2021最美教
——王爱红。

爱家乡，她毅然回到乡村

王爱红回学校，记者发是十分健谈，二是对文记十分熟悉。“这是我小长大的地方。”王爱介绍，她2002年毕业应聘来到濮阳市区一所，经过几年的拼搏与成为了执行园长。“好农村走了出来，当时从会返回农村。”王爱红

，偶然间的一次回村，母校东王庄小学因生源不下去的消息。从那之常牵挂着村里的孩子，村支书王顺堂拨通的电话：“妮儿，咱们孩子都被家长送到县城了，你来学校看看吧，上节课。”正是这通电红和东王庄小学又连在定决心的王爱红不顾家通过招教考试来到东王一名乡村教师。

那儿就是东王庄村。”爱红指着远处的一处村介绍，“我第一天到东的时候，偌大的校园只子。当时学校条件很一起来学校的还有一位由于家离得远，她只，而我家和学校只有的距离。”王爱红回忆担心王燕晚上自己一人安全，她决定和王老，而当时她还怀有身同意，但也奈何不了她的坚持。

为了不影响学生学习，王爱红吃住都在学校。“因为当时怀孕，我爱人极力反对我来农村，后来我给他写了一封信，信里写了我对家乡学校的感情。”王爱红说。这封带着泪水痕迹的信，让爱人终于妥协。自那之后，周末骑摩托车往返60公里来看她，成了爱人的固定安排。

刚到东王庄小学时，王爱红面临的第一个难题是厕所。当时的学校厕所蹲位少、环境差，必须整改。王爱红找来施工人员，但当他们走进厕所时，掉头就走：“这活儿没法儿干。”没办法，王爱红戴上口罩，穿上靴子，找来大锤，用尽全力把蹲坑砸掉，再把脏的砖块运走。最后，施工人员被她的行为打动了。当大家回来重新开始施工时，她才感受到手上的疼痛。母亲听说以后心疼地说：“你说你图个啥？”王爱红笑着说：“就图孩子们能舒服点儿。”

终于，王爱红和同事的付出得到了认可，短短一个学期，东王庄小学的学生从原来的23人增加到了176人。村里的孩子开始回流，周边几个村的孩子也来了，原先即将停止招生的校园恢复了往日的生机与活力。“当看到孩子们求知若渴的眼睛，我就决心要在这里一直干下去，让家乡的孩子也可以享受和城市一样的优质教育。”回想起当初那段经历和决定，王爱红说她一辈子都不后悔。

放学了，要保证孩子们平平安安回家

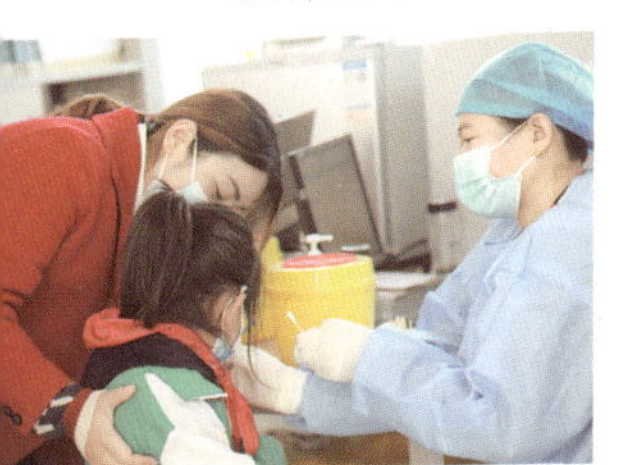

孩子们接种新冠病毒疫苗时，王爱红一直守在他们身边

一下课，孩子们就迫不及待地涌到王爱红身边

爱教育，她选择扎根成长

在文留镇采访时，记者参观了三个工作室——河南省王爱红小学语文乡村首席教师工作室、河南省王爱红名班主任工作室、濮阳县文留镇实验学校党建工作室，也看到了她所获得的诸多荣誉：河南省骨干教师、河南省优秀班主任……但王爱红告诉记者，她最看重的是首批乡村中小学首席教师这一“荣誉”。

“我是一名特岗教师，刚参加工作那会儿很迷茫，爱红姐很照顾我。乡村首席教师工作室成立时，我是第一批报名的。进入工作室之后，我发现她就像一个小太阳，永远充满着正能量，这种精神也成了我在困惑、疲乏时前进的动力。”濮阳县文留镇刘楼中心小学教师赵珊珊是王爱红乡村首席教师工作室第一批正式成员。在王爱红的影响和带领下，她成长迅速，已经入选河南省优秀乡村青年教师奖励计划，获得濮阳市文明教师等多项荣誉。

“以前上课没有太多新意，加入工作室以后，王爱红老师帮我们优化了教学方法和教学方式。如今，我们的教学技能提升了，孩子们的成绩也提高了！”濮阳县文留镇文兴佳苑社区学校校长李世伟也是工作室的成员之一。他告诉记者：“大家聚在一起可以产生更好的想法，在工作室里大家可以畅所欲言，不再受校长、教师的身份束缚。”

目前，王爱红小学语文乡村首席教师工作室共有42名成员，已经辐射到全镇所有小学及周边7个乡镇。王爱红不断整合资源实现自我专业成长，并带动了一批青年教师的专业成长。濮阳县127所村小抱团取暖，校校联合，实现教育资源共享，形成了微型学校联盟。为了做好联盟培训，王爱红听课堂、访学生、阅资料、学名家、编教案、做课件，做了60多场专题报告，培训教师1万余人。

尤其是今年4月26日，王爱红带领工作室成员在河南省乡村中小学首席教师岗位计划试点工作现场推进会上，以情景讲述的方式，生动呈现了工作室从创建到发展壮大，引领乡村教育走向专业发展的经验和实践，得到了教育部和省教育厅领导的一致肯定，成为乡村首席教师的代言人。

“我很庆幸遇到了一群志同道合的乡村筑梦人，我们一起走进孩子的心灵，让更多的乡村留守儿童享受优质的教育。”王爱红告诉记者，“孩子们笑了，我们的教育也就成功了。”

一家四口特别珍惜在一起的时光

回到家，王爱红会抽空辅导一双儿女练习书法

爱学生，她再次踏上新征程

早上5：30，王爱红离开濮阳市区的家，驱车一个多小时，赶到学校。下午6：00，她又开车返回。这样的生活节奏王爱红已经坚持了9年。“如果不是因为爱学生，王爱红不会在农村学校19年。”这是记者在采访中，同事对她的一致看法。

“有一年夏天，王爱红班里有个学生一直穿着一双厚厚的棉鞋。王爱红把他叫到办公室问原因，得知孩子爸妈去打工了，爷爷照顾生病的奶奶，鞋子小了需要等妈妈回来买。”据王爱红的同事王芳介绍，王爱红知道这件事后，当天下午回到家就和爱人给孩子买了双新鞋。怕伤孩子的自尊心，王爱红悄悄告诉他由于近段学习进步很快，鞋子是老师给他的奖品。而这样的例子在王爱红身上还有很多。年龄在变，能力在变，唯独初心不变，对学生的爱不变，正是王爱红的包容心和爱心，让一个又一个在学习生活中存在困难的学生重拾信心。

“王老师好！”“校长妈妈，你真漂亮！”记者走在校园里，孩子们见到王爱红都会亲切地打招呼。王爱红告诉记者：“我最喜欢孩子叫我‘校长妈妈’，这样显得亲切。”乡村学校的留守儿童比较多，缺乏父母关爱，王爱红对他们更加关注，像家人一样对待他们。学生犯错了，她总是亲切地与之谈心，指引学生找到正确的方向，做好学生成长的引路人；学生有困难了，她总是第一时间帮助解决，是学生名副其实的“班妈”。

今年9月，因为工作调整，王爱红来到了一所新的学校——濮阳县文留镇实验学校。这所学校原来是一所中学，学校搬迁后校舍就闲置了下来。“学校之所以命名为实验学校，是想办成一所九年一贯制学校，也是一种尝试吧。”王爱红说。从村小校长到九年一贯制学校校长，从办小学到将来还要办初中，增加的不仅仅是师生的数量，王爱红还面临诸多的挑战。

为了给孩子们一个舒适、干净的校园环境，王爱红带领教师团队亲自上阵，操场重修、学校部分设施翻新、校园文化重塑都在有条不紊地进行中。

“今年9月份我才开始工作，因为新冠肺炎疫情的影响没有实习经历，王校长给予了我很大指导和帮助，我才得以在学校找到自己的方向。”学校全科教师石宵荣这样评价王爱红，“她是我的引路人。”

为了做好“双减”工作，王爱红要求每位老师在自身专长的基础上开设一节特色课程。新学期开始，孩子们有了书法、象棋、朗读、手工、绘画等课程，得到了家长和孩子的一致好评。“新学校‘百废待兴’，我们也肩负着更重要的乡村教育振兴责任。”王爱红这样和老师们共勉。

王爱红与名班主任工作室成员一起提升带班理念，用爱守护学生

扫一扫，看王爱红如何回答“最美三问”

扫一扫，看王爱红的事迹短片

扫一扫，看全新版本的《一切都给你》

部 66342631 记者部 66323635 导刊部 66356951 河南睿谷教育科技有限公司 66342301 ■广告 66327883 广告发布登记证号：郑惠济市监广发登字（2019）002号 ■河南教育报刊社发行部服务热线：400-659-7019 ■零售：1.50元 ■订阅：全国各地邮局 ■印刷：河南文达印刷公司（郑州市黄河路124号）

组委会授予元建周的颁奖辞：

投身特岗，点亮乡村教育之光，你无怨无悔；情系太行，拓展启智扶贫之路，你尽职尽责。一往情深，把青春和智慧播撒在红旗渠畔；执着守山，却让学生踩着你的肩头走出大山。你是“出彩河南人”2021最美教师——元建周。

元建周

硕士毕业毅然留教镇中的特岗教师

元建周，1984 年生，中共党员，林州市采桑镇第一中学教师。作为河南省首批特岗教师，元建周扎根乡村，潜心教育。他从教的第一站，远离镇区，条件艰苦，但他一干就是 8 年，挥洒汗水，无怨无悔。2015 年，他取得硕士研究生学位以后，面对市区多所学校邀请，他毅然决然留在乡村。参加工作 10 余年，他走近每一个孩子，了解他们，帮助他们。他自费购买图书，创建班级图书角；为学生做一顿饭，是他和学生交心的日常。安阳最美教师的鼓励金，他一文不留，全部用于对孩子的资助。面对质疑，他总是憨厚一笑，朴实地诠释着一个教育人的责任和担当。

元建周先后被评为安阳市优秀教师、最美教师、优秀班主任等，新华社以《太行深处最情牵》为题对他的事迹进行了报道。

太行山见证你深沉的爱

初冬的太行山，远看像一道画屏，直直地矗立在记者的眼前。

记者所在的位置是林州市采桑镇第一初级中学，与巍巍太行遥遥相望。在这所寄宿制学校的校园，孩子们已经习惯了老师的陪伴、习惯了大山的陪伴；如画屏般的太行山，也默默见证着这里的老师，陪伴孩子们的每个不一样的晨昏。

这次记者要采访的，便是“出彩河南人”2021 最美教师元建周，一位喝着红旗渠水长大、用深沉的爱催开一株株山花的守山人。

阴差阳错当上了大学生村官，却不甘心放弃教师梦，这时，特岗计划来了

小雪节气刚过，天气也越来越冷，山乡更是如此。孩子们早晨打扫校园时洒的水，到中午了背阴处还结着一层薄薄的冰。

刚从市里参加完“洹畔党建”先锋大讲堂的讲前培训回来，元建周还沉浸在他要讲的发言稿里，说让记者有空了帮忙看看。“让我做还可以，在说上实在欠缺。”一脸朴实的他说着还略带一丝腼腆。

不过，他的这句话在学生面前似乎并不适用。提起孩子们，他甚至有些眉飞色舞，还自我评价——“特别喜欢和孩子们在一起”，自己在学生面前还是“挺幽默的”，“性格适合当老师”。

这倒是不假。从小受当教师的父亲影响，他一直有一个教师梦。“小时候，爸爸教过的学生来家里看他，他们搬着马扎坐在院子里聊天，这时爸爸笑得最灿烂——在我面前也很少这样笑过。”父亲当教师的幸福感，也在少年的元建周心底种下了一颗种子。

俯下身子，让学生骄傲地说——我的数学是体育老师教的！

高考完报志愿时，元建周毫不犹豫在第一志愿栏填报了安阳师范学院。入校后，他更是认真学习，表现优秀，并在大学期间就光荣入党。2007 年，他大学毕业，在招教考试失利后，阴差阳错地成为一名大学生村官。

虽然同样是投身乡村振兴大业，但当看到一些山村小学因城市虹吸效应而逐渐衰落，个别贫困家庭、问题家庭的孩子因种种原因而失学，不少留守儿童眼睛里的期待渐渐黯淡、失去了孩子应有的神采时，他更加坚定了自己的教师梦——乡村振兴，教育振兴才是关键。

2009 年，中央“特岗计划”在河南开始实施。又已积蓄两年力量的元建周抓住了这次机会，成为我省第一批特岗教师，如愿站在了采桑镇第二初级中学小学部（现采桑镇秦家坡福生小学）的讲台上。

喜欢孩子们的他，在这所偏远的寄宿制小学开始尽情地挥洒着青春的汗水。

与同事业务交流，总是这么融洽

山里孩子的衣食冷暖，始终挂在元建周的心上

体育老师教数学、语文和物理，一样充满魔力，原来，他还是“硕师”

“元老师的课堂氛围特别好，很喜欢上他的数学课!”“他的上课方式不是那么死板，让我特别想去学。”“对，‘魔力’这个词特别贴切!”……晚饭时，趁着元建周在学校餐厅维持就餐秩序的空当，记者采访了几名正在就餐的学生。

这学期，元建周教的是七年级数学。而孩子们都知道，他们的元老师其实是一名体育专业的教师。

山乡教学条件有限，专业教师更是匮乏。不管是在小学教学的8年里，还是如今在采桑一中的这4年间，元建周先后教过体育、语文、数学、物理等多个学科。作为一个体育专业的教师，对其他学科知识相对生疏，但是他总能迎难而上，积极钻研，始终怀揣着这样一个信念——学校需要什么学科教师，他就成为什么学科教师。

教体育，元建周自然是一把好手。他坚持“汗”“笑”“会”的教学理念，不断创新课堂教学模式，让学生在欢声笑语中掌握动作要领，增强体质，磨炼意志，培养学生“终身体育”意识。凭借丰富的专业知识和技能，他先后荣获安阳市中小学青年教师技能竞赛体育优质课一等奖、河南省中小学体育与健康优质课三等奖、林州市中小学体育与健康优质课一等奖等。

在任教其他学科方面，元建周向记者坦言：“刚开始比较吃力些，总怕授课不精，耽误了学生。”于是，他积极向有经验的老教师请教，也经常和同为教师的妻子交流，认真备课，吃透教材，批好作业，上好每一节课。他探索的“读、议、导、练、用”五步教学法，以知导行，知行统一，使学生不仅学到了知识，也学会了做人。

“他肯下功夫，干啥都不喜欢落后。有时为了一节课，他常常夜不能寐，思考课堂细节，跟得了魔怔似的。”采访中，记者也见到了元建周的妻子、林州市第九小学语文教师申庆。

功夫不负有心人。不管教哪个学科，元建周所带班级的成绩总能名列前茅。他也先后荣获安阳市骨干教师、安阳市优秀教师、安

亏欠妻子、孩子太多，不失时机夹根油条来“补偿”

阳市优秀班主任等称号。

当老师出“名”后，自然很多学校都想“挖”他。特别是2013—2015年他参加教育部“硕师计划”，在河南师范大学拿到教育硕士专业学位后，更是有不少城区学校向他抛来了橄榄枝，然而都被他拒绝了。

“现在国家对农村教育的投入越来越大，教学条件也越来越好。这里的领导、老师包括家长，对我都非常好，和孩子们在一起特别像一个大家庭。我舍不得离开这儿。”元建周说，他从农村长大，在农村上的学，他的老父亲也是在农村教师岗位上光荣退休，所以，他的根在农村，他的爱在农村，他的教育梦在农村。

让学生踩着自己的肩头走出大山，需要做得更多，不然，有负这荣誉

在元建周教师生涯的第一站——秦家坡福生小学，教学楼一楼

家访，走进每位家长心里

的文化墙上现在还贴着一张合影，那是他去年获“安阳市最美教师”荣誉后，用全部奖金购买了文体用品“奖”给孩子们的场景，后面大大的条幅上写着——“元老师，回来了！”

“干工作是给自己干的。你对学生的好，他们心里都明白，这样他们才会亲其师、信其道。”元建周至今还记得刚参加工作那会儿，原采桑二中校长秦建伟当年对自己说的这番话。为此，12 年来，他特别关注那些留守儿童、问题学生，用无私的爱引导他们立大志、明大德、成大才，让无数乡村孩子踩着自己的肩头走出大山。

秦有文（化名），从小就失去父爱，与体弱多病的爷爷奶奶相依为命，性格孤僻，极度自卑，一度躲在自家麦囤，三天三夜才被老师和救援队找到。找人的“大军”中，就有元建周。也就是从那时起，他开始关注有文，虽然当时还不是有文的班主任。自此，有文家中便多了一位常客，星期天、节假日，房间里、庭院中，补语文、补数学，聊生活、聊未来，有文性格渐渐开朗，成绩也大幅度提升，奖状也开始在墙上有了位置。

今年秋季，当年那个差点辍学打工的少年，考入了林州市职业教育中心，读的专业还是元建周帮忙参谋的。“元老师真是个好人呀！没有元老师，就没有我们有文今天呀！”记者采访时，有文的爷爷激动地拉着记者的手倾诉着。

与有文一样遭遇不幸的还有成进、艺茹、林荣（均为化名）等留守儿童。元建周对每个孩子都倾注了爱心，让每个孩子都找到了快乐，扬起了自信的风帆。

“元老师人好、实在，对谁都很热心，能帮就帮。特别是对待那些问题家庭的孩子，我们大多数老师能想到，但不一定都能做到；而元老师不仅能想到，也都做到了。很多学生毕业后还经常主动和他联系，关系特别好。他把老师真正做到学生心里去了。”采桑一中七年级英语教师王红艳感慨地告诉记者。

“元老师获得省最美教师的荣誉，当之无愧！”采访中，学校领导、同事都向记者这样表达。然而元建周却憨厚地说：“工作都是大家干的，获得这个荣誉真是有点儿承受不住，需要做得更多、更好，才能对得起大家的信任！”

（原载 2021 年 12 月 3 日《教育时报》，作者：张利军 杨智斌）

扫一扫，看元建周的事迹短片

做个善于和孩子打交道的老师

一问：您认为什么样的老师"最美"？

元建周：我认为散发着师爱光辉、闪烁着智慧光芒的老师"最美"。当老师，一定要有爱，没有爱就没有教育。师爱不是索取，也不是交换，而是付出，是给予。无私的爱，是教育的魂！谁爱孩子，孩子就爱他，只有爱孩子的人，才能教育好孩子。

教师应该用自己博大的爱去温暖每一位学生，不应该以社会原因、家庭背景及平时表现而有所偏爱，而应该一视同仁。作为一名乡村学校教师，面对留守儿童、问题家庭学生的时候，要像对待自己的孩子一样对待他们，了解他们开心的事和不开心的事，关心他们学习生活的细节，用爱滋润他们，让他们茁壮成长。

二问：结合从教以来的经历，您认为教师的职业获得感和幸福感来自哪里？

元建周：我觉得首先来自孩子的进步和成长，就像你辛辛苦苦种了一季庄稼，最后收成特别好，心里肯定美得不得了。当一个有辍学想法的孩子，经过老师帮助，变得热爱学校、热爱学习；一个举止散漫的孩子，经过老师帮助，对学校有了归属感；一个内心孤僻、不善言谈的学生，经过老师帮助，渐渐变得开朗、乐观……我觉得，这个时候，最有成就感、幸福感。

教育的成功需要多方合力，家长的认可是班级工作的最大动力，领导的肯定是我努力工作的加油站。获得"最美教师"称号之后，更多身边的同事和我一起，致力于帮助山村的孩子，许多在外工作的同学，也纷纷提供帮助，为家乡教育振兴做贡献——这一切让我的干劲儿更足了。

同时，国家对乡村教育、乡村教师投入越来越大，教学条件和生活条件越来越好，学校盖起了漂亮的教学楼、教师周转房，乡村教师的待遇不断提高，晋升职称上也有很大的政策倾斜，这对我们既是一种鼓励，更是一种鞭策，这让乡村教师有了满满的职业获得感和幸福感。

三问：建党百年之际，作为党员教师，请谈谈您对“为党育人、为国育才”的理解和实践。

元建周：坚持什么样的办学方向，关系教育事业兴衰成败和社会主义现代化建设全局。习近平总书记强调：“要从党和国家事业发展全局的高度，坚守为党育人、为国育才。”“办好人民满意的教育，培养德智体美劳全面发展的社会主义建设者和接班人。”这指明了新时代建设教育强国必须牢牢把握的前进方向。我们要坚定这个方向，绝不能动摇。

学生是祖国的未来，要从小培养他们立大志、明大德、成大才、担大任的意识，我们一定要帮他们扣好人生第一粒扣子。作为一名党员，我也精心准备主题党课、团课，给孩子们讲波澜壮阔的百年党史，讲抗击疫情的感人故事，通过观看视频、开讨论会等方式，让他们切实感受到新时代中国特色社会主义制度的优越性，立志成为国家栋梁之材，为祖国建设添砖加瓦。

扫一扫，看元建周如何回答“最美三问”

彩河南人"2021 最美教师·元建周

太行山见证你深沉的爱

□ 本报记者 张利军 杨智斌/文图

初冬的太行山，远看像一道画屏，直直地矗立在记者的眼前。

记者所在的位置是林州市采桑镇第一初级中学，与巍巍太行遥遥相望。在这所寄宿制学校的校园，孩子们已经习惯了老师的陪伴、习惯了大山的陪伴；如画屏般的太行山，也默默见证着这里的老师，陪伴孩子们的每个不一样的晨昏。

这次记者要采访的，便是"出彩河南人"2021 最美教师元建周，一位喝着红旗渠水长大、用深沉的爱催开一株株山花的守山人。

和"元大哥"合影，说好不伸"剪刀手"的！

会授予元建周的颁奖辞是：

投身特岗，
点亮乡村教育之光，你无怨无悔；
情系太行，
拓展启智扶贫之路，你尽职尽责。
一往情深，
把青春和智慧播撒在红旗渠畔；
执着守山，
却让学生踩着你的肩头走出大山。
你是"出彩河南人"2021 最美教
——元建周。

差阳错当上了大学生村官，却不甘教师梦，这时，特岗计划来了

气刚过，天气也越来更是如此。孩子们早时洒的水，到中午了着一层薄薄的冰。

里参加完"洹畔党建"培训回来，元建周还讲的发言稿里，说让帮忙看看。"让我做说上实在欠缺。"一他说着还略带一丝腼

他的这句话在学生面不适用。提起孩子们，眉飞色舞，还自我评别喜欢和孩子们在一在学生面前还是"挺幽性格适合当老师"。

不假。从小受当教师，他一直有一个教师候，爸爸教过的学生，他们搬着马扎坐在，这时爸爸笑得最灿面前也很少这样笑当教师的幸福感，也在周心底种下了一颗种

报志愿时，元建周毫一志愿栏填报了安阳入校后，他更是认真优秀，并在大学期间。2007 年，他大学毕考试失利后，阴差阳名大学生村官。

样是投身乡村振兴大到一些山村小学因城而逐渐衰落，个别贫困家庭、问题家庭的孩子因种种原因而失学，不少留守儿童眼睛里的期待渐渐黯淡、失去了孩子应有的神采时，他更加坚定了自己的教师梦——乡村振兴，教育振兴才是关键。

2009 年，中央"特岗计划"在河南开始实施。又已积蓄两年力量的元建周抓住了这次机会，成为我省第一批特岗教师，如愿站在了采桑镇第二初级中学小学部（现采桑镇秦家坡福生小学）的讲台上。

喜欢孩子们的他，在这所偏远的寄宿制小学开始尽情地挥洒着青春的汗水。

白天，他和孩子们一起遨游在知识的海洋；晚上到了休息时间，他和值班老师一起，督促孩子们洗漱、睡觉；夜里，他还常常会查上一两回宿舍，为睡觉不老实的孩子盖好被子。值班老师实行轮流制，他却主动做了一个长期值班人。有时学生谁三更半夜有个头疼脑热，都习惯性地去找他，他也总能在第一时间来到学生的身边。他的办公室常备着预防感冒发烧、腹泻的常备非处方药，村上的卫生所也常常出现他带着学生前去看病的身影……

一晃 8 年过去，因山区学校布局调整，也因表现出色，他从采桑二中小学部调到采桑一中，依然是孩子们那熟悉的"元大哥"、同事眼里的"好榜样"、家长心中的"大好人"。

体育老师教数学、语文和物理，一样充满魔力，原来，他还是"硕师"

"元老师的课堂氛围特别好，很喜欢上他的数学课！""他的上课方式不是那么死板，让我特别想去学。""对，'魔力'这个词特别贴切！"……晚饭时，趁着元建周在学校餐厅维持就餐秩序的空当，记者采访了几名正在就餐的学生。

这学期，元建周教的是七年级数学。而孩子们都知道，他们的元老师其实是一名体育专业的教师。

山乡教学条件有限，专业教师更是匮乏。不管是在小学教学的 8 年里，还是如今在采桑一中的这 4 年间，元建周先后教过体育、语文、数学、物理等多个学科。作为一个体育专业的教师，对其他学科知识相对生疏，但是他总能迎难而上，积极钻研，始终怀揣着这样一个信念——学校需要什么学科教师，他就成为什么学科教师。

教体育，元建周自然是一把好手。他坚持"汗""笑""会"的教学理念，不断创新课堂教学模式，让学生在欢声笑语中掌握动作要领，增强体质，磨炼意志，培养学生"终身体育"意识。凭借丰富的专业知识和技能，他先后荣获安阳市中小学青年教师技能竞赛体育优质课一等奖、河南省中小学体育与健康优质课三等奖、林州市中小学体育与健康优质课一等奖等。

在任教其他学科方面，元建周向记者坦言："刚开始比较吃力些，总怕授课不精，耽误了学生。"于是，他积极向有经验的老教师请教，也经常和同为教师的妻子交流，认真备课，吃透教材，批好作业，上好每一节课。他探索的"读、议、导、练、用"五步教学法，以知导行，知行统一，使学生不仅学到了知识，也学会了做人。

"他肯下功夫，干啥都不喜欢落后。有时为了一节课，他常常夜不能寐，思考课堂细节，跟得了魔怔似的。"采访中，记者也见到了元建周的妻子、林州市第九小学语文教师申庆。

功夫不负有心人。不管教哪个学科，元建周所带班级的成绩总能名列前茅。他也先后荣获安阳市骨干教师、安阳市优秀教师、安阳市优秀班主任等称号。

当老师出"名"后，自然很多学校都想"挖"他。特别是 2013—2015 年他参加教育部"硕师计划"，在河南师范大学拿到教育硕士专业学位后，更是有不少城区学校向他抛来了橄榄枝，然而都被他拒绝了。

"现在国家对农村教育的投入越来越大，教学条件也越来越好。这里的领导、老师包括家长，对我都非常好，和孩子们在一起特别像一个大家庭。我舍不得离开这儿。"元建周说，他从农村长大，在农村上的学，他的老父亲也是在农村教师岗位上光荣退休，所以，他的根在农村，他的爱在农村，他的教育梦在农村。

俯下身子，让学生骄傲地说——我的数学是体育老师教的！

与同事业务交流，总是这么融洽

家访，走进每位家长心里

山里孩子的衣食冷暖，始终挂在元建周的心上

让学生踩着自己的肩头走出大山，需要做得更多，不然，有负这荣誉

在元建周教师生涯的第一站——秦家坡福生小学，教学楼一楼的文化墙上现在还贴着一张合影，那是他去年获"安阳市最美教师"荣誉后，用全部奖金购买了文体用品"奖"给孩子们的场景，后面大大的条幅上写着——"元老师，回来了！"

"干工作是给自己干的。你对学生的好，他们心里都明白，这样他们才会亲其师、信其道。"元建周至今还记得刚参加工作那会儿，原采桑二中校长秦建伟当年对自己说的这番话。为此，12 年来，他特别关注那些留守儿童、问题学生，用无私的爱引导他们立大志、明大德、成大才，让无数乡村孩子踩着自己的肩头走出大山。

秦有文（化名），从小就失去父爱，与体弱多病的爷爷奶奶相依为命，性格孤僻，极度自卑，一度躲在自家麦囤，三天三夜才被老师和救援队找到。找人的"大军"中，就有元建周。也就是从那时起，他开始关注有文，虽然当时还不是有文的班主任。自此，有文家中便多了一位常客，星期天、节假日，房间里、庭院中，补语文、补数学，聊生活、聊未来，有文性格渐渐开朗，成绩也大幅度提升，奖状也开始在墙上有了位置。

今年秋季，当年那个差点辍学打工的少年，考入了林州市职业教育中心，读的专业还是元建周帮忙参谋的。"元老师真是个好人呀！没有元老师，就没有我们有文今天呀！"记者采访时，有文的爷爷激动地拉着记者的手倾诉着。

与有文一样遭遇不幸的还有成进、艺茹、林荣（均为化名）等留守儿童。元建周对每个孩子都倾注了爱心，让每个孩子都找到了快乐，扬起了自信的风帆。

"元老师人好、实在，对谁都很热心，能帮就帮。特别是对待那些问题家庭的孩子，我们大多数老师能想到，但不一定都能做到；而元老师不仅能想到，也都做到了。很多学生毕业后还经常主动和他联系，关系特别好。他把老师真正做到学生心里去了。"采桑一中七年级英语教师王红艳感慨地告诉记者。

"元老师获得省最美教师的荣誉，当之无愧！"采访中，学校领导、同事都向记者这样表达。然而元建周却憨厚地说："工作都是大家干的，获得这个荣誉真是有点儿承受不住，需要做得更多、更好，才能对得起大家的信任！"

扫一扫，看元建周如何回答"最美三问"

扫一扫，看元建周的事迹短片

扫一扫，看元建周参与演绎的新版《一切都给你》

部 66342631 记者部 66323635 导刊部 66356951 河南睿谷教育科技有限公司 66342301 ■广告 66327883 广告发布登记证号：郑惠济市监广发登字（2019）002 号 ■河南教育报刊社发行部服务热线:400-659-7019 ■零售:1.50 元 ■订阅:全国各地邮局 ■印刷:河南文达印刷公司(郑州市黄河路 124 号)

组委会授予陈佩的颁奖辞：

走出舒适圈，扎根教学点，守护整个村庄的希望；全科教学，因材施教，让稚嫩生命茁壮成长。在远离繁华的角落里，在乡村教育的舞台上，你展示了一名全科教师的风采与光芒。你是“出彩河南人”2021最美教师——陈佩。

陈　佩

用大爱让乡村教学点重获新生的全科教师

陈佩，1987 年生，中共党员，沁阳市西向镇屯头村教学点教师。2018 年 9 月，陈佩来到屯头教学点任教，当时这个教学点正面临“零招生”的窘境。她和中心小学的负责人三番五次到学生家中做工作，渐渐赢得家长的信任，让他们把孩子送到学校。作为全科教师，她认真上好每节课，让孩子们德智体美劳全面发展。对待家庭经济困难的学生，她自掏腰包，利用奖励的方式对孩子予以资助，同时发动亲朋好友及爱心人士参与帮扶，累计资助金额 20 余万元。在她的努力下，屯头教学点从“零生源”变成生源“零流失”。

陈佩先后获河南省青少年科技创新大赛优秀辅导教师，焦作市优秀教师、师德标兵等荣誉。

从 0 到 39，全科教师守护乡村希望

“陈佩”这个名字对记者来说，一点儿也不陌生。2019 年，教育时报就曾报道过她的事迹。那时的她 32 岁，年纪不大却已扎根乡村教育多年，临危受命接手“濒临倒闭”的农村教学点，实现了从零教师、零生源到如今 5 位教师、39 个娃儿的转变，她凭借对乡村教育和农村孩子纯粹的爱，化“零招生”为“零流失”，创造了乡村小规模学校发展的奇迹……

2021 年 12 月的第一个星期五，记者从郑州出发，近 2 个小时的车程后，到达沁阳市西向镇屯头村，校门上“梦想，从这里启航”几个大字格外醒目——这里便是“出彩河南人”2021 最美教师陈佩倾注心血亲手改造的学校——沁阳市西向镇屯头村教学点。

“最美设计师”，把破败的农村教学点改造成学生放飞梦想的起点

“欢迎来到屯头村教学点！”这是陈佩见到记者后说的第一句话。热情、阳光又开朗是她给记者的第一印象。

记者跟随陈佩进入学校，2000 多平方米的校园一眼就能看到头，仔细观察却又发现，校园中陈佩暗藏的巧思真不少——为了防止学生磕碰而用废旧轮胎固定装饰的国旗台，为了纠正学生的卫生习惯而精心设计粉刷的卡通厕所外墙……陈佩的精心设计，让这个教学点成了全村最精致美丽、最有文化气息的地方。

“别看学校现在有模有样，我刚来的时候可不是这样。”陈佩一边带记者参观校园，一边讲述着这个教学点“起死回生”的故事。

扎根教学点，5 位老师携手守护整个村庄的希望

2018 年 8 月，秋季学期即将开学，然而沁阳市西向镇龙泉中心小学辖区的屯头村教学点却陷入了“零招生”的窘境。因为教学点办学质量不高、办学条件差，村里的很多孩子选择了学费昂贵的民办寄宿制学校。

新学期开学的前几天，中心校校长找到了当时在镇上小学任教的陈佩：“屯头村教学点缺老师，村里没别的要求，就要一个好老师。陈佩，你去吧？”“好！”想都没想，陈佩毫不犹豫地答应了。

就这样，陈佩接手了这所没有学生的学校。尽管已经做好了心理准备，但当她打开教室门时，还是被眼前的景象吓到了——墙皮脱落、玻璃破碎、桌椅摇晃、墙壁不白、黑板不黑，这样的教室怎么能留得住学生？于是她赶紧给朋友打电话，请求朋友帮忙一起收拾改造教室。

陈佩买来彩色的墙纸让斑驳的墙壁焕然一新，又“飞檐走壁”清理蛛网，桌椅板凳擦了一遍又一遍，一间不大的教室竟然清理出整整一三轮车的垃圾。经过几天的整理，一间窗明几净、绿植满屋的教室诞生了。

教室修整好了，接下来陈佩便开始对村里的适龄儿童挨家挨户走访，不少家长看着焕然一新的教室和尽心尽力的老师，决定送孩子去屯头村教学点上学。

就这样，陈佩接手的第一年有 11 个孩子入学，濒临停办的教学点保住了。

“最美全科教师”，用爱和坚守实现农村孩子在家门口享受优质教育的梦想

临近中午，陈佩把学生送出校门后转身回到办公室——说是 5 位老师的办公室，其实就是陈佩利用放假时间，用一间破旧的仓库改造成的。原本废弃不用的床板经打磨变成了优雅的茶台，淘汰已久的柜子经过粉刷变成了色调清新的书柜。不大的办公室里还隔出了一间小厨房，平时中午陈佩都是和另外两位离家远的老师一起，在这个既是办公室又是简易餐厅的地方吃午饭。

午饭后，陈佩赶紧趁着中午的时间备课。办公室没有空调和暖气，房间里寒气逼人，备完课陈佩就窝在车里午休。

下午第一节课是四年级语文。两点半，记者和陈佩一起走进教室，今天她要给学生讲课文《西门豹治邺》的生字词。为了让学生牢记课文中的十几个生字词，她先后用组词造句、换部首、字词结构分类、解析字形、生字配图等多种方法反复讲解提问，学生哪块知识掌握得不足，她一清二楚。只有 11 名学生的四年级教室里，学习氛围异常热烈，同学们踊跃举手作答。

刚上完一节课，陈佩来不及休息，又立马投入到剩下的两节课中——一节是一年级音乐，另一节是全校体育课啦啦操。

“在原来的小学只教语文和音乐，可屯头村教学点老师少，我就成了全科老师，语数外体音美全都要教，一天下来基本上都是跨好几个学科，上五六节课很正常。”陈佩说。

尽管师资紧张，但该给学生开的课，她一门也没落下，书法、舞蹈、戏曲、剪纸、种植等课程全都有。为了培育孩子们的艺术修养和文化底蕴，她明确了学校发展阅读特色，鼓励学生从书中看世界，还自学非洲鼓再教给学生。此外，为了培养农村孩子的自信心和开阔眼界，陈佩还经常带学生参加各类省市级比赛，戏曲、摄影、

经过陈佩的用心改造，曾经破旧的教室也被赋予了育人的内涵

对学生，她无微不至

跳绳等赛事上总能看到她和孩子们的身影。

邢淑涵是陈佩来到屯头村教学点招的第一批学生，热爱写作的她是班里有名的“小作家”，她写的作文经常能在沁阳市中小学生作文竞赛中获奖。今年开学，弟弟邢靖昊也跟着她一起来屯头村教学点上学。“我感觉在这里学习和原来上的私立学校没什么不一样，他们能学到的我们也都能学到。”邢淑涵说。

“最美乡村女教师”，放下荣誉回归初心继续为乡村教育播撒希望

上完最后一节课，天已经黑下来。不过陈佩没有急着回家，而是转身来到办公室——她已经提前和同事们说好，放学后要开一个简单的研讨会，主题是陈佩主持申报、学校老师全员参与的省级课题——《农村小规模学校有效教学实践研究》结项工作，白天上课没时间，老师们不得不利用下班时间坐在一起研讨。

邢林林是这个课题组的主要成员之一，今年刚被调到屯头村教

和学生在一起，陈佩的脸上总是洋溢着笑容

学点任教，但是她却和陈佩已相识 10 年之久，见证了陈佩从一个刚入职的“小白” 老师成长为如今全能的最美教师。“陈佩在我心里一直是一个心中有爱、眼中有光的老师，她的工作能力很强，总是愿意尽自己最大的努力去帮助别人，做什么事都要坚持做到最好。”邢林林说，“我不光是这里的老师，也是土生土长的屯头村人，眼看着陈佩把村里的学校办得越来越好，发自内心地敬佩她。”

近年来，陈佩一直在努力钻研提高自己的业务能力，简易的办公室书架上摆满了教师专业成长的书籍，她还积极参加各种教育培训，自费购买了很多优质课视频和课件进行学习。“今年 10 月，我参加沁阳市的音乐优质课评比，获得了小学组的一等奖，接下来我计划继续参加语文、数学、英语科目的优质课比赛，让自己成为一名更全能的全科教师。”陈佩信心满满。

在陈佩和邢林林、邓沁霞、刘倩、杜娟 5 位老师的共同努力下，屯头村教学点越办越好，学生的综合素质有了显著提升，甚至还创造了一个班数学成绩全满分的“奇迹”，成了村民认可的好学校，还得到了沁阳市教育体育局和社会各界的认可和关注。

迎接全市校长观摩，认真学习的孩子们吸引大家驻足围观

2020 年 10 月，沁阳市教体局组织开展教育高质量发展屯头村教学点观摩活动，全市小学和教学点的校长共 140 余人先后观摩了屯头村教学点校园文化、精细化管理等。陈佩在观摩会上分享了自己的办学经验，并和校长们进行了深入的探讨交流。

“成为最美教师对我来说是一个意外惊喜，但有时候也会有些本领恐慌，今后我会继续充实自己，担起最美教师的责任，为乡村教育播撒希望。”陈佩说，“只要人民群众有需要，而我又刚好能帮助到他们，不管多困难，我都愿意好好办下去、教下去。”

采访最后，记者终于明白为什么她的教学点能把学生越教越多、办得有声有色——看到、想到亦能做到，这或许是她创造奇迹的法宝。

（原载 2021 年 12 月 24 日《教育时报》，作者：方慧）

扫一扫，看陈佩的事迹短片

最美三问

穷尽青春只为塑造灵魂

一问：您认为什么样的老师“最美”？

陈佩：心中装着学生的老师，是“最美”的；有扎实的学识的老师，是“最美”的；甘于奉献的老师，是“最美”的……这个问题的答案，对不同的老师来说有着不同的定义。我认为：烦琐于人世间，千种磨炼在眼前，却坚定地走在自己的路上，不为世人的言语干扰，初心不改，坚定自己的信念，深爱着孩子们，喜欢看着孩子们欢乐活泼的身影，想陪着孩子们一天天长大，穷其自己的青春去塑造孩子们的灵魂，传递正确的三观，为党和国家培育未来栋梁的每一位教育工作者都堪称“最美”。

二问：结合从教以来的经历，您认为教师的职业获得感和幸福感来自哪里？

陈佩：教师幸福感首先来自于学生的成长和进步。教师可能付出很多，同样也会收获很多。教师可以从学生那里获得一种满足、收获一份感动、收藏一份纯真。这种体验本身就是一种幸福，也是只有教师才能拥有的一种财富。

其次，教师幸福感来自于付出与收获。教育是一项充满爱的事业。教师对学生充满爱，学生也会用爱来回报。能够每天和孩子们在一起，看到他们阳光快乐地成长，本身就非常幸福。

教师的幸福感还来自自身的专业成长。这种专业的成长，不仅是专业知识的成长，应该包括专业精神、专业修养、专业知识和专业技能等方面。一个具有较高幸福体验度的教师应该是具有以下特征：一是工作投入，如果想很好地体验某一工作的幸福感，必须实质性地投入到这项工作中。二是注意反思，教师的职业幸福实际上不是外界给予的，而是一种内在的精神体验。在日常忙碌的工作中，如果不进行反思，只是一味行动的话，就不能从精神的角度来体验对工作的感受。三是关注细节，教师天天走上同样的讲台，面对同样的面孔。从这个角度而言，日常工作也是比较枯燥和烦琐的。但在这种日常工作中，教师面对的对象是处于成长中的，学生在兴趣、性格、能力等方面各不相同，而且每天都在变化和进步着，在与他们的交往中处处渗透着趣味，有很多足以让教师感动、欣慰和幸福的方面。

三问：建党百年之际，作为党员教师，请谈谈您对“为党育人、为国育才”的理解和实践。

陈佩：“为党育人、为国育才”是我们每一位教师的职责和使命。立业先立人，立人先立德。作为一名教师要不忘初心，坚持以德立身，自觉践行社会主义核心价值观，带头弘扬中华民族传统美德，为学生树立道德榜样，引导孩子从小树立正确的价值观，让道德力量内化于心、外化于行。

我是从农村走出来的老师，从教以来就一直扎根在农村工作，我明白农村孩子在家门口上好学的艰难，所以，作为一名党员、一名全科教师，我更要不怕困难，努力提升自己的业务水平，加强学习，增加知识储备，把语数外体英美上得更扎实、更精彩，不辜负全村家长和学生的期望，让孩子们的学习生活更加丰富多彩，健康快乐成长。

扫一扫，看陈佩如何回答“最美三问”

“出彩河南人”2021最美教师·陈佩

从0到39，全科教师守护乡村希望

□ 本报记者 方慧/文图

委会授予陈佩的颁奖辞：

走出舒适圈，
扎根教学点，
守护整个村庄的希望；
全科教学，
因材施教，
让稚嫩生命茁壮成长。
在远离繁华的角落里，
在乡村教育的舞台上，
你展示了一名全科教师的风采与光芒。
你是“出彩河南人”2021最美教
——陈佩。

“陈佩”这个名字对记者来说，一点儿也不陌生。2019年，教育时报就曾报道过她的事迹。那时的她32岁，年纪不大却已扎根乡村教育多年，临危受命接手“濒临倒闭”的农村教学点，实现了从零教师、零生源到如今5位教师、39个娃儿的转变，她凭借对乡村教育和农村孩子纯粹的爱，化“零招生”为“零流失”，创造了乡村小规模学校发展的奇迹……

12月的第一个星期五，记者从郑州出发，近2个小时的车程后，到达沁阳市西向镇屯头村，校门上“梦想，从这里启航”几个大字格外醒目——这里便是“出彩河南人”2021最美教师陈佩倾注心血亲手改造的学校——沁阳市西向镇屯头村教学点。

你弹琴、我伴奏，师生幸福的歌声流淌在教室，更沁润于心间

“最美设计师”，把破败的农村教学点变成学生放飞梦想的起点

“欢迎来到屯头村教学点！”这是陈佩见到记者后说的第一句话。热情、阳光又开朗是她给记者的第一印象。

跟随陈佩进入学校，几百平方米的校园一眼就能看完，但仔细观察却又发现，校园里面暗藏的巧思真不少——为了避免学生磕碰而用废旧轮胎围起来的升国旗台，为了纠正学生不良习惯而精心设计粉刷的卡通墙画……陈佩的精心设计，让这个教学点成了全村最精致美丽、最具文化气息的地方。

“学校现在有模有样，我刚来的时候可不是这样。”陈佩一边带记者参观校园，一边讲述着这个教学点“起死回生”的故事。

2016年8月，秋季学期即将开始，河南沁阳市西向镇龙泉中心学校辖区的屯头村教学点却陷入了“零招生”的窘境。因为教学质量不高、办学条件差，很多孩子选择了学费昂贵的寄宿制学校。

就在新学期开学的前几天，中心学校校长找到了当时在镇上小学任教的陈佩：“屯头村教学点缺老师，村里没别的要求，就要一个好老师。陈佩，你去吧？”“好！”没有多想，陈佩毫不犹豫地答应了。

就这样，陈佩接手了这所没有学生的学校。尽管已经做好了心理准备，但当她打开教室门时，还是被眼前的景象吓到了——墙皮脱落、玻璃破碎、桌椅摇晃，墙壁不白、黑板不黑，这样的教室怎么能留得住学生？于是她赶紧给朋友打电话，请求朋友帮忙一起收拾改造教室。

陈佩买来彩色的墙纸让斑驳的墙壁焕然一新，又“飞檐走壁”清理蛛网，桌椅板凳擦了一遍又一遍，一间不大的教室竟然清理出整整一三轮车的垃圾。经过几天的整理，一间窗明几净、绿植满屋的教室诞生了。

教室修整好了，接下来陈佩便开始对村里的适龄儿童挨家挨户走访，不少家长看着焕然一新的教室和尽心尽力的老师，决定送孩子去屯头村教学点上学。

就这样，陈佩接手的第一年有11个孩子入学，濒临停办的教学点保住了。

扎根教学点，5位老师携手守护整个村庄的希望

“最美全科教师”，用爱和坚守实现农村孩子在家门口享受优质教育的梦想

临近中午，陈佩把学生送出校门后转身回到办公室——说是5位老师的办公室，其实就是陈佩利用放假时间，用一间破旧的仓库改造成的。原本废弃不用的床板经打磨变成了优雅的茶台，淘汰已久的柜子经过粉刷变成了色调清新的书柜。不大的办公室里还隔出了一间小厨房，平时中午陈佩都是和另外两位离家远的老师一起，在这个既是办公室又是简易餐厅的地方吃午饭。

午饭后，陈佩赶紧趁着中午的时间备课。办公室没有空调和暖气，房间里寒气逼人，备完课陈佩就窝在车里午休。

下午第一节课是四年级语文。两点半，记者和陈佩一起走进教室，今天她要给学生讲课文《西门豹治邺》的生字词。为了让学生牢记课文中的十几个生字词，她先后用组词造句、换部首、字词结构分类、解析字形、生字配图等多种方法反复讲解提问，学生哪块知识掌握得不足，她一清二楚。只有11名学生的四年级教室里，学习氛围异常热烈，同学们踊跃举手作答。

刚上完一节课，陈佩来不及休息，又立马投入到剩下的两节课中——一节是一年级音乐，另一节是全校体育课啦啦操。

“在原来的小学只教语文和音乐，可屯头村教学点老师少，我就成了全科老师，语数外体音美全都要教，一天下来基本上都是跨好几个学科，上五六节课很正常。”陈佩说。

尽管师资紧张，但该给学生开的课，她一门也没落下，书法、舞蹈、戏曲、剪纸、种植等课程全都有。为了培育孩子们的艺术修养和文化底蕴，她明确了学校发展阅读特色，鼓励学生从书中看世界，还自学非洲鼓再教给学生。此外，为了培养农村孩子的自信心和开阔眼界，陈佩还经常带学生参加各类省市级比赛，戏曲、摄影、跳绳等赛事上总能看到她和孩子们的身影。

邢淑涵是陈佩来到屯头村教学点招的第一批学生，热爱写作的她是班里有名的“小作家”，她写的作文经常能在沁阳市中小学生作文竞赛中获奖。今年开学，弟弟邢靖昊也跟着她一起来屯头村教学点上学。“我感觉在这里学习和原来上的私立学校没什么不一样，他们能学到的我们也都能学到。”邢淑涵说。

经过陈佩的用心改造，曾经破旧的教室也被赋予了育人的内涵

和学生在一起，陈佩的脸上总是洋溢着笑容

迎接全市校长观摩，认真学习的孩子们吸引大家驻足围观

上完最后一节课，天已经黑下来。不过陈佩没有急着回家，而是转身来到办公室——她已经提前和同事们说好，放学后要开一个简单的研讨会，主题是陈佩主持申报、学校老师全员参与的省级课题——《农村小规模学校有效教学实践研究》结项工作，白天上课没时间，老师们不得不利用下班时间坐在一起研讨。

邢林林是这个课题组的主要成员之一，今年刚被调到屯头村教学点任教，但是她却和陈佩已相识10年之久，见证了陈佩从一个刚入职的“小白”老师成长为如今全能的最美教师。“陈佩在我心里一直是一个心中有爱、眼中有光的老师，她的工作能力很强，总是愿意尽自己最大的努力去帮助别人，做什么事都要坚持做到最好。”邢林林说，“我不光是这里的老师，也是土生土长的屯头村人，眼看着陈佩把村里的学校办得越来越好，发自内心地敬佩她。”

近年来，陈佩一直在努力钻研提高自己的业务能力，简易的办公室书架上摆满了教师专业成长的书籍，她还积极参加各种教育培训，自费购买了很多优质课视频和课件进行学习。“今年10月，我参加沁阳市的音乐优质课评比，获得了小学组的一等奖，接下来我计划继续参加语文、数学、英语科目的优质课比赛，让自己成为一名更全能的全科教师。”陈佩信心满满。

“最美乡村女教师”，放下荣誉回归初心继续为乡村教育播撒希望

在陈佩和邢林林、邓沁霞、刘倩、杜娟5位老师的共同努力下，屯头村教学点越办越好，学生的综合素质有了显著提升，甚至还创造了一个班数学成绩全满分的“奇迹”，成了村民认可的好学校，还得到了沁阳市教育体育局和社会各界的认可和关注。

2020年10月，沁阳市教体局组织开展教育高质量发展屯头村教学点观摩活动，全市小学和教学点的校长共140余人先后观摩了屯头村教学点校园文化、精细化管理等。陈佩在观摩会上分享了自己的办学经验，并和校长们进行了深入的探讨交流。

“成为最美教师对我来说是一个意外惊喜，但有时候也会有些本领恐慌，今后我会继续充实自己，担起最美教师的责任，为乡村教育播撒希望。”陈佩说，“只要人民群众有需要，而我又刚好能帮助到他们，不管多困难，我都愿意好好办下去、教下去。”

采访最后，记者终于明白为什么她的教学点能把学生越教越多、办得有声有色——看到，想到亦能做到，这或许是她创造奇迹的法宝。

扫一扫，看陈佩如何回答“最美三问”

扫一扫，看陈佩的事迹短片

扫一扫，看陈佩参与演绎的新版《一切都给你》

闻部 66342631 记者部 66323635 导刊部 66356951 河南睿谷教育科技有限公司 66342301 ■广告 66327883 广告发布登记证号：郑惠济市监广发登字（2019）002号 ■河南教育报刊社发行部服务热线：400-659-7019 ■零售：1.50元 ■订阅：全国各地邮局 ■印刷：河南文达印刷公司（郑州市黄河路124号）

组委会授予崔姗姗的颁奖辞：

潜心钻研先贤典籍，探求中医理论的博大；共享精品课程资源，传承中华医学的精华。创新科研，孜孜追求36年，硕果累累；亦师亦友，诲人不倦36载，成绩斐然。你是“出彩河南人”2021最美教师——崔姗姗。

崔姗姗

深研中医药学的“中基妈妈”

崔姗姗，1963 年生，中共党员，河南中医药大学教师。崔姗姗奉行教学第一的原则，爱生如子，曾带着 24 小时血压监测仪坚持上课；帮助家庭经济困难学生，为他们购买学习资料；学生遇到危险时，不惜自己受伤去保护学生。她对教学全身心地投入和对学生的关爱，被同学们亲切地称为“中基妈妈”！

崔姗姗在本校率先开展 PBL（项目式学习）教学，主持开设《中医基础理论综合性设计实验》课程及“中基实训教学”，弥补本科实验与实训教学的空白；她还建成首门在中国大学 MOOC 运行的《中医基础理论》课程，2020 年被教育部认定为首批国家级线上一流本科课程。

崔姗姗先后主持 3 项、参加 2 项省级教学质量工程，获得河南省高等学校教学名师、高校教育教学成果一等奖等荣誉。

最喜欢这一声“中基妈妈”

2021 年 11 月中旬，记者联系采访她时，她刚刚因为急性类风湿关节炎住院；一个月后再联系时，她刚刚出院，正在赶往外地授课的路上。她是一位老师，也是一名医生，她就是“出彩河南人”2021最美教师——河南中医药大学中医学院中医基础理论教研室主任、硕士生导师崔姗姗。

河南中医药大学第三附属医院、巩义市公立中医院、柘城县中医院、郸城县中医院……如果不是记者亲眼所见，很难相信这是一位年近花甲的大学教授 12 月的时间表，除了正常的教学和科研，她始终在外出讲授《中医基础理论》课程的路上。

传播“中基”，她一直行走在路上

2021 年 12 月 20 日，是崔姗姗到巩义市公立中医院授课的日子。中午出发，到巩义市公立中医院已是下午 2 点，来不及休息，她就开始准备授课内容。“这次听课的都是西医医生，之前没有接触过中医基础理论，所以需要专门为他们重新备课，以求讲授的内容通俗易懂又切合临床。”崔姗姗对记者说，不管是望闻问切还是开方用药，甚至是针灸理疗，中医基础理论都是“源头”。

下午 3 个小时的时间，崔姗姗在上面讲，记者也在认真听，听后才发觉中医不仅仅是我们简单认为的望闻问切、中草药等，还包含着阴阳五行等各种传统文化知识，让记者大开眼界。

下午讲完课已临近 6 点，崔姗姗还不能立刻就走。听课的学员们抓住这不多的机会争相发问：“崔老师，我这口疮久治不愈有没

授课结束后，崔姗姗耐心解答学员提出的每一个问题

有什么好的方法？”“崔老师，我有个病人肠胃不好，经常拉肚子怎么治？”……来自基层尤其是乡镇卫生院的医生，平时用惯了西医西药，猛地感受到中医药的奇妙，就把崔姗姗围住，问个不停，而崔姗姗也总是耐心、面带笑容地一一解答。

“崔教授和我是校友，名气很大，之前听过她的课，一直想请她来讲。这次组织‘西学中’培训，一下子报了近 200 人。12 月 3 日开班，崔教授一周来两次，今天已经是第四次来了。”巩义市公立中医院副院长刘兆青说，尤其是乡镇卫生院医生，虽然离得远，但几乎从不缺席，都知道机会难得。

“国家目前的政策非常好，号召西医医生学习中医，这对发扬传播中医优秀传统文化非常有好处。尤其是看到这么多医生对中医感兴趣，我也很高兴。”在回来的路上，崔姗姗对记者感慨道。作为中医药大学的一名教师，崔姗姗对乡村医生总是特别关切，说的总要多一些。“坚守乡村的医生不容易，应该给予他们更多的关心关爱。”崔姗姗说，她一直坚持，只要没有特殊事情，都要亲自去授课。“能了解到最基层、最真实的声音，这也是我教育学生、传承中医文化的珍贵素材和源泉。”

传播中医基础理论的道路没有终点。近年来，崔姗姗的足迹踏遍我省十几个市县，被多家医院聘为专家顾问，就在从巩义回来的路上，她还在安排去其他医院授课的行程。

回到郑州，已是晚上 8 点，来不及吃饭，崔姗姗就着急回去备课："明天上午老校区我还有课，不能耽误了。"不管多忙，她始终未忘记自己是一名教师，要永远对学生负责。

教书育人，她是学生心里的"崔妈妈"

"崔妈妈，我觉得最美教师应该是具有过硬的专业知识、对学生无微不至的关心，还有严谨的工作态度和教书育人的情怀，这些您都有啊！"12 月 22 日，在河南中医药大学的校园里，面对记者"最美三问"的采访，崔姗姗先把问题抛给了她曾经的学生——中国中医科学院研究生院博士生王青，她想听听学生对自己的真实评价。

"为什么学生会叫您'崔妈妈'？而且这么多年不改口，还是这么亲？"面对记者这个提问，崔姗姗没有回答，而是拿出了两大本厚厚的笔记。"这是我给 2013 级学生建立的'学生信息卡'，每一名学生的基本信息，性格爱好、选择学习中医的原因、想对老师说的话，以及一学期后学习中医的感受等，都记录在上面。"崔姗姗介绍说，每一名学生她都会一一反馈。

100 多名学生，崔姗姗不是班主任，只是《中医基础理论》专业课的教师，她却会努力记住每个学生的名字，至今仍能回忆起点滴的往事，这种对学生细微的关心着实让人感动。

"我记得多年前在老校区，班上有学生生病，崔老师还在家里熬粥做饭，送到学生的病床前；建立 QQ 群、微信群，关注学生动态，随时答疑解惑，帮助新生度过"心理失衡期"；还出钱为家庭经济困难学生购买学习资料……"同事高小玲回忆起崔姗姗关心学生的事儿，一件接一件。

"崔老师还在学校率先实践 PBL（基于问题的学习）教学，主持开设'中基综合性设计实验'课程及'中基实训教学'，弥补课程实验与实训教学的空白。教学质量的提高，使得我们学校学生在全省执业医师考试的'中基'成绩在全国排名第一。"高小玲说，过硬的教学技能也让崔姗姗成为学生心中的偶像。

传播中医基础理论，崔姗姗被多家医院聘为专家顾问

带领青年教师教研，让他们快速成长

学习、生活，关心无处不在

“我当时研究生报考这个方向就是因为崔老师。”该校 2021 级中医基础理论专业硕士研究生李丹丹对记者说，“她讲课精神饱满，特别有感染力，而且非常注重培养我们的自主学习能力，尤其是强调多次的背诵中医经典让我们受益匪浅。”也正是对学生从学习到生活甚至工作的关心关爱，崔姗姗成了学生口中的“崔妈妈”“中基妈妈”。

“学中医的学生必须要有医德，我作为一名教师，一直坚持将德育融入日常教学，以身作则、言传身教，教育学生做人要‘直道而行’，学生不仅要精于专业，更要以国家复兴、民族强盛为使命。”崔姗姗说。

高质量慕课，她要让河南“中基”教学惠及全国

12 月 22 日下午，记者来到河南中医药大学中医基础理论教研室时，一位年轻教师正在向崔姗姗请教所讲授课程的有关知识，而崔姗姗一直强调要“精通教学”。

“我认为教学是科学与艺术的结合，不储备充足的知识，不研究

厚厚的“学生信息卡”记录着崔姗姗关心学生的密码

课程体系和内容，不了解学生的心理与认知结构，怎能具备宽广的视野，引导学生成才！”崔姗姗说。

中医基础理论教研室教师刘紫阳 2019 年入职，刚来就感受到了崔姗姗对青年教师的悉心培养。“崔主任注重教学，特别有耐心，亲自指导我们备课，带领我们做教研、建课程，特别关心年轻教师的成长。”刘紫阳说，“崔老师近年来研究成果丰硕，并且先后指导青年教师获得各级教学竞赛奖 10 多项。”她所创新构建的《中医基础理论》情境教学模式，不但寓教于情、寓教于境，更是寓教于德，让学生受益匪浅，获得了河南省高等教育教学成果奖一等奖。

为了让更多人受益，崔姗姗还完成了一项“壮举”——带领团队完成了《中医基础理论》223 节的慕课。

做好慕课，需要先备稿，再制作 PPT，然后录制视频。而备稿环节是最基础最重要的。“当时我们教研室老师每个人准备稿子，晚上经常加班，稿子写好后崔老师都要逐字逐句地审，然后带领大家集体备课。”刘紫阳回忆说，不管哪位同事晚上什么时候发给崔姗姗，她第二天一早肯定会发来反馈和修改意见。为了及时完成精品资源共享课的制作，崔老师发着高烧赶往制作公司完成了课程录制的后期合成。

“为了完成评估和认证工作，崔老师白天上课，完成学科和教研室的日常工作，晚上加班整理材料，过度劳累使她受了伤，住进了医院。”刘紫阳说。即使这样，她扎着绷带迎接专家走访，坚持在一线完成评估工作。

“几十万字的稿子，223 个视频，67 个 PPT，几百道主题帖和测试题，当时不敢想，压力特别大。”崔姗姗说。就是这样的巨大“工程”，她带领着中医基础理论教研室的教师硬是攻了下来，建成全国首门在中国大学 MOOC 运行的《中医基础理论》课程，连续开课 9 个学期，在线学习人数 11 万多人次。该课程也于 2020 年被教育部认定为首批国家级线上一流本科课程。

中医传承任重道远，作为河南省高等学校教学名师工作室的负责人，崔姗姗带领青年教师开展教研活动，使他们能够尽快成长。致力于中医基础理论知识传播，崔姗姗是医师也是教师，从教 36 年，她说最喜欢的还是这一声“中基妈妈”，因为这是对她最好的肯定和认可。

（原载 2021 年 12 月 31 日《教育时报》，作者：杜帅鹏）

扫一扫，看崔姗姗的事迹短片

让中医之美被更多人看到

一问：您认为什么样的老师“最美”？

崔姗姗：广义上讲，爱岗敬业、爱学生的老师“最美”，同时，被学生认可和喜爱的老师也是“最美”的。教与学是心灵之间的沟通，老师，不但要传道授业解惑，更要用严谨认真的工作态度和言传身教感染学生，做学生成长路上的引路人、生活中的知心人。

从专业角度讲，最美教师的专业素养和专业知识一定要强。作为河南中医药大学的老师，我教的《中医基础理论》是学生入门的第一门专业基础课，打牢基础对后期的学习起着至关重要的作用。我创立了中医基础理论情境教学模式，寓教于德、寓教于情、寓教于境，重视学科知识与生活实践的融合，让学生感受到生活处处有中医，中医就是我们的优秀文化、生活方式在医学中的体现。如今，我们通过 MOOC 等多种形式使中医走入社会、走进千家万户，让更多的人感受到大美中医，让充满智慧的中医为人们解除病痛，为人民的健康保驾护航。

二问：结合从教以来的经历，您认为教师的职业获得感和幸福感来自哪里？

崔姗姗：我认为，个人价值的实现与我们社会的发展、国家的需求紧密相连。作为教师，能为社会、为国家培养优秀的中医药人才，让更多的人喜欢中医、热爱中医，并为之努力学习，进而造福人类，就是一种职业获得感。36 年来，年复一年，我培养了数以万计的学生，他们在不同的岗位上发挥光和热，青出于蓝而胜于蓝，这都是作为老师的自豪和骄傲。

我的幸福感也来自于学生对我的认可和喜爱——每当学期末看到学生匿名的评价，对我的认可，我感到由衷的欣慰；当我们的《中医基础理论》课程被评为首批国家级（线上）一流本科课程，当看到线上平台众多学员对我们的课程发自内心的赞誉和感激的留言，幸福感油然而生，感觉再苦再累都是值得的！

三问：今年是建党百年，作为党员教师，请谈谈您对“为党育人、为国育才”的理解和实践。

崔姗姗：我们的党走过了100年的光辉历程，作为一名党员，“为党育人、为国育才”，首先要以身作则，加强自身的学习和修养。我们的党支部是全国样板党支部，我也被评为河南省优秀教师、省委高校工委优秀共产党员。作为一名中医药高校的教师，我既是师者，又是医者，师者立德树人、塑造灵魂；医者仁心仁术、救死扶伤——我们所肩负使命光荣而重大。

我要一如既往地遵循习近平总书记的嘱托，把立德树人放在教育教学的首位，不断加强课程思政建设，把《中医基础理论》课程中所蕴涵的文化自信、辩证思维、中和思维等中国优秀传统文化传授给学生，并落实到他们的生活实践之中，厚植爱国主义情怀，引导学生为人处世要心平气和，辩证地看待问题，恰当地处理问题，促进学生身心的健康发展。

扫一扫，看崔姗姗如何回答“最美三问”

出彩河南人"2021 最美教师·崔姗姗

最喜欢这一声"中基妈妈"

□ 本报记者 杜帅鹏/文图

11月中旬，记者联系采访她时，她刚刚因为急性类风湿关节炎住院；一个月后再联系时，她刚刚出院，正在赶往外地授课的路上。她是一位老师，也是一名医生，她就是"出彩河南人"2021 最美教师——河南中医药大学中医学院中医基础理论教研室主任、硕士生导师崔姗姗。

河南中医药大学第三附属医院、巩义市公立中医院、柘城县中医院、郸城县中医院……如果不是记者亲眼所见，很难相信这是一位年近花甲的大学教授12月的时间表，除了正常的教学和科研，她始终在外出讲授《中医基础理论》课程的路上。

会授予崔姗姗的颁奖辞：

潜心钻研先贤典籍，
探求中医理论的博大；
共享精品课程资源，
传承中华医学的精华。
创新科研，
孜孜追求36年，硕果累累；
亦师亦友，
诲人不倦36载，成绩斐然。
你是"出彩河南人"2021 最美教
——崔姗姗。

传播"中基"，她一直行走在路上

20日，是崔姗姗到巩义医院授课的日子。中午巩义市公立中医院已是，来不及休息，她就开课内容。"这次听课的医生，之前没有接触过理论，所以需要专门为备课，以达到通俗易懂味。"崔姗姗对记者说，闻问切还是开方用药，灸理疗，中医基础理论头"。

3个小时的时间，崔姗讲，记者也在认真听，觉中医不仅仅是我们简望闻问切、中草药等，阴阳五行等各种传统文让记者大开眼界。

讲完课已临近6点，崔能立刻就走。听课的学这不多的机会争相发问：我这口疮久治不愈有没的方法？""崔老师，我肠胃不好，经常拉肚子……来自基层尤其是乡的医生，平时用惯了西猛地感受到中医药的奇崔姗姗围住，问个不停，也总是耐心、面带笑容答。

授和我是校友，名气很听过她的课，一直想请这次组织'西学中'培子报了近200人。12月3日开班，崔教授一周来两次，今天已经是第四次来了。"巩义市公立中医院副院长刘兆青说，尤其是乡镇卫生院医生，虽然离得远，但几乎从不缺席，都知道机会难得。

"国家目前的政策非常好，号召西医医生学习中医，这对发扬传播中医优秀传统文化非常有好处。尤其是看到这么多医生对中医感兴趣，我也很高兴。"在回来的路上，崔姗姗对记者感慨道。作为中医药大学的一名教师，崔姗姗对乡村医生总是特别关切，说的总要多一些。"坚守乡村的医生不容易，应该给予他们更多的关心关爱。"崔姗姗说，她一直坚持，只要没有特殊事情，都要亲自去授课。"能了解到最基层、最真实的声音，这也是我教育学生、传承中医文化的珍贵素材和源泉。"

传播中医基础理论的道路没有终点。近年来，崔姗姗的足迹踏遍我省十几个市县，被多家医院聘为专家顾问。就在从巩义回来的路上，她还在安排去其他医院授课的行程。

回到郑州，已是晚上8点，来不及吃饭，崔姗姗就着急回去备课："明天上午老校区我还有课，不能耽误了。"不管多忙，她始终未忘记自己是一名教师，要永远对学生负责。

传播中医基础理论，崔姗姗被多家医院聘为专家顾问

授课结束后，崔姗姗耐心解答学员提出的每一个问题

崔姗姗的课堂不但寓教于情、寓教于境，更是寓教于德，让学生受益匪浅

教书育人，她是学生心里的"崔妈妈"

"崔妈妈，我觉得最美教师应该是具有过硬的专业知识、对学生无微不至的关心，还有严谨的工作态度和教书育人的情怀，这些您都有啊！"12月22日，在河南中医药大学的校园里，面对记者"最美三问"的采访，崔姗姗把问题抛给了她曾经的学生——中国中医科学院研究生院博士生王青，她想听听学生对自己的真实评价。

"为什么学生会叫您'崔妈妈'？而且这么多年不改口，还是这么亲？"面对记者这个提问，崔姗姗没有回答，而是拿出了两大本厚厚的笔记。"这是我给2013级学生建立的'学生信息卡'，每一名学生的基本信息、性格爱好、选择学习中医的原因、想对老师说的话，以及一学期后学习中医的感受等，都记录在上面。"崔姗姗介绍说，每一名学生她都会一一反馈。

100多名学生，崔姗姗不是班主任，只是《中医基础理论》专业课的教师，她却会努力记住每个学生的名字，至今仍能回忆起点滴的往事，这种对学生细微的关心着实让人感动。

"我记得多年前在老校区，班上有学生生病，崔老师还在家里熬粥做饭，送到学生的病床前；建立QQ群、微信群，关注学生动态，随时答疑解惑，帮助新生度过'心理失衡期'；还有出钱为家庭经济困难学生购买学习资料……"同事高小玲回忆起崔姗姗关心学生的事儿，一件接一件。

"崔老师还在学校率先实践PBL（基于问题的学习）教学，主持开设'中基综合性设计实验'课程及'中基实训教学'，弥补课程实验与实训教学的空白。教学质量的提高，使得我们学校学生在全省执业医师考试的'中基'成绩在全国排名第一。"高小玲说，过硬的教学技能也让崔姗姗成为学生心中的偶像。

"我当时研究生报考这个方向就是因为崔老师。"该校2021级中医基础理论专业硕士研究生李丹丹对记者说，"她讲课精神饱满，特别有感染力，而且非常注重培养我们的自主学习能力，尤其是强调多次的背诵中医经典让我们受益匪浅。"也正是对学生从学习到生活甚至工作的关心关爱，崔姗姗成了学生口中的"崔妈妈""中基妈妈"。

"学中医的学生必须要有医德，我作为一名教师，一直坚持将德育融入日常教学，以身作则、言传身教，教育学生做人要'直道而行'，学生不仅要精于专业，更要以国家复兴、民族强盛为使命。"崔姗姗说。

学习、生活，关心无处不在

带领青年教师教研，让他们快速成长

厚厚的"学生信息卡"记录着崔姗姗关心学生的密码

高质量慕课，她要让河南"中基"教学惠及全国

12月22日下午，记者来到河南中医药大学中医基础理论教研室时，一位年轻教师正在向崔姗姗请教所讲授课程的有关知识，而崔姗姗一直强调要"精通教学"。

"我认为教学是科学与艺术的结合，不储备充足的知识，不研究课程体系和内容，不了解学生的心理与认知结构，怎能具备宽广的视野，引导学生成才！"崔姗姗说。

中医基础理论教研室教师刘紫阳2019年入职，刚来就感受到了崔姗姗对青年教师的悉心培养。"崔主任注重教学，特别有耐心，亲自指导我们备课，带领我们做教研、建课程，特别关心年轻教师的成长。"刘紫阳说，"崔老师近年来研究成果丰硕，并且先后指导青年教师获得各级教学竞赛奖10多项。"她所创新构建的《中医基础理论》情境教学模式，不但寓教于情、寓教于境，更是寓教于德，让学生受益匪浅，获得了河南省高等教育教学成果奖一等奖。

为了让更多人受益，崔姗姗还完成了一项"壮举"——带领团队完成了《中医基础理论》223节的慕课。

做好慕课，需要先备稿，再制作PPT，然后录制视频。而备稿环节是最基础最重要的。"当时我们教研室老师每个人准备稿子，晚上经常加班，稿子写好后崔老师都要逐字逐句地审，然后带领大家集体备课。"刘紫阳回忆说，不管哪位同事晚上什么时候发给崔姗姗，她第二天一早肯定会发来反馈和修改意见。为了及时完成精品资源共享课的制作，崔老师发着高烧赶往制作公司完成了课程录制的后期合成。

"为了完成评估和认证工作，崔老师白天上课，完成学科和教研室的日常工作，晚上加班整理材料，过度劳累使她受了伤，住进了医院。"刘紫阳说。即使这样，她扎着绷带迎接专家走访，坚持在一线完成评估工作。

"几十万字的稿子、223个视频、67个PPT、几百道主题帖和测试题，当时不敢想，压力特别大。"崔姗姗说。就是这样的巨大"工程"，她带领着中医基础理论教研室的教师硬是攻了下来，建成全国首门在中国大学MOOC运行的《中医基础理论》课程，连续开课9个学期，在线学习人数11万多人次。

"课讲得太好了，内容丰富，讲得透彻，受益良多。""这是我目前接触到的最好的'中基'学习课程，简单易懂，深度广度都有。"……记者打开慕课，近千条留言满是肯定和赞美。优质的课程资源，得到了包括浙江大学、成都中医药大学等60多所高校学生及社会中医爱好者的一致好评。该课程也于2020年被教育部认定为首批国家级线上一流本科课程。

中医传承任重道远，作为河南省高等学校教学名师工作室的负责人，崔姗姗带领青年教师开展教研活动，使他们能够尽快成长。致力于中医基础理论知识传播，崔姗姗是医师也是教师，从教36年，她说最喜欢的还是这一声"中基妈妈"，因为这是对她最好的肯定和认可。

扫一扫，看崔姗姗如何回答"最美三问"

扫一扫，看崔姗姗的事迹短片

扫一扫，看崔姗姗参与演绎的新版《一切都给你》

新闻部 66342631 记者部 66323635 导刊部 66356951 河南睿谷教育科技有限公司 66342301 ■广告 66327883 广告发布登记证号：郑惠济市监广发登字（2019）002号 ■河南教育报刊社发行部服务热线：400-659-7019 ■零售：1.50元 ■订阅：全国各地邮局 ■印刷：河南文达印刷公司（郑州市黄河路124号）

特别奖

育才更育人的“思政网红”

周荣方，1981年生，中共党员，郑州大学马克思主义学院教师。她出身于思政课教师之家，父母都是非常优秀的高校思想政治理论课教师。受家庭氛围的熏陶，从幼儿园开始，她的梦想就是成为一名优秀的教师。从教十余年，她经常聆听其他老师的课程，从不同老师身上汲取养分。在授课过程中，她积极帮助学生树立科学思维方法和健康生活态度，注重学生的感受，将思政课教学用春风化雨、润物无声的方式展现出来，希望学生在课堂上有所收获。

2021年4月2日，周荣方讲授了一堂以“什么是幸福”为主题的思政课，在讲到1966年2月26日焦裕禄魂归兰考的一幕时，她几度哽咽、潸然泪下，现场的同学都深受触动。这堂思政课直播，在互联网上成了爆款，网友们纷纷为她点赞，她也因此一时间成为思政网红。

组委会授予周荣方、张鹏程的颁奖辞：

你以焦裕禄精神为榜样，用心用情讲好思政大课；你以父亲的心态做校长，倾心倾力陪伴孩子成长。你们在网络上不意走红，红的不仅是故事，更是炽热的情怀。从小学到大学，你们传递的不仅是知识，更是生命的力量。你们是“出彩河南人”2021 最美教师——周荣方、张鹏程。

乡村小学的 80 后“校长爷爷”

张鹏程，1982 年生，中共党员，太康县清集镇二郎庙小学校长。80 后的他，不到 40 岁，头发却已白了一半，看起来比同龄人苍老不少，平时在学校里，孩子们喜欢围着他叫“校长爷爷”。2018 年，时任清集镇申庄小学校长的张鹏程找到中心校领导请求调到自己的母校二郎庙小学，决心改变母校落后面貌。一到二郎庙小学，张鹏程就修缮楼顶、硬化操场，还设置了食堂和宿舍，又在学校开办了一所幼儿园。每周 3 次凌晨 3 点就起来，去买菜给孩子们做饭。他不仅垫付十几万建设幼儿园，还拿自己的工资补贴学校餐费，给孩子们加一些肉和水果。张鹏程说，“农村的孩子，总要有人来陪”，自己作为一名党员，更要坚守在最需要地方。

2021 年 4 月 14 日，央视新闻客户端以《“鸡腿”姑娘火了！背后还有个 80 后白发校长》为题对“80 后白发校长”张鹏程进行了报道。

周荣方：以炽热情怀点燃信仰火炬

眼前的周荣方，在郑州大学校园人来人往的师生中间，似乎并没有什么特别之处。然而，熟悉她的人都知道，只要一与“课”联系在一起，她就会迸发出特别的光彩。

讲课，她气场十足，激情四射，圈粉无数；赛课，不论全省的还是全国的，她要么是特等奖，要么就是一等奖第一名；“录课”，她讲焦裕禄故事动情落泪的话题，登上全国热搜，自己也成了“思政网红”。

这些“特别”，背后是她点燃青年学子信仰火炬的炽热情怀，也让她获得了“出彩河南人”2021最美教师特别奖。2021年9月22日，记者白天刚采访完周荣方，晚上就又在“出彩河南人”楷模发布厅开学特别节目中“见”到了她……

“默默无闻的那段时间叫扎根”

大部分人“认识”周荣方，还是在2021年4月2日，党史专题课程《什么是幸福》的录制课堂上，周荣方给大学生讲焦裕禄的故事，讲到动情处，激动得哽咽了，不得不停下来擦拭泪水，同学们报以热烈的掌声。这节思政课一时间火爆全网，一天时间点击量超过4000万人次，话题“大学老师课上讲焦裕禄故事动情落泪”登上微博热搜，全网阅读量达34亿。

周荣方一下子“火”了。这次“火”，距离她2019年获得教育

周荣方的课总能“圈粉”无数

部首届全国高校思想政治理论课教学展示活动特等奖有 2 年时间，距离她 2018 年获得全省高校思想政治理论课教师教学技能大赛特等奖有 3 年时间，而距离她第一次站上讲台，开启教师生涯，已有 14 年。

2007 年，刚刚硕士毕业的周荣方走上讲台，成为郑州大学的一名教师。初为人师，周荣方却没有太多的不适应，很快，她就可以很好地驾驭课堂。2009 年，郑州大学举办第三届中青年教师讲课大赛，参加工作还不到两年的她，一路过关斩将，竟一举夺得了一等奖。

初次参赛就斩获最高奖，第二年，就当同事们期待着周荣方的精彩表现时，却发现周荣方根本没有报名参加比赛。“说实话，拿了一等奖，我是后怕的。因为太偶然了，自己刚刚参加工作，基本功还不够扎实。我怕再有一次偶然，我会把它当成必然，影响自己的成长。”周荣方说。

办公室里，周荣方和同事们共同研讨

于是，从 2010 年到 2017 年，整整 8 年时间，周荣方很少参加比赛，而是一门心思地钻研起教育教学工作。怀着对学生的情感和对课堂的热爱，周荣方的教学技能一步步提升。

8 年的积累后，周荣方重新“出山”，便先后拿下了省级和国家级的思政课比赛特等奖。“8 年里，一度有老师对我坚持不参赛不理解。现在我给自己这 8 年找到了依据——默默无闻的那段时间叫扎根。”周荣方说。

“她好像天生就是做思政课教师的料”

“让有思想的人讲思想，让有信仰的人讲信仰，周老师就是这样一个有思想、有信仰的老师！”“我们终于也有‘别人家的老师’了！”……在郑州大学学生网上评教系统里，学生从不吝啬对周荣方的好评。

有魔力的老师总是让人好奇。记者采访时，由于疫情防控，郑州大学大部分学生还没有返校，无法现场一睹周荣方在课堂上的风采。幸运的是，记者还是遇到了几名留校考研的同学。

问及他们对周老师的印象，马克思主义学院 2018 级思想政治教育专业的韩亚奇说：“刚入学时就听学长眉飞色舞地介绍，当时内心没有太大波澜，大二上了周老师的课，才发现名不虚传！我感觉她好像天生就是做思政课教师的料。”“周老师讲《中国近现代史纲要》，能通过创设情境，把我们带入到历史的维度中，调动我们的课堂情绪。”学生代嘉辰补充道。同为 2018 级思想政治教育专业的曹浩乐说：“周老师的课感染力特别强，给我们上课时也非常注重与我们的互动，课堂氛围很轻松愉快，跟我之前想的思政课不一样。”

除了课堂上的授课，面对“网络原住民”的青年一代，周荣方独辟蹊径，利用网络开展她的思政教学和宣讲。在去年新冠肺炎疫情期间，她“直播教学授课+线上交流研讨”的教学方式赢得学生一致好评。以此为基础，她又将思政小课堂和社会大课堂相融合，探索、打造了一系列既严肃又活泼、既深刻又接地气的网络微课，深受广大青年学子喜爱。

“思政课教师自身就应是一面旗帜”

在微博平台上，周荣方的认证是“郑州大学政治理论课老师”，她通过微博记录日常生活的方式，在与网民的互动中引导着广大青年树立正确的世界观、人生观、价值观。

2021 年 8 月，郑州发生疫情后，周荣方所在的家属院被划为封控区。周荣方第一时间主动加入了社区志愿者团队。在参加志愿工作的间隙，周荣方也会在微博上记录下一天的工作情况。她在微博上写了 17 篇志愿者日记，不到 20 天，这些日记的阅读量就超过了 200 万。

几篇不加修饰、白描式的日记获得这么高的关注度，让周荣方也感到意外：“但转念一想，大家关注的，其实不是我的日记本身，而是那些奋战在疫情防控一线的志愿者们啊。这个社会不正是一个

周荣方（右二）和学生在一起

周荣方（左二）和社区志愿者们在一起

广阔的思政课堂么？”

郑州大学马克思主义学院党委书记王琛告诉记者：“周老师是我们学院的明星教师，她在教学上取得了很多的荣誉，面对青年教师的疑问和困难，她总是毫无保留，竭尽全力提供帮助。”

“每当教学中遇到困难，总是会第一时间想到周老师。上次我去新乡赛课，周老师为了解我的备赛状况，通过视频对我一遍遍进行指导。”来自马克思主义学院“形势与政策”教研组的郑丹群提起周荣方这位“大姐”，言语里充满感激。

2018 年以来，周荣方先后获得了诸多荣誉，但在她的心中，始终有一个标尺，“习近平总书记给新时代的思政课教师提出了‘政治要强、情怀要深、思维要新、视野要广、自律要严、人格要正’的总要求。身为一名思政教师，作为一名党员，自身就应该是一面旗帜！”周荣方言语坚定。

接下来，周荣方就要赴北京大学进行为期一年的访学，“虽然很舍不得我的学生和课堂，但作为思政课教师，我们要不断学习，才能突破成长的瓶颈。这次访学正好可以让我再次沉淀下来，学习新知识，开拓新视野，扎根，再扎根。”周荣方说。

（原载 2021 年 10 月 1 日《教育时报》，作者：张利军 杨智斌）

扫一扫，看周荣方的事迹短片

不能辜负那一双双对未来充满期待的眼睛

一问：您认为什么样的老师“最美”？

周荣方：作为高校思政课教师，“最美”首先体现在懂得“美”，懂得“美”才能看到“美”。美，不是指外貌，应该是人生中的真善美。要“讲好中国故事”，需要我们能够从历史与现实、理论与实践的结合中，发掘真善美。

其次体现在传播“美”。懂传播才能讲好“美”的故事。在融媒体时代，需要了解、把握当下的传播介质与传播规律。微信、微博、短视频，只要青年喜闻乐见，我们就要勇于尝试。

再次体现在实践“美”。实践“美”才能引领“美”。作为思政课教师，要懂得知行合一，把思政小课堂融入社会大课堂，把思政课讲在所有需要力量的场合。讲好大思政课，让学生看到知行合一的魅力，看到信仰的力量与光芒。

二问：结合从教以来的经历，您认为教师的职业获得感和幸福感来自哪里？

周荣方：于我而言，教师是一个时间越久、获得感与幸福感越强烈的职业。回顾十几年的教学经历，刚开始工作时，让我感到最有成就感的事情是学生对我的认可。当听到学生说“老师，我们特别喜欢你上课，特别喜欢听你讲课”的时候，我觉得是最幸福的。

随着教龄不断增加，我对教学有了更深的理解。我希望学生能从我讲述的《中国近现代史纲要》中，从马克思主义基本原理同中国具体实践相结合、同中华优秀传统文化相结合的过程中，获得智慧、信心与力量，让他们懂得什么是真正的幸福，并能够不负韶华、为之奋斗！所以，现在当有学生告诉我“老师，我想做你这样的人”“老师，遇到你特别幸运，我从你这里明白了自己的人生要怎么过”的时候，我觉得人生充实，非常幸福！

三问：建党百年之际，作为党员教师，请谈谈您对“为党育人、为国育才”的理解和实践！

周荣方：2021 年是中国共产党成立 100 周年，也是我们开启第二个百年奋斗目标新征程的重要节点。作为思政课教师，我们要真正做到源源不断培养，造就爱国奉献、勇于创新的优秀人才，真心爱才、悉心育才、精心用才。在工作中，注重奋勇争先，打造“三色”：

第一，擦亮底色。习近平总书记曾强调“马克思主义是我国大学最鲜亮的底色”，因此作为思政课教师更需要夯实理论基础，在学习与授课中将马克思主义基本原理同中国具体实际相结合、同中华优秀传统文化相结合，擦亮这抹鲜亮底色。

第二，做足成色。为党育人、为国育才，需要引导青年树立不负人民的家国情怀、追求崇高的思想境界、增强过硬的担当本领。

第三，增添亮色。河南红色文化在文化强省战略中起着重要作用，自然在思政课教学中也具有重要地位。作为河南高校的思政课教师，要积极将河南红色文化与思政课教学相结合，引导、激发青年斗志，奋勇争先、更加出彩，为中华民族伟大复兴贡献自己的力量。

扫一扫，看周荣方如何回答“最美三问”

张鹏程：给予的不仅仅是鸡腿和大虾

2021 年 9 月 23 日，秋分。从郑州出发，下了高速，又接连走上省道、县道和乡道，3 个多小时后，记者来到张鹏程所在的太康县清集镇二郎庙小学。这里虽然地处平原，但窄窄的乡道，加上路两侧摊在地上晾晒的玉米，让进村之路颇为艰难。

上午 11 时许，记者走进张鹏程的办公室——房间不大，两位刚入职的特岗教师正趴在茶几上备课。学校里用房紧张，就这一个办公室，校长张鹏程和老师们一起办公。可他的椅子与别人的大为不同——黑色椅面上露出大量黄色海绵，透过海绵能看到支撑的金属——这分明是一把被“坐穿”的椅子。

张鹏程，这位今年因“鸡腿女孩”和“留虾女孩”而火遍网络的“80 后白发校长”，此刻一屁股坐在那块黄色海绵上，向记者讲起他和二郎庙小学及学生之间的故事。

18 年间，他三次回归母校，只为留住乡亲们家门口的学校

作为土生土长的二郎庙人，张鹏程的“基础教育”就是在这所简陋的小学完成的。2001 年，师范学校毕业的张鹏程回到家乡，第一次站在了二郎庙小学的讲台上。不过，当时的教师工资每月只有 100 多元，无法维持基本的生活，坚持了一年多后，他远走异乡，去了大城市打工。

走进幼儿园的班级，“小猴子”们就开始往他身上挂

打拼几年后，张鹏程已经是一家工厂的中层管理人员，月薪近5000元——这在2006年已经是很不错的待遇了。后来他跟田丽歌组建了家庭，在儿子出生后，他们把儿子送回了老家，让父母代为照看。

但没过多久，张鹏程就敏锐地发现了问题：自从在村里读书以来，儿子的成绩一直不好。而且他看得出来，儿子并不快乐，不只是自己孩子，村里的孩子大都如此。

2012年，老家传来招聘教师的消息。张鹏程没有犹豫，毅然踏上了归途。时隔11年，他再次站在了二郎庙小学的讲台上。

2018年，已调到其他学校当校长的张鹏程听说，因学生不足30人，二郎庙小学濒临撤并。这下，张鹏程坐不住了，请求上级把自己调回二郎庙小学。

第三次回到母校后，为保住学校，让更多的孩子来学校读书，

开饭啦！

“大虾出锅，准备开饭”

张鹏程努力改善学校环境，缺少资金，他就自己垫付。在他的操持下，学校翻修了楼顶，为泥土操场做了硬化，还专门改建了学生宿舍和食堂。

张鹏程的努力和付出没有白费，短短 3 年时间，学校从濒临被整合的 30 人扩充到了 150 多人。

从鸡腿大虾到新建幼儿园，他不计得失，只为办好老百姓家门口的教育

"快到 12 点了，准备组织学生打饭就餐。"中午 11 点 50 分，张鹏程看了看时间，起身去往学校的厨房。前一秒大步跨进厨房，后一秒他就端着一大锅炒好的大虾出来了。他把大虾往厨房门前的桌子上一放，又转身进厨房依次端出了豆角炒肉、米饭、鸡蛋汤，搬出了一箱箱牛奶和猕猴桃。

为了能让孩子们吃得更好、更营养，张鹏程给每顿饭都定了标准："要有菜，有肉，有奶，有水果。"他每周买菜 3 次，凌晨 3 点就起床，为了赶在学校开早饭前把菜送到厨师手中。

"我们这个大虾都是要体长五六十毫米的，每只 1.2 元，每个学生一顿吃 5 只，不算其他的食材，这一项就要 6 元了，而且每周两顿。鸡腿每个约 2.5 元，每个学生一顿一个，每周也是两顿……"张鹏程对记者说，国家给出的午餐补助标准是每生每顿 4 元，超出的部分全靠他自己贴进去。

如果说为学生午餐自掏腰包掏的是小钱，那开办幼儿园则是连张鹏程自己也没想到的一笔大开支。"开办幼儿园，一方面是为了让村里的幼儿在家门口有学上，另一方面是为了稳定小学的生源，以免都流失到民办学校去，那会给农村家庭增加不少负担。"正是开办幼儿园的决定，让张鹏程"没了家"，还欠下了一身债务。

2018 年，张鹏程向上级部门提交了创办幼儿园的申请，也得到了许可，但资金迟迟没有拨付。为了节省时间，张鹏程准备先把这笔钱垫出来。"一开始觉得建一个幼儿园三五万就够了，没想到七八万还不够，最后越垫越多……"正是那时，不到 40 岁的他有了许

张鹏程与孩子们玩在一起

多白头发。

更让张鹏程没想到的是，县里财政也吃紧，这钱一垫就是 3 年多，自家的新房建设也搁浅了。

家给老师住，自己一家吃住在校，只为用更多的光和爱温暖学生

“为建幼儿园垫付了 15 万元，这笔钱里一部分是建新房的钱，一部分是从朋友那儿借的，还有 4 万块是跟退休老教师借的。为了维持学校的开销，信用卡和网上的高息金融产品也都用上了。现在县里拨了 10 万元，会把借来的钱先还上。网上借的钱还有 8000 多元没还，现在每个月还 2000 元，今年年底前就能都还清了。”这笔账，张鹏程跟别人算得清，跟自己却算不清。

张鹏程与学生在一起

基本工资每月 3100 元，绩效每月 300 元、一年 3600 元年底一次性发放，乡村教师补贴是每月 500 元，教龄补助每月 100 元，班主任补贴每月 400 元——张鹏程每月的收入全加起来是 4400 元。但从 2018 年到现在，“没见过这些钱”，因为工资一到账，就被信用卡直接划走还贷了。

“前前后后往学校里投进去了大约有 20 多万吧，没仔细算过。”他们一家人把学校当成了家，吃住都在学校。儿子在学校上学，张鹏程在男生寝室住，爱人田丽歌在女生寝室住，两人都是陪寝老师。“家和学校已经没办法分清楚了……”

其实，他们自己的新家距离学校不过百十米的距离。记者随张鹏程步行过来，不大的院子里，冬瓜秧在院子中央肆意生长，建材废料还在地上堆着。张鹏程顺手拿起一把笤帚，打扫起二楼的卧室：“省体彩中心给我们学校派了两名支教的体育老师，下午就到。准备

张鹏程正在为即将到来的支教老师打扫住处

让他们在我家住下，反正空着也是空着。”

“如果你没有享受到阳光的照耀，你拿什么来照耀别人？如果他没有被爱过，那他将来怎么会去爱别人呢？”这是张鹏程接受央视采访时说的话，是啊，张鹏程不就是这样说、也这样做的吗？他不只是给予学生鸡腿和大虾，还成了农村孩子生命里那道散发暖意、释放爱意的光。

（原载 2021 年 10 月 1 日《教育时报》，作者：刘肖、庞珂）

扫一扫，看张鹏程的事迹短片

最美三问

教师，不仅是一份职业

一问：您认为什么样的老师“最美”？

张鹏程：首先，老师要正直、善良，要热爱教育工作，能用同理心对待别人家的孩子。如果我们仅单纯地把教师当成一种职业，老师上完课就走，对学生冷冰冰的，与学生的交流没有感情——这样的老师是不称职的，也不是我想象中的好老师。

其次，教师有耐心很关键。小学阶段的孩子之间的很多问题，可能在成人眼里看起来是鸡毛蒜皮的小事儿，但在他们眼里就是能翻了天的大事儿。因此，我们要耐心处理，给他们以引导。比如，同学之间发生矛盾、摩擦，我们要耐心去解决，在老师处理纠纷的过程中，孩子们也能学到很多——处理问题的方式，学会忍让宽容，等等。

二问：结合从教以来的经历，您认为教师的职业获得感和幸福感来自哪里？

张鹏程：作为一名老师，我的幸福感和获得感来自于孩子的快乐成长，来自于孩子的进步。孩子的成长，应该是知识增长和身心发展的共同成长。

身体上，我们很多孩子在学校就餐，一日三餐都在学校。我们让孩子吃得更好一些，营养更全面一些。水果、肉质、蛋、牛奶这些可以让孩子身体发育不受影响，我们尽力保证每顿餐食配齐、配全这些。

心灵上，与学生更多的应该是一种情感的交互。我们注重跟孩子内心的互动交流，了解他们内心情绪的波动和需求。我经常会跟孩子下课的时候在一块玩儿，在玩的过程中，他们会跟你表达很多，家里的事儿、同学间的事儿……

孩子有困惑的时候，孩子高兴的时候，他们找到我，向我表达、释放这些情感的时候，就是我最快乐的时候。孩子们在成长，在懂得世间的温暖，他们知道把自己的困惑及时排解、把自己的快乐分享给别人。看到了他们的成长和他们对我的认可，这是非常有成就感和获得感的。

三问：建党百年之际，作为党员教师，请谈谈您对“为党育人、为国育才”的理解和实践。

张鹏程：农村学校有很多事务性的工作，琐碎的事比较多，很多时候我就自己做，不能把这些东西分给大家，因为每个人都有自己的任务，工作量也都挺大。相对城市学校来说，这里的老师教授的科目更多一些，面对数量较多的留守儿童群体，投入的精力、情感也更多一些。所以，为了打造一支好的教师队伍，有很多的工作我都是自己去承担，给老师们更多的时间和空间，让大家倾心于教育本身。

我们生活在这样一个国家里，无时无刻不是幸福的，我们会在各种班会或课余时间，通过各种各样的形式来让他们了解祖国的强大，加深他们对党和国家的认识，让他们看到学校教育教学条件的改善，让他们意识到作为一个中国人应该有多骄傲和自豪……让他们能够在将来真正地成为社会主义的合格建设者和可靠接班人。

扫一扫，看张鹏程如何回答“最美三问”

编者按：

9月9日，"出彩河南人"2021最美教师在线上发布，11位教师获"最美教师"殊荣，2位教师获"最美教师"特别奖。发布仪式过后，这些优秀教师又回归到了日常的教学生活当中，而我们关注"最美"的脚步却未曾停歇。自本期起，我们将和您一起陆续走近这些可爱的老师，共同感受他们的美。

■ "出彩河南人"2021最美教师特别奖·周荣方、张鹏程

组委会授予周荣方、张鹏程的颁奖辞是——

你以焦裕禄精神为榜样，用心用情讲好思政大课；你以父亲的心态做校长，倾心倾力陪伴孩子成长。你们在网络上不意走红，红的不仅仅是故事，更是炽热的情怀。从小学到大学，你们传递的不仅是知识，更是生命的力量。你们是"出彩河南人"2021最美教师——周荣方、张鹏程。

以炽热情怀点燃信仰火炬

□本报记者 张利军 杨智斌／文图

眼前的周荣方，在郑州大学校园人来人往的师生中间，似乎并没有什么特别之处。然而，熟悉她的人都知道，只要一与"课"联系在一起，她就会迸发出特别的光彩。

讲课，她气场十足，激情四射，圈粉无数；赛课，不论全省的还是全国的，她要么是特等奖，要么就是一等奖第一名；"录课"，她讲焦裕禄故事动情落泪的话题，登上全国热搜，自己也成了"思政网红"。

这些"特别"，背后是她点燃青年学子信仰火炬的炽热情怀，也让她获得了"出彩河南人"2021最美教师特别奖。9月22日，记者白天刚采访完周荣方，晚上就又在"出彩河南人"楷模发布厅开学特别节目中"见"到了她……

又一次在校园中遇到周荣方，三位留校考研的学生十分激动

"……闻的那段时间叫扎根"

…人"认识"周荣方，还是…月2日，党史专题课程《什…的录制课堂上，周荣方给…焦裕禄的故事，讲到动情…得哽咽了，不得不停下来擦…同学们报以热烈的掌声。这…一时间火爆全网，一天时间…过4000万人次，话题"大…上讲焦裕禄故事动情落泪"…热搜，全网阅读量达34亿。…方一下子"火"了。这次…离她2019年获得教育部首…校思想政治理论课教学展示…奖有2年时间，距离她2018…省高校思想政治理论课教师…大赛特等奖有3年时间，而…一次站上讲台，开启教师生…24年。

…年，刚刚硕士毕业的周荣方…，成为郑州大学的一名教…人师，周荣方却没有太多的…很快，她就可以很好地驾驭…9年，郑州大学举办第三届…师讲课大赛，参加工作还不…她，一路过关斩将，竟一举…等奖。

…公室里，周荣方和同事们共同研讨

…参赛就斩获最高奖，第二…同事们期待着周荣方的精…，却发现周荣方根本没有…比赛。"说实话，拿了一…是后怕的。因为太偶然了，…参加工作，基本功还不够…怕再有一次偶然，我会把…然，影响自己的成长。"周

从2010年到2017年，整…间，周荣方很少参加比赛，…心思地钻研起教育教学工…对学生的情感和对课堂的热…的教学技能一步步提升。…积累后，周荣方重新"出…后拿下了省级和国家级的…赛特等奖。"8年里，一度…坚持不参赛不理解。现在…这8年找到了依据——默默无闻的那段时间叫扎根。"周荣方说。

"她好像天生就是做思政课教师的料"

"让有思想的人讲思想，让有信仰的人讲信仰，周老师就是这样一个有思想、有信仰的老师！""我们终于也有'别人家的老师'了！"……在郑州大学学生网上评教系统里，学生从不吝啬对周荣方的好评。

有魔力的老师总是让人好奇。记者采访时，由于疫情防控，郑州大学大部分学生还没有返校，无法现场一睹周老师课堂上的风采。幸运的是，记者还是遇到了几名留校考研的同学。

问及他们对周荣方老师的印象，马克思主义学院2018级思想政治教育专业的韩亚奇说："刚入学时就听学长眉飞色舞地介绍，当时内心没有太大波澜，大二上了周老师的课，才发现名不虚传！我感觉她好像天生就是做思政课教师的料。""周老师讲《中国近现代史纲要》，能通过创设情境，把我们带入到历史的维度中，调动我们的课堂情绪。"学生代嘉欣补充道。同为2018级思想政治教育专业的曹浩乐说："周老师的课感染力特别强，给我们上课时也非常注重与我们的互动，课堂氛围很轻松愉快，跟我之前想的思政课不一样。"

除了课堂上的授课，面对"网络原住民"的青年一代，周荣方独辟蹊径，利用网络开展她的思政教学和宣讲。在去年新冠肺炎疫情期间，她"直播教学授课+线上交流研讨"的教学方式赢得学生一致好评。以此为基础，她又将思政小课堂和社会大课堂相融合，探索、打造了一系列既严肃又活泼、既深刻又接地气的网络微课，深受广大青年学子喜爱。

"思政课教师自身就应是一面旗帜"

在微博平台上，周荣方的认证是"郑州大学政治理论课老师"，她通过微博记录日常生活的方式，在与网民的互动中引导着广大青年树立正确的世界观、人生观、价值观。

今年8月，郑州发生疫情后，周荣方所在的家属院被划为封控区。周荣方第一时间主动加入了社区志愿者团队。在参加志愿工作的间隙，周荣方也会在微博上记录下一天的工作情况。她在微博上写了17篇志愿者日记，不到20天，这些日记的阅读量就超过了200万。

几篇不加修饰、白描式的日记获得这么高的关注度，让周荣方也感到意外："但转念一想，大家关注的，其实不是我的日记本身，而是那些奋战在疫情防控一线的志愿者们啊。这个社会不正是一个广阔的思政课堂么？"

郑州大学马克思主义学院党委书记王琛告诉记者："周老师是我们学院的明星教师，她在教学上取得了很多的荣誉，面对青年教师的疑问和困难，她总是毫无保留，竭尽全力提供帮助。"

周荣方（左二）和社区志愿者们在一起

"每当教学中遇到困难，总是会第一时间想到周老师。上次我去新乡赛课，周老师为了解我的备赛状况，通过视频对我一遍遍进行指导。"来自马克思主义学院"形势与政策"教研组的郑丹群提起周荣方这位"大姐"，言语里充满感激。

2018年以来，周荣方先后获得了诸多荣誉，但在她的心中，始终有一个标尺，"习近平总书记给新时代的思政课教师提出了'政治要强、情怀要深、思维要新、视野要广、自律要严、人格要正'的总要求。身为一名思政教师，作为一名党员，自身就应该是一面旗帜！"周荣方言语坚定。

接下来，周荣方就要赴北京大学进行为期一年的访学，"虽然很舍不得我的学生和课堂，但作为思政课教师，我们要不断学习，才能突破成长的瓶颈。这次访学正好可以让我再次沉淀下来，学习新知识，开拓新视野，扎根，再扎根。"周荣方说。

张鹏程：给予的不仅仅是鸡腿和大虾

□本报记者 刘肖 庞珂／文图

9月23日，秋分。从郑州出发，下了高速，又接连走上省道、县道和乡道，3个多小时后，记者来到张鹏程所在的太康县清集镇二郎庙小学。这里虽然地处平原，但窄窄的乡道，加上路两侧摊在地上晾晒的玉米，让进村之路颇为艰难。

上午11时许，记者走进张鹏程的办公室——房间不大，两位刚入职的特岗教师正趴在茶几上备课。学校里用房紧张，就这一个办公室，校长张鹏程和老师们一起办公。可他的椅子与别人的大为不同——黑色椅面上露出大量黄色海绵，透过海绵能看到支撑的金属——这分明是一把被"坐穿"的椅子。

张鹏程，这位今年因"鸡腿女孩"和"留虾女孩"而火遍网络的"80后白发校长"，此刻一屁股坐在那块黄色海绵上，向记者讲起他和二郎庙小学及学生之间的故事。

18年间，他三次回归母校，只为留住乡亲们家门口的学校

作为土生土长的二郎庙人，张鹏程的"基础教育"就是在这所简陋的小学完成的。2001年，师范学校毕业的张鹏程回到家乡，第一次站在了二郎庙小学的讲台上。不过，当时的教师工资每月只有100多元，无法维持基本的生活，坚持了一年多后，他远走异乡，去了大城市打工。

打拼几年后，张鹏程已经是一家工厂的中层管理人员，月薪近5000元——这在2006年已经是很不错的待遇了。后来他跟田丽歌组建了家庭，在儿子出生后，他们把儿子送回了老家，让父母代为照看。

但没过多久，张鹏程就敏锐地发现了问题：自从在村里读书以来，儿子的成绩一直不好。而且他看得出来，儿子并不快乐，不只是自己孩子，村里的孩子大都如此。

2012年，老家传来招聘教师的消息。张鹏程没有犹豫，毅然踏上了归途。时隔11年，他再次站在了二郎庙小学的讲台上。

2018年，已调到其他学校当校长的张鹏程听说，因学生不足30人，二郎庙小学濒临撤并。这下，张鹏程坐不住了，请求上级把自己调回二郎庙小学。

第三次回到母校后，为保住学校，让更多的孩子来学校读书，张鹏程努力改善学校环境，缺少资金，他就自己垫付。在他的操持下，学校翻修了楼顶，为泥土操场做了硬化，还专门改建了学生宿舍和食堂。

张鹏程的努力和付出没有白费，短短3年时间，学校从濒临被整合的30人扩充到了现在的150多人。

大虾出锅，准备开饭

张鹏程与学生在一起　教室里，张鹏程在纠正学生的握笔姿势

从鸡腿大虾到新建幼儿园，他不计得失，只为办好老百姓家门口的教育

"快到12点了，准备组织学生打饭就餐。"中午11点50分，张鹏程看了看时间，起身去往学校的厨房。前一秒大步跨进厨房，后一秒他就端着一大锅炒好的大虾出来了。他把大虾往厨房门前的桌子上一放，又转身进厨房依次端出了豆角炒肉、米饭、鸡蛋汤，搬出了一箱箱牛奶和猕猴桃。

为了能让孩子们吃得更好、更营养，张鹏程给每顿饭都定了标准："要有菜，有肉，有奶，有水果。"他每周买菜3次，凌晨3点就起床，为了赶在学校开早饭前把菜送到厨师手中。

"我们这个大虾都是要体长五六十毫米的，每只1.2元，每个学生一顿吃5只，不算其他的食材，这一项就要6元了，而且每周两顿。鸡腿每个约2.5元，每个学生一顿一个，每周也是两顿……"张鹏程对记者说，国家给出的午餐补助标准是每生每顿4元，超出的部分全靠他自己贴进去。

如果说为学生午餐自掏腰包掏的是小钱，那开办幼儿园则是连张鹏程自己也没想到的一笔大开支。"开办幼儿园，一方面是为了让村里的幼儿在家门口有学上，另一方面是为了稳定小学的生源，以免都流失到民办学校去，那会给农村家庭增加不少负担。"正是开办幼儿园的决定，让张鹏程"没了家"，还欠下了一身债务。

2018年，张鹏程向上级部门提交了创办幼儿园的申请，也得到了许可，但资金迟迟没有拨付。为了节省时间，张鹏程准备先把这笔钱垫出来。"一开始觉得建一个幼儿园三五万就够了，没想到七八万还不够，最后越垫越多……"正是那时，不到40岁的他有了许多白头发。

更让张鹏程没想到的是，县里财政也吃紧，这钱一垫就是3年多，自家的新房建设也搁浅了。

家给老师住，自己一家吃住在校，只为用更多的光和爱温暖学生

"为建幼儿园垫付了15万元，这笔钱里一部分是建新房的钱，一部分是从朋友那儿借的，还有4万块是跟退休老教师借的。为了维持学校的开销，信用卡和网上的高息金融产品也都用上了。现在县里拨了10万元，会把借来的钱先还上。网上借的钱还有8000多元没还，现在每个月还2000元，今年年底前就能都还清了。"这笔账，张鹏程跟别人算得清，跟自己却算不清。

基本工资每月3100元，绩效每月300元、一年3600元年底一次性发放，乡村教师补贴是每月500元，教龄补助每月100元，班主任补贴每月400元——张鹏程每月的收入全加起来是4400元。但从2018年到现在，"没见过这些钱"，因为工资一到账，就被信用卡直接划走还贷了。

"前前后后往学校里投进去了大约有20多万吧，没仔细算过。"他们一家人把学校当成了家，吃住都在学校。儿子在学校上学，张鹏程在男生寝室住，爱人田丽歌在女生寝室住，两人都是陪寝老师。"家和学校已经没办法分清楚了……"

其实，他们自己的新家距离学校不过百十米的距离。记者随张鹏程步行过来，不大的院子里，冬瓜秧在院子中央肆意生长，建材废料还在地上堆着。张鹏程顺手拿起一把笤帚，打扫起二楼的卧室："省体彩中心给我们学校派了两名支教的体育老师，下午就到。准备让他们在我家住下，反正空着也是空着。"

"如果你没有享受到阳光的照耀，你拿什么来照耀别人？如果他没有被爱过，那他将来怎么会去爱别人呢？"这是张鹏程接受央视采访时说的话，是啊，张鹏程不就是这样说、也这样做的吗？他不只是给予学生鸡腿和大虾，还成了农村孩子生命里那道散发暖意、释放爱意的光。

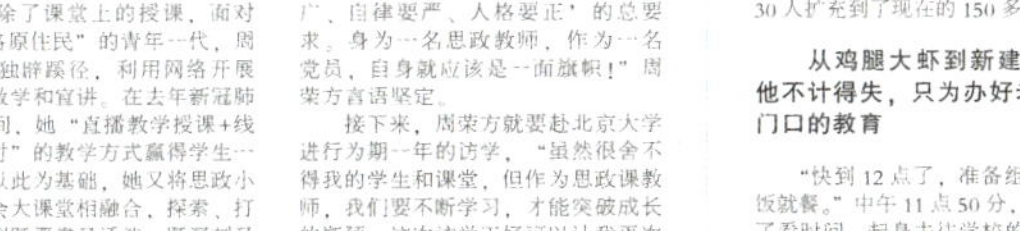

扫一扫，看周荣方如何回答"最美三问"

扫一扫，看周荣方的事迹短片

扫一扫，查看全新版本的《一切都给你》

扫一扫，看张鹏程的事迹短片

扫一扫，看张鹏程如何回答"最美三问"

于松平

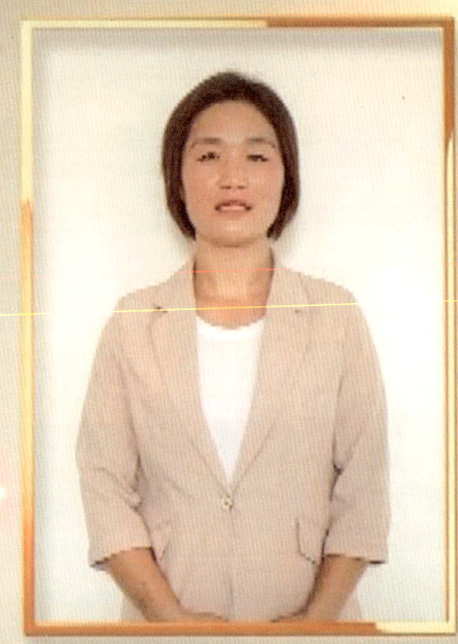

丁金梅

刘小翠

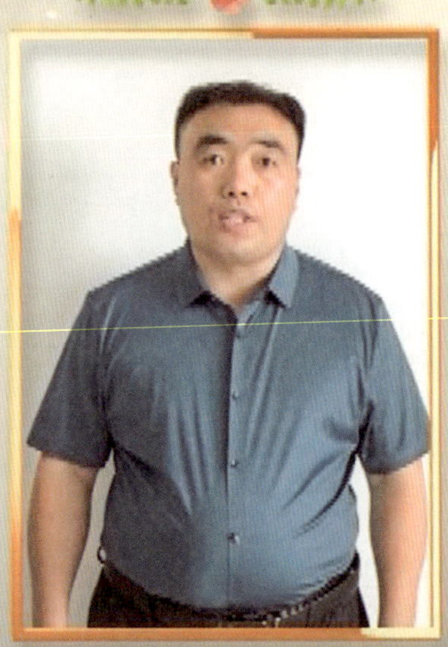

宋念慈

优秀奖

王丽娟

巴世阳

朱利军

宗星星

侯雯

耿嵘

于松平：从个人奋斗到引领成长

于松平，女，1981年生，中共党员，尉氏县庄头镇第二初级中学教师。中师毕业，于松平来到庄头镇第二初级中学，一干就是21年。她坚守在这片土地上，用最诚挚的爱浸润一个个青涩的生命，把最美的青春奉献给了乡村学校。

在同事眼里，她是学习型教师和领袖型教师的典范。她只有中师学历，却坚持边工作边自学，平时手不释卷，在乡村生活里汲取优秀书籍带来的精神力量。她特别珍惜每一次外出学习的机会，自费外出参加研修学习，在各级报刊陆续发表文章20多篇。她不但自己成长，还带领着一群乡村教师抱团发展，担任庄头镇语文名师工作室主持人，垫资购买专业书籍，督促伙伴们写读书笔记，引领他们找寻专业成长的路径。

于松平先后被评为河南最具智慧力班主任、河南省优秀教师、全国模范教师。

于金梅：接力丈夫遗志，坚守乡村小学

于金梅，女，1982年生，群众，郸城县东风乡郑庄小学教师。于金梅和公公、丈夫坚守农村偏远小学20年，写下了“父亲退休后儿子接力，丈夫倒在工作岗位上，妻子又毅然继续坚守学校”的感人故事。

2001年，于金梅到郑庄小学任教，看到王岗和自己一样热爱教育，喜欢教师这个职业，她决定与王国学王岗父子俩儿一同守护乡村教育的希望。2013年，王国学退休，于金梅与丈夫王岗接过父亲的接力棒，把一个濒临关门、仅有20多人的小学，发展成为在校生200多人的标准化寄宿制学校。2019年，王岗因突发疾病去世，于金梅毅然接过丈夫手中的担子，继续完成丈夫未了的心愿，让“孩子们在家门口上好学”的梦想延续。

于金梅一家的感人事迹先后被新华网、人民网、中国教育报、河南日报等数十家媒体报道，她也被评为周口市骨干教师、郸城县优秀班主任等。

王丽娟：用爱为孩子播下自强种子

王丽娟，女，1980年生，中共党员，栾川县特殊教育学校教师。

作为一名特教老师，王丽娟用常人难以想象的耐心、爱心和信心来教育、感化残疾学生。让“每一个孩子都有人生出彩的机会”，她把这群特殊的孩子带上了全国的领奖台，学校22名特奥运动员代表河南出征2019年中国特殊奥林匹克运动会冬季项目，一举斩获22金、14银、10铜，共46枚奖牌；2020年1月，又在第四届中国残疾人冰雪季中创造了10金、3银、1铜的佳绩……

她积极倡导残疾学生职业教育，参与开发的适合轻度残疾孩子的洗车课和手工制作课于2019年1月落地生根，学校还成立了残疾人教育实践、培训实习、就业创业基地。面对残疾学生，她手把手教导，在他们的心田播下自尊、自信、自立、自强的种子。

王丽娟先后获得洛阳市师德标兵、最美教师和优秀教师称号。

巴世阳：坚守特岗，让孩子做最闪亮的星

巴世阳，女，1990年生，中共党员，范县第三小学教师。

从城市独身一人来到陌生的乡村任教，巴世阳用书信打开学生心扉，用无微不至的关怀温暖留守儿童，用丰富活动引领学生校园生活。调入城乡接合处的新建学校后，她在教学方面不停钻研、虚心学习、不断创新；成立校园广播站、电视台，用丰富的阅读活动打开孩子的视野，用诵读、演讲让孩子找到自信……

巴世阳先后获得濮阳市最美教师、师德先进个人、学生最喜爱的教师等荣誉，并在2015年、2019年两次作为河南省特岗教师的唯一代表参加教育部组织的优秀特岗教师巡回报告团赴全国多所高校宣讲，传递教育正能量。2019年教师节期间，在人民大会堂举行的全国教育系统先进集体暨先进个人表彰大会上，她受到了习近平总书记的亲切接见。

朱利军：两入羑河成功救出两名落水儿童

朱利军，男，1982年生，中共党员，鹤壁市第四中学教师。

2020年8月12日下午，两名8岁儿童在鹤壁市鹤山区南山湿地公园羑河大坝处游玩时失足落水。听到孩子急促的呼救声，朱利军第一时间跑去，来不及脱衣服，直接跳下河，快速向孩子游去。救出一人后，朱利军已体力难支，但他还是想尽办法，再次下水，把第二个孩子拖到岸边。事后，被救孩子的父母辗转打听到朱利军的工作单位，送去了锦旗和感谢信。

了解朱利军的人都知道，危急关头的挺身而出并非偶然：生活中，他尽己所能地帮助学生，他常自掏腰包为家庭经济困难学生凑上生活费；教学上，他苦心钻研业务，先后有多篇论文、多节公开课获得省级一、二等奖。

朱利军曾获“鹤壁市年度好人”等荣誉，在表彰大会上，他把获得的奖金捐献出来，用于贫困助学；今年1月，他又被评为“河南好人”。

刘小翠：带领学生多次夺得国赛大奖

刘小翠，女，1993年生，中共党员，河南工业科技学校教师。

作为一名90后青年教师，刘小翠早在2018年便加入学校的全国职业院校技能大赛“制冷与空调设备组装与调试”赛项教练团队，为参赛学生保驾护航。面对大赛新增项目，她将操作流程从规定的30分钟缩减至18分钟，为学生最后夺冠提供坚实保障。2019年，刘小翠带领学生夺取国赛一等奖，打破学校此前取得的最好成绩，本人被评为优秀指导教师。

入职近4年来，刘小翠主动参加各项教师赛，并将学习成果充分应用在日常教学，荣获全国住房和城乡建设行业技术能手荣誉称号；参与河南省中等职业学校班主任素质能力展示活动，荣获一等奖……激情满怀，她早已成为学校大多数老师学习的标杆。

宋念慈：“国培”送教下乡创全省第一

宋念慈，男，1980年生，中共党员，民权县教师进修学校教师。

2016年，宋念慈调任民权县教师进修学校业务主任，他运用“走出去，请进来”的方法，借鉴外地成功经验，走进偏远乡村学校摸底调查，深入细致开展教师培训工作。2018年“国培计划”民权县送教下乡项目获得教育部和财政部绩效考核全省第一名，2020年建立“双基地”帮扶机制，2021年启动“送教下乡”融合乡本教研整乡推进工作。他被多家媒体作为助力义务教育均衡发展和乡村教育振兴的典型案例跟踪报道。宋念慈常说：“我是从农村出来的，因此，为助力乡村教育振兴，我甘当耕耘教育沃土的‘老黄牛’。”

宋念慈先后荣获商丘市师德先进个人、优秀班主任、师德标兵等荣誉称号。

宗星星：用篮球点燃孩子们的大学梦

宗星星，女，1983 年生，中共党员，河南省济源第一中学教师。

2012 年，宗星星临危请命，学校里组建女篮队。她带领队员潜心训练，深入研究，形成一套适合女篮学员的特殊训练方法，汗洒训练赛场，点燃孩子们的篮球梦。从市冠军、省冠军再到全国冠军，在她的引领下，篮球队刷新了河南省中学生在全国比赛的记录。

全年 365 天不间断训练，她以校为家，勤奋努力，精心筹备每次训练和比赛，全方位训练和照顾队员生活学习。2020 年，学校女篮队员王小青被清华大学录取，开创全市高水平运动员被清华大学录取的先河。她的多名学生先后被清华大学、西安交通大学、吉林大学等名校录取。

作为新时代教师、新时期体教融合的践行者，宗星星将青春挥洒在篮球场上，先后被评为河南省优秀教练员、全国优秀教练员。

侯　雯：以传统武术为媒传播黄河文化

侯雯，女，1986 年生，中共党员，郑州大学体育学院教师。

侯雯自幼习武，11 岁时，被河南省武术队选中，开始走上专业武术训练和竞技之路，多次获得全国武术套路青少年锦标赛等国际级比赛冠军。2011 年，因伤病退役。

抱憾结束运动员生涯的侯雯，并没有停下跋涉的脚步。硕士研究生毕业后，侯雯“转身”走上郑州大学体育学院的讲台，用自己的专业所学，立志做好黄河文化的传承工作，将立德树人贯穿教学科研与社会活动全过程。其间，她成为国家社会体育指导员、援外教练员、裁判员，因动作标准成为中国武术段位制教材陈氏太极拳和剑术示范者，参与拍摄的教学视频被制成多国语言版本，在世界各国传播。

从习练者“转型”为传播者，侯雯 2020 年获得全国体育事业突出贡献奖。

耿　峰：
不恋城市，主动申请执教村小

耿峰，男，1978年生，中共党员，驻马店市驿城区胡庙乡臧集小学教师。

从教24年，耿峰先后在3所乡村小学任教，始终秉承为农村教育事业奉献终身的坚定信念，倾心教学，醉心教研，爱生如子。

他切实践行教育扶贫思想，“不恋城市恋乡村”，为了让农村孩子受到更好教育，他两次放弃进城工作的机会，并主动申请到更偏远落后、工作任务更繁重的乡村小学任教。也因此被同事和学生戏称为“傻子老师”。

为了改变学校的破旧、落后面貌，他身先士卒、以校为家，既是指挥员，又是战斗员，无论是学校管理、学生成绩，还是个人教学能力的发展与提升，他都给教师、家长、学生交出了满意的答卷。耿峰先后被评为河南省名师、驻马店市“天中最美教师”等。

我

21-2021
纪中国共产党
立100周年

100

一切献给党

新世纪河南十大师德楷模

1921-2021
庆祝中国共产党
成立100周年

我把一切献给党

新世纪河南十大师德楷模

2021 年是中国共产党成立 100 周年。教育时报继前年为庆祝新中国成立 70 周年推出“我和我的祖国”河南教育十大典型人物系列报道之后，今年又联手河南省师德建设宣传中心，隆重推出“我把一切献给党”新世纪河南十大师德楷模系列报道，从进入新世纪以来全省涌现出的一大批党员师德典型中，选择了十位具有标志性和代表性的人物，以及三位特别致敬人物予以重点宣传，充分展现我省教师队伍“为党育人、为国育才”的精神风貌和师德建设取得的显著成就，以此为党的百岁华诞献礼！

从本月开始，教育时报和河南省师德建设宣传中心的全媒体平台，将陆续推出新世纪河南十大师德楷模的重点报道，让我们一同学习师德楷模、成就出彩人生。

扫描二维码
观看师德楷模版
《一切都给你》MV

●特别致敬人物●

孙阳吉　　张　伟　　李　芳

孙阳吉　河南职业技术师范学院医院院长

张　伟　周口市郸城县秋渠乡第一中学校长

李　芳　信阳市浉河区董家河镇绿之风希望小学教

用忠诚、大爱与生命铸就的师德丰碑

敢以生命写忠诚！用生命践行焦裕禄精神！超越生
大爱！他们用生命书写了一名师者对党的忠诚、对事业
当、对学生的挚爱；他们用师德为中原教育树起了一座
座立德树人的不朽丰碑。

好院长，好校长，好老师，他们有一个共同的名字
河南省优秀共产党员。党徽闪耀着他们师德的光芒，也
着河南百万教师忠诚的信念、奉献的力量。

张玉滚　南阳市镇平县高丘镇黑虎庙小学校长

坚守山村教育二十载的时代楷模

“80 后”的他接下老校长的老扁担，也接下了教育播火人的传承。一次次把书本挑进山，也挑起 500 多名山里娃的求学梦。这一挑就是 20 多年，而他始终如接过扁担时一样，执着又厚重。

时代楷模、全国教书育人楷模、“感动中国”年度人物、全国师德师风建设专家……他收获了一名教师所能获得的所有至高荣誉，却依然如同伏牛山上的连翘一般，朴实且坚韧。

王生英　安阳市林州市横水镇卸甲平小学教师

十年“以家为校”的“中国版乡村女教

山雨把唯一的教室变成废墟，她拖着一条残腿
己家里把校园重建。10 年以家为校，20 年以校为家
用全部的心血和力量，保证山里的每一个孩子都有学
她是喝红旗渠水长大的女儿，她的大爱也正如红旗
一般无尽蔓延。

她是从河南走出的首位全国教书育人楷模，当
的十七大代表，光荣成为奥运火炬手，登上国庆 60
观礼台……她是名副其实的“中国版乡村女教师”。

刘文婷　洛阳市老城区培智学校校长

静心守护“折翼天使”的特教玫瑰

从漂亮姐姐到天使妈妈，她三十一年如一日，用心修补“折翼天使”残缺的世界；耐心教学生写字、画画、做手工、打架子鼓，她为智障儿童撑起一片晴空……她的愿望很简单，就是要让这些特殊孩子像普通人一样融入社会。

她是首届河南最美教师，也是全国教书育人楷模，她是河南教坛最出彩的一朵特教玫瑰。

郭天财　河南农业大学教授

在粮食大省育苗更育人的“麦田守望

既是严师，又是慈父，他说“教书育人，事
大”；脚上有泥，田间课堂，他把科研论文写在中
地上。小麦是河南一张亮丽的名片，他是河南小麦
的名片。

全国粮食生产先进工作者标兵、全国优秀科技
者、全国教书育人楷模……他是“小麦教授”，他为
高校科研工作者代言。

李　灵　周口市城乡一体化示范区许湾乡李灵希望小学校长

感动中国的“80 后”最美乡村女校长

进城，蹬一辆破旧的三轮车，载着乡村孩子求知的渴望；返乡，装满孩子们需要的书本，撑起乡村孩子沉甸甸的梦想。她在春天播下希望的种子，她用青春守候希望的麦田。

全国劳动模范、全国三八红旗手、“感动中国”年度人物……荣誉加身，使命在肩，她不忘初心，耕作依然，在脱贫攻坚的战役中凸显教育力量。

武秀之　郑州西亚斯学院教授

用教科研服务文艺振兴的声乐泰斗

为了实现周总理的嘱托，她一生求索，独创“
一”唱法；为了传承声乐事业，她脚步不停，耄耋
不下三尺讲台。她将西洋歌剧、民族歌曲、中国戏
美融合，带领独具魅力的中国文化走出国门。

从教 60 余载，培养声乐人才数以千计，文化部
门为她的教学团队颁发奖状。她是河南最美教师，
当之无愧的声乐传奇。

茹振钢　河南科技学院教授

用一生守望麦田和心田的“中原粮神”

一辆自行车送教田间地头，一双脚底板走出“黄淮第一麦”，全国平均每 4 个馒头，就有 1 个出自他培育的种子，他让河南真正成为天下粮仓。从教 40 年，他始终奋斗在教学和科研第一线，为国家培养优秀育种人、企业家。

用一生痴情守望麦田，用科研播种学生心田，他是大名鼎鼎的“中原粮神”，也是实至名归的首届河南最美教师。

王彩琴　河南师范大学教授

倾心基础教育的教师发展“领航员

对学生来说，她不仅是学习上的点灯人，还是
中的王妈妈；于教师而言，她不仅是高校里提供理
领的专家，还是深入教学一线提供专业扶持的导师。

从教 30 余载，她的足迹遍布全省近百个县乡的
学校，培训教师 50 余万人。她是河南最美教师，更
南基础教育教师发展的“领航员”。

赵秀红　许昌实验幼儿园教师

让每个幼儿生命精彩起舞的启蒙园丁

一颗爱心，将母爱光辉洒向每个幼儿，让她成为孩子们眼里的“冻龄女神”；一腔热血，积极投身幼儿教育教学改革，让她成为幼儿园里的“金字招牌”。

让每个幼儿的生命精彩起舞，是她的座右铭；呵护每一颗童心的成长，是她的驻颜秘诀。播种用心，耕耘有术，她是首届河南最美教师，她是河南幼儿教师的“形象大使”。

杨　承　濮阳市濮阳县徐镇镇昆吾社区小学校

用青春为特岗教师代言的“乡村筑梦

从甘肃天水市区到河南黄河滩区，他用 11 年的
为河南 15 万农村特岗教师代言；从滩区教师到社
长，他用实际行动向我们阐释着特岗教师的初心和
教育工作者的使命。

河南最美教师、全国优秀乡村青年教师、全国
特岗教师……荣誉见证了他的十年成长，他也用青
起了“乡村筑梦人”的大旗。

■电话:新闻部 66342631 记者部 66323635 导刊部 66342301 河南睿谷教育科技有限公司 66358507 ■广告 66327883 广告发布登记证号，郑惠济市监广发登字（2019）002号 ■河南教育报刊社发行部服务热线 400-659-7019 ■河南教育读物发行总社有限公司:800-883-6878 ■零售:1.50元 ■订阅:全国各地邮局 ■印刷:河南文达印刷公司(郑州市

孙阳吉、张伟、李芳

用生命诠释“生命”的意义

教师如烛，师德如光。

新世纪以来，中原教育的沃土上，有三个名字熠熠闪光，他们用生命为我们树起了师德的丰碑。

2003 年 5 月 12 日、2014 年 3 月 17 日、2018 年 6 月 13 日，这是三个普通却又不普通的日子，在互联网上分别搜索这三个日期，你会频繁地看到孙阳吉、张伟、李芳的名字。这三个日期，是他们离去的日子。三位老师虽已走远，但他们感人至深的事迹，永远被人铭记。

孙阳吉：敢以生命写忠诚

2003 年 5 月 12 日，国际护士节，与此同时，突如其来的非典疫情正在全球蔓延。这天早上不到 6 点，河南职业技术师范学院（现河南科技学院）校医院院长孙阳吉像往常一样早早地醒了，他轻手轻脚地穿好衣服，走出家门。

此时，孙阳吉的妻子赵振凤还在熟睡中。躺在床上的她没想到，丈夫这一走，就再也没有回来……

2003 年 5 月 12 日 14 时 40 分，河南职业技术师范学院后勤管理处副处长兼校医院院长孙阳吉同志，在抗击非典的战斗中劳累过度，突发心脏病，在自己的办公室，在抗击非典的一线，走完了他 53 年的人生历程。

作为校医院的院长，孙阳吉高超的业务水平、崇高的敬业精神、长年辛勤的劳动使他获得了广泛赞誉。1984 年、1988 年、1990 年，

他被评为学校优秀共产党员；1990 年 12 月，荣获“河南省学校卫生协会卫生保健先进工作者”称号；1994 年、1995 年年度考核为优秀……孙阳吉曾当众宣布：“从 1995 年起，一切先进我都会让出来，但我会一如既往地工作。”他是这样说的，也是这样做的。

孙阳吉身患心脏病、糖尿病、高血压，2002 年 5 月 22 日在中国医学科学院阜外心血管病医院做了心脏搭桥手术，换了二尖瓣和三尖瓣，做了 3 条心脏搭桥。大手术不到一年，需要保养和休息，校领导和同事多次劝他注意身体，他总是那句话：“我没事儿，不要紧。”

如果不是非典，孙阳吉心脏手术后一年，应该去北京复查了；如果不是非典，他又拿起鱼竿儿沉醉于碧波之间了。但是，面对这场突如其来的灾难，孙阳吉眼都没眨就迎了上去。

2003 年 4 月 9 日，学校成立非典防治领导小组，作为后勤管理处副处长兼校医院院长，孙阳吉成为其中重要一员。从此，他伏案拟定防非典预案，紧急编写宣传材料，给所有辅导员、学生干部和一些院系学生讲解防非典知识；背起药箱和工作人员一起到宿舍、食堂消毒，到县里采购中药为全院师生配制汤剂，照看万余名学生服用；四处奔波买回体温表，手把手教学生测量；设立发热门诊接诊、转移病人，每天按时通报全校师生的身体状况和防非典动态……没日没夜的忙和累死死地缠住他，再也没让他脱身。

忙，像轰炸机，摧毁着生命的每一根支柱；累，像无孔不入的水银，灌注着肉体和心灵。压力太大，已超出“三搭桥”的心脏所能承受的极限，生命之弦绷得太紧，便有了“嘣”的一声……

为抗击非典，孙阳吉牺牲在工作岗位上。噩耗传来，全校上下一片悲痛。学校党委发出向孙阳吉学习的号召。省委高校工委、省教育厅党组联合下发文件，在全省教育系统开展向孙阳吉同志学习的活动。2003 年 5 月 16 日下午，中共河南省委决定，追授孙阳吉同志为“河南省优秀共产党员”。

单薄的身躯里，包着一颗勇敢的心。平凡的岗位上，成就了英雄的伟业。

在没有硝烟的战场上，在抗击非典的战斗中，孙阳吉用宝贵的

曾经幸福的一家三口

生命，写下了对党、对祖国、对人民、对教育事业的无限忠诚！

张伟：用生命践行焦裕禄精神

如果他不曾离去，校长办公室的灯依旧会亮到深夜，晚睡的学生还可以看到他查夜的身影；如果他不曾离去，年迈多病的母亲就可以在儿子的陪伴下去医院复查，聆听关切的唠叨；如果他不曾离去，通过北京电子科技大学自主招生考试的女儿就可以和爸爸一起吃饭，分享收获的喜悦。

可是他已离去，在大家的难以置信、惋惜和不舍中溘然长逝。他就是郸城县秋渠乡第一初级中学（以下简称“秋渠一中”）校长张伟。2014 年 3 月 17 日晚，连续工作三昼夜的张伟突发脑干出血，倒在了自己的办公桌前，年仅 42 岁。

张伟，1972 年 9 月出生在秋渠乡的一个贫穷农村家庭。受舅舅的影响，他早早就立志报考师范院校，将来为教育事业奉献终生。1994 年周口师范高等专科学校（现周口师范学院）毕业后，他毅然回到秋渠一中，当了一名普通教师。

“他希望通过自己的努力让家乡的孩子也能用知识改变命运。”秋渠一中副校长刘华说。2003 年，张伟临危受命，接任秋渠一中校长时，学校人心涣散，教育质量已连续 3 年在全县倒数，生源也严重流失。

为了实现自己的承诺，张伟夜以继日，殚精竭虑，一切以孩子和老师的利益为导向。在苦苦求索的 10 年间，张伟遇到了常人无法想象的困难，又以常人无法企及的毅力一一克服。刚 40 岁出头的他，早已两鬓斑白，常年饱受高血压、慢性支气管炎的折磨。好在所有努力没有被辜负：2011 年到 2013 年，学校连续 3 年综合量化成绩位居全县前三；在校生不断增加，连续 5 年受到省、市、县教育行政部门表彰，创造了办好农村偏远地区学校的成功范例。

而成绩的背后，是张伟依然坚守的清贫，他丝毫没有居功自傲搞特殊。在他没有担任校长前，没文化的妻子韩春英在学校后勤部门为全校师生烧开水，全年工资 3000 元钱。张伟当上校长后，妻子希望可以涨点工资，却被他严厉拒绝。“我当校长哩，你咋能搞这个特殊?”韩春英回忆说。

“他的家距离学校只有不到 300 米。但为了把更多的精力投入学

平时，张伟对留守儿童关爱有加

校，为了节省这短短的几分钟，张伟在孩子稍大点后就搬进学校，全家4口人挤在两间宿舍里。”教师韩保志是张伟教过的学生，谈起张伟，他几度哽咽。也正是因为舍弃了这300米的路程，下晚自习的孩子们无论何时路过校长办公室，都会发现灯总是亮着。

在张伟生前的办公室里，他的工作笔记还放在办公桌上，最后一页工作记录上写着：“3月17日，教师例会。一、做好月考准备工作；二、各班做好‘学雷锋、见行动，从我做起’演讲准备工作；三、加强学生纪律教育……”在这一页的下方，他还写着：“焦裕禄精神，习近平总书记概括为亲民爱民、艰苦奋斗、科学求实、迎难而上、无私奉献。”他是这样写的，也是这样做的。

张伟以生命践行了自己的庄严承诺，他牺牲以后，他的事迹在全国教育系统和全社会产生了强烈反响。2014年4月3日，教育部党组下发通知，决定在全国教育系统深入开展向“践行焦裕禄精神的好校长”张伟同志学习活动。

2014年4月9日，时任国务院副总理刘延东在郑州接见张伟同志家属时指出，张伟同志是新时期“践行焦裕禄精神的好校长”，要深入开展向张伟同志学习活动，以先进典型引领教师队伍建设。

此外，为表彰张伟同志的先进事迹和崇高精神，中共河南省委决定，追授张伟同志“河南省优秀共产党员”称号，在全省广大党员干部中开展向张伟同志学习活动。

李芳：超越生命的大爱

“在护送学生的路上，在死神冲撞的路口，这一次，你不是用那支神奇的粉笔，而是用自己的血肉之躯，挡在死神和学生中间。你用抉择教给了学生，最后一道题！用生命完成了教师的最后一堂课……”

2018年6月11日下午，信阳市浉河区董家河镇绿之风希望小学（以下简称“绿之风希望小学”）二（3）班语文教师李芳在护送学生放学回家途中，面临突如其来的车祸，果断推开学生，把生的希望留给了学生，把死的危险留给了自己。4名学生得救了，而李芳却因抢救无效于6月13日凌晨4时40分永远地离开了她挚爱的三尺讲台。

伟大的一瞬，背后是29年不忘初心的平凡坚守；伟大的一瞬，又是李芳闪光一生的凝聚。

1989年，李芳从信阳师范学校（现信阳职业技术学院）毕业后，便一直坚守在乡村小学的讲台，先是在偏远的黄龙寺小学、谢畈小学，后来由于学校撤并等原因，来到绿之风希望小学任教。她多次放弃调往城市工作的机会，扎根乡村，做教师几十年，从无怨悔。她的同学曾问她："为什么不调回城里，与家人团聚？"她笑着回答说："你骗我呀，这么好的董家河，你让我调回城里来，我的学生你管啊，我才不上当呢！"

王奎远，是学校较为年长的教师之一，比李芳大9岁。李芳走上工作岗位后他们便认识，2000年至2007年7年间，俩人教同头班，办公桌都是面对面。得知李芳去世的消息后，他有好几天脑子特别乱，吃不下饭，整理李芳的事迹材料，又不知道自己都写了些

2019年11月28日，以李芳先进事迹为原型改编的音画剧诗《星空》在教育部礼堂上演，产生巨大反响

什么。

“在教育教学工作中，她有自己独特的方法，注重对学生的思想品德教育和人格的培养，用爱心抚育每一个孩子。她对所教学生的家庭情况、性格、爱好都了如指掌。学生遇到困难都愿意向她倾诉，她总是尽心地安抚并帮忙解决。”王奎远说，“李老师教学中一直很优秀，从来不因自己是老教师而放松要求。她总是不断学习借鉴，丰富和完善自己的教学方法。许多实习教师都愿意拜她为师，她也总是不厌其烦地教他们怎么上课、怎么克服心理障碍、怎么提高学生的学习热情。”

李芳危险面前的奋不顾身，在生死之间的伟大抉择，体现了蕴含在一名普通人民教师身上的人性光辉和师者大爱。2018 年 6 月 21 日，教育部追授李芳为“全国优秀教师”，并在教育系统深入开展向李芳同志学习活动。6 月 30 日，中共河南省委追授李芳同志“河南省优秀共产党员”称号，并发文号召全省党员干部向李芳同志学习。

省委高校工委、省教育厅第一时间围绕学习宣传李芳同志先进事迹，制定了“十个一”系列活动实施方案，包括召开一次先进事迹座谈会、举办一次学习李芳同志事迹作品展览会、开展一次歌咏比赛、举办一场向李芳老师学习主题音乐会等。河南省还开展了“寻找李芳式的好老师”大型宣传推介活动，遴选确定了 100 名“李芳式的好老师”并组成李芳同志先进事迹巡回报告团，先后走进全省 12 个省辖市和 10 余所高校做巡回报告。

通过一系列活动的开展，全省各地、各学校掀起了一轮又一轮学习李芳精神的热潮。

时过境迁，山海相隔，三位英雄教师已经离我们远去，但我们从未忘记他们的名字。三寸粉笔，三尺讲台系国运；一颗丹心，一生秉烛铸民魂。在广袤的中原大地上，这些英雄教师的精神一遍又一遍地感动着无数人。今天，我们再次回顾他们的事迹，是为了迎接更加美好的明天。教育征途漫漫，有这些英雄教师存在，中原教育的星空，才会更加璀璨！

（原载 2021 年 7 月 2 日《教育时报》，作者：杨智斌 张利军）

我把一切献给党

新世纪河南师德楷模·特别致敬人物

孙阳吉 张伟 李芳：用生命诠释“生命”的意义

者 杨智斌 张利军

烛，师德如光。

以来，中原教育的沃土上，嬗嬗闪光，他们用生命为师德的丰碑。

年5月12日、2014年3月8年6月13日，这是三个普通的日子，在互联网上这三个日期，你会频繁地看张伟、李芳的名字。这三他们离去的日子。三位老，但他们感人至深的事迹，记。

吉：敢以生命写忠诚

年5月12日，国际护士节，突如其来的非典疫情正在这天早上不到6点，河南师范学院（现河南科技学院）孙阳吉像往常一样早早地手轻脚地穿好衣服，走出

孙阳吉的妻子赵振凤还在

曾经幸福的一家三口

在床上的她没想到，丈夫再也没有回来……

年5月12日14时40分，河师范学院后勤管理处副处院长孙阳吉同志，在抗击中劳累过度，突发心脏病，公室，在抗击非典的一线，年的人生历程。

医院的院长，孙阳吉高超、崇高的敬业精神、长年动使他获得了广泛赞誉。988年、1990年，他被评为产党员；1990年12月，荣学校卫生协会卫生保健先称号；1994年、1995年年秀……孙阳吉曾当众宣布：起，一切先进我都会让出一如既往地工作。”他是这是这样做的。

身患心脏病、糖尿病、高年5月22日在中国医学科学院阜外心血管病医院做了心脏搭桥手术，换了二尖瓣和三尖瓣，做了3条心脏搭桥。大手术不到一年，需要保养和休息，校领导和同事多次劝他注意身体，他总是那句话：“我没事儿，不要紧。”

如果不是非典，孙阳吉心脏手术后一年，应该去北京复查了；如果不是非典，他又拿起鱼竿儿沉醉于碧波之间了。但是，面对这场突如其来的灾难，孙阳吉眼都没眨就迎了上去。

2003年4月9日，学校成立非典防治领导小组，作为后勤管理处副处长兼校医院院长，孙阳吉成为其中重要一员。从此，他伏案拟定防非典预案，紧急编写宣传材料，给所有辅导员、学生干部和一些院系学生讲解防非典知识；背起药箱和工作人员一起到宿舍、食堂消毒，到县里采购中药为全院师生配制汤剂，照看万余名学生服用；四处奔波买回体温表，手把手教学生测量；设立发热门诊接诊、转移病人，每天按时通报全校师生的身体状况和防非典动态……没日没夜的忙和累死死地缠住他，再也没让他脱身。

忙，像轰炸机，摧毁着生命的每一根支柱；累，像无孔不入的水银，灌注着肉体和心灵。压力太大，已超出“三搭桥”的心脏所能承受的极限，生命之弦绷得太紧，便有了“嘣”的一声……

为抗击非典，孙阳吉牺牲在工作岗位上。噩耗传来，全校上下一片悲痛。学校党委发出向孙阳吉学习的号召。省委高校工委、省教育厅党组联合下发文件，在全省教育系统开展向孙阳吉同志学习的活动。2003年5月16日下午，中共河南省委决定，追授孙阳吉同志为“河南省优秀共产党员”。

单薄的身躯里，包着一颗勇敢的心。平凡的岗位上，成就了英雄的伟业。

在没有硝烟的战场上，在抗击非典的战斗中，孙阳吉用宝贵的生命，写下了对党、对祖国、对人民、对教育事业的无限忠诚！

张伟：用生命践行焦裕禄精神

如果他不曾离去，校长办公室的灯依旧会亮到深夜，晚睡的学生还可以看到他查夜的身影；如果他不曾离去，年迈多病的母亲就可以在儿子的陪伴下去医院复查，聆听关切的唠叨；

平时，张伟对留守儿童关爱有加

如果他不曾离去，通过北京电子科技大学自主招生考试的女儿就可以和爸爸一起吃饭，分享收获的喜悦。

可是他已离去，在大家的难以置信、惋惜和不舍中溘然长逝。他就是郸城县秋渠乡第一初级中学（以下简称“秋渠一中”）校长张伟。2014年3月17日晚，连续工作三昼夜的张伟突发脑干出血，倒在了自己的办公桌前，年仅42岁。

张伟，1972年9月出生在秋渠乡的一个贫穷农村家庭。受舅舅的影响，他早早就立志报考师范院校，将来为教育事业奉献终生。1994年周口师范高等专科学校（现周口师范学院）毕业后，他毅然回到秋渠一中，当了一名普通教师。

“他希望通过自己的努力让家乡的孩子也能用知识改变命运。”秋渠一中副校长刘华说。2003年，张伟临危受命，接任秋渠一中校长时，学校人心涣散，教育质量已连续3年在全县倒数，生源也严重流失。

为了实现自己的承诺，张伟夜以继日，殚精竭虑，一切以孩子和老师的利益为导向。在苦苦求索的10年间，张伟遇到了常人无法想象的困难，又以常人无法企及的毅力一一克服。刚40岁出头的他，早已两鬓斑白，常年饱受高血压、慢性支气管炎的折磨。好在所有努力没有被辜负：2011年到2013年，学校连续3年综合量化成绩位居全县前三；在校生不断增加，连续5年受到省、市、县教育行政部门表彰，创造了办好农村偏远地区学校的成功范例。

而成绩的背后，是张伟依然坚守的清贫，他丝毫没有居功自傲搞特殊。在他没有担任校长前，没文化的妻子韩春英在学校后勤部门为全校师生烧开水，全年工资3000元钱。张伟当上校长后，妻子希望可以涨点工资，却被他严厉拒绝。“我当校长哩，你咋能搞这个特殊？”韩春英回忆说。

“他的家距离学校只有不到300米。但为了把更多的精力投入学校，为了节省这短短的几分钟，张伟在孩子稍大点后就搬进学校，全家4口人挤在两间宿舍里。”教师韩保志是张伟教过的学生，谈起张伟，他几度哽咽。也正是因为舍弃了这300米的路程，下晚自习的孩子们无论何时路过校长办公室，都会发现灯总是亮着。

在张伟生前的办公室里，他的工作笔记还放在办公桌上，最后一页工作记录上写着：“3月17日，教师例会。一、做好月考准备工作；二、各班做好‘学雷锋、见行动，从我做起’演讲准备工作；三、加强学生纪律教育……”在这一页的下方，他还写着：“焦裕禄精神，习近平总书记概括为亲民爱民、艰苦奋斗、科学求实、迎难而上、无私奉献。”他是这样写的，也是这样做的。

张伟以生命践行了自己的庄严承诺，他牺牲以后，他的事迹在全国教育系统和全社会产生了强烈反响。2014年4月3日，教育部党组下发通知，决定在全国教育系统深入开展向“践行焦裕禄精神的好校长”张伟同志学习活动。

2014年4月9日，时任国务院副总理刘延东在郑州接见张伟同志家属时指出，张伟同志是新时期“践行焦裕禄精神的好校长”，要深入开展向张伟同志学习活动，以先进典型引领教师队伍建设。

此外，为表彰张伟同志的先进事迹和崇高精神，中共河南省委决定，追授张伟同志“河南省优秀共产党员”称号，在全省广大党员干部中开展向张伟同志学习活动。

李芳：超越生命的大爱

“在护送学生的路上，在死神冲撞的路口，这一次，你不是用那支神奇的粉笔，而是用自己的血肉之躯，挡在死神和学生中间。你用抉择教给了学生，最后一道题！用生命完成了教师的最后一堂课……”

2018年6月11日下午，信阳市浉河区董家河镇绿之风希望小学（以下简称“绿之风希望小学”）二（3）班语文教师李芳在护送学生放学回家途中，面临突如其来的车祸，果断推开学生，把生的希望留给了学生，把死的危险留给了自己。

4名学生得救了，而李芳却因抢救无效于6月13日凌晨4时40分永远地离开了她挚爱的三尺讲台。

伟大的一瞬，背后是29年不忘初心的平凡坚守；伟大的一瞬，又是李芳闪光一生的凝聚。

1989年，李芳从信阳师范学校（现信阳职业技术学院）毕业后，便一直坚守在乡村小学的讲台，先是在偏远的黄龙寺小学、谢畈小学，后来由于学校撤并等原因，来到绿之风希望小学任教。她多次放弃调往城市工作的机会，扎根乡村，做教师几十年，从无怨悔。她的同学曾问她：“为什么不调回城里，与家人团聚？”她笑着回答说：“你骗我呀，这么好的董家河，你让我调回城里来，我的学生你管啊，我才不上当呢！”

王奎远，是学校较为年长的教师之一，比李芳大9岁。李芳走上工作岗位后他们便认识，2000年至2007年7年间，俩人教同头班，办公桌都是面对面。得知李芳去世的消息后，他有好几天脑子特别乱，吃不下饭，整理李芳的事迹材料，又不知道自己都写了些什么。

“在教育教学工作中，她有自己独特的方法，注重对学生的思想品德教育和人格的培养，用爱心抚育每一个孩子。她对所教学生的家庭情况、性格、爱好都了如指掌。学生遇到困难都愿意向她倾诉，她总是尽心地安抚并帮忙解决。”王奎远说，“李老师教学中一直很优秀，从来不因自己是老教师而放松要求。她总是不断学习借鉴，丰富和完善自己的教学方法。许多实习教师都愿意拜她为师，她也总是不厌其烦地教他们怎么上课、怎么克服心理障碍、怎么提高学生的学习热情。”

李芳危险面前的奋不顾身，在生死之间的伟大抉择，体现了蕴含在一名普通人民教师身上的人性光辉和师者大爱。2018年6月21日，教育部追授李芳为“全国优秀教师”，并在教育系统深入开展向李芳同志学习活动。6月30日，中共河南省委追授李芳同志“河南省优秀共产党员”称号，并发文号召全省党员干部向李芳同志学习。

省委高校工委、省教育厅第一时间围绕学习宣传李芳同志先进事迹，制定了“十个一”系列活动实施方案，包括召开一次先进事迹座谈会、举办一次学习李芳同志事迹作品展览会、开展一次歌咏比赛、举办一场向李芳老师学习主题音乐会等。河南省还开展了“寻找李芳式的好老师”大型宣传推介活动，遴选确定了100名“李芳式的好老师”并组成李芳同志先进事迹巡回报告团，先后走进全省12个省辖市和10余所高校做巡回报告。

通过一系列活动的开展，全省各地、各学校掀起了一轮又一轮学习李芳精神的热潮。

时过境迁，山海相隔，三位英雄教师已经离我们远去，但我们从未忘记他们的名字。三寸粉笔，三尺讲台系国运；一颗丹心，一生秉烛铸民魂。在广袤的中原大地上，这些英雄教师的精神一遍又一遍地感动着无数人。今天，我们再次回顾他们的事迹，是为了迎接更加美好的明天。教育征途漫漫，有这些英雄教师存在，中原教育的星空，才会更加璀璨！

（本版图片均为本报资料）

2019年11月28日，以李芳先进事迹为原型改编的音画剧诗《星空》在教育部礼堂上演，获得巨大反响

者手记

只要我们记得，他们就永远活着

一篇没有采访的记者手记，报多名记者的手记，甚至是时报全体记者的手记。

面十位新世纪河南十大师德道不同，没有重新采访，没楷模》，但他们的名字、他们他们的事迹，实际上早已深报记者的脑海，刻在时报读，刻在河南教育人的脑海。

吉，张伟，李芳。只要我他们就永远活着。

百年，回望新世纪以来的，我们不会忘记刻在党徽闪光的名字。敢以生命写生命践行焦裕禄精神！超越生命的大爱！党徽，闪耀着他们对党的忠诚、对事业的担当和对学生的挚爱。

忠诚，践行，大爱。丰碑，他们用生命铸就。

在病毒面前没有恐惧、在艰难面前没有退缩、在危险面前没有犹豫，他们用生命写下了师德的全部内涵。平常时候看得出来、关键时刻站得出来、危难关头豁得出来，他们用生命诠释了共产党员的信念如磐。他们是师之楷模，是河南省优秀共产党员的突出代表，值得我们特别致敬。时报记忆，他们的名字将伴随着他们的精神永远不会磨灭。

是啊，从来没有面对面的采访，但对他们的身影我们却是那么熟悉，包括我们的读者；他们的精神更是力透纸背，化作一束束光，照亮着无数后来人前行的路，包括我们记者自己。采访报道的过程，是我们精神接受洗礼的过程，也是我们和读者一起汲取奋进力量走上新征程的起点。

楷模走了，却并没有离开。因为只要我们记得，他们就永远活着，活在我们每个人的心中，更活在我们践行楷模精神的行动中。

特别致敬。我们记得。

敢以生命写忠诚

——《敢以生命写忠诚》，原载2003年5月17日《教育时报》，作者：刘肖、陈强

教育时报
用生命践行焦裕禄精神

——《用生命践行焦裕禄精神》，原载2014年3月25日《教育时报》，作者：苏江召、丁玺

——《张伟：清明时节更想你》，原载2014年4月4日《教育时报》

教育时报
这爱，超越生命

——《这爱，超越生命》，原载2018年6月15日《教育时报》，作者：张利军、庞珂

教育时报
那是青春吐芳华

——《那是青春吐芳华》，原载2018年6月22日《教育时报》，作者：张利军、吴松超

结束语：

为庆祝中国共产党成立100周年，2021年年初，教育时报联手河南省师德建设宣传中心，隆重推出“我把一切献给党”新世纪河南十大师德楷模系列报道。历时半年时间，教育时报记者先后对张玉滚、王生英、刘文婷等十位新世纪河南师德楷模进行了回访，在全省教育系统引起了强烈反响。本期，我们用孙阳吉、张伟、李芳三位已经离开了的师德楷模的故事来结束此次系列报道，回望这13位师德楷模的事迹，我们难掩心中激动，他们，用行动践行了“为党育人，为国育才”的初心使命，我们唯有向这些师德楷模学习，始终怀揣教育梦想，不忘初心，再出发。

张玉滚

时代楷模的回乡之路

按照原计划，2021 年 1 月 9 日，记者将在郑州市惠济区月湖南路 17 号——河南教育报刊社，见到前来参加 2021 教育时报新年大会的张玉滚。作为“我把一切献给党”新世纪河南十大师德楷模系列报道的嘉宾代表，张玉滚不仅要和另外两位嘉宾代表李灵、刘文婷一同接受现场访谈，还有一个记者跟他的特约采访。

但记者提前一个多月的联系、沟通、协调和期待，都在 1 月 8 日晚戛然而止——突然严峻的疫情防控形势让线下相见变得没有可能。带着失望和失落，记者回忆起最近一次与张玉滚的相见，是拍摄《一切都给你》师德楷模版 MV 的那次——

2020 年 11 月 27 日下午 3 点半，镇平县，G312 国道与 G217 国道的交叉口，记者终于见到了他——刚刚从北京、郑州、南阳一路奔波回乡的时代楷模、镇平县高丘镇黑虎庙小学校长张玉滚。

见到张玉滚时，已经过了饭点，但他还没吃午饭，身上穿着的是还没来得及换下的挂着奖章的西装外套。在记者的再三劝说下，本决定直接赶路的张玉滚在国道旁找了家面馆，点了碗面“先垫垫”。趁着等面的空当，记者向他了解起他这周匆忙的行程——

11 月 22 日，从镇平前往北京，做核酸检测，入住招待所；11 月 24 日，到北京人民大会堂参加全国劳动模范和先进工作者表彰大会；11 月 25 日，从北京回到郑州，为接下来的座谈会做准备；11 月 26 日，受到时任省委书记王国生、省长尹弘的接见并座谈，分享在北京参加表彰大会的感受和体会；11 月 27 日，当天上午从郑州乘高铁赶回南阳，中午又要接受镇平县电视台记者的采访……

一碗面，张玉滚呼噜呼噜很快就吃完了。“咱得抓紧时间，冬

黑虎庙小学的教学楼前广场，张玉滚正在拍摄《一切都给你》MV

天天短，天黑了是不是拍摄效果也不好啊？”张玉滚边抹嘴，边起身向外走。快步走到他的车前，打开车门，邀请记者上车。

“车里脏了点儿，别嫌弃啊。”张玉滚一脸不好意思。记者打量起了这辆车——外表看起来和其他车无异，但打开车门就能发现，这辆车平常应该不是在运人——除了驾驶位和副驾，后边的座椅全都被拆掉了，车里的地板革上都是泥土的痕迹。“平时就靠这车往返城里和黑虎庙，购置生活物资、运送教材教辅，用得比较多，也没空收拾，是脏了点儿。”张玉滚解释道。

张玉滚所在的黑虎庙村位于镇平县县域内的西北边界——这里是秦岭余脉伏牛山的一部分，尽管已经没有秦岭的高耸入云气势，但陡峭的山势依旧保有八百里伏牛山的韵味。20 年来，张玉滚进出大山的交通工具从 2001 年至 2006 年的一双腿和一根扁担到后来的摩托车，再到 2018 年以后他省吃俭用攒出的这辆面包车，张玉滚的交通工具一如既往地实在。

“张校长，这一趟出去挺辛苦的吧？在北京人民大会堂里接受表

被授予“全国先进工作者”的张玉滚在北京人民大会堂前留影

彰啥感觉啊？”从国道拐到省道上，车辆明显减少，路两侧的白杨树迎着寒风轻摇树梢，记者问道。“感觉挺辛苦的，但是一路上的行程都被安排好了，其实也不算操心，出去一趟收获很大，辛苦也值得。这次去北京的，咱省里算上我一共就 8 个人，能当咱河南老师的代表去人民大会堂接受表彰，多荣幸啊。”张玉滚说，这一路上看到各个岗位的防疫人员都非常辛苦，他希望疫情能快点儿过去……谈起这一程的感受，平日里不善表达的张玉滚却越聊越放松。

“到前边野鸡脖村，我接一下村上的俩人，小孩儿生病了来看病，正好顺咱车回去。”车子驶入乡道，张玉滚接了一个电话之后，告诉记者：“村上的人都习惯了，平时捎个人、帮忙取个快递、买个东西，他们出来不容易，都是顺路就帮了。”

原来，要想从黑虎庙出来就得翻过险峻的尖顶山，如今有了另外的选择，但要比老路多出来近 20 公里，而且依旧是山路，对于村民来说，如果没有什么必要情况一般不会出山。可说是顺路，接上了同村带孩子的这一对年轻夫妇，又绕了好大一圈儿才回到刚才的小路，继续朝山里开去。

国道、省道、乡道、村道、无名小道，百十里的路，颠簸了将近 3 个小时，终于在一条路的尽头，看到了媒体报道中经常出现的亮黄

《一切都给你》MV 拍摄现场

色外墙的教学楼——黑虎庙小学到了。张玉滚也到家了——原来在学校里住，后来在学校门口的位置建了两间平房，当是自己的家。

趁着天色尚明，一到学校，平时感觉做事不紧不慢的张玉滚就好像变了个人似的。在教学楼前的小广场、教室、办公室几个场景分别安排不同的师生，有条不紊地介绍需要他们配合的内容……

很快，视频就拍完了，比预期时间要短很多。上一秒还穿着衬衫西裤的张玉滚，下一秒就换上了厨师服，来到厨房，帮忙做晚饭。切菜、炒菜、煮汤，张玉滚和妻子配合默契，没一会儿，几十个人的晚饭就做好了。学生们排队在厨房门口，张玉滚一个一个给学生打饭。学生们吃完后，老师们和张玉滚才得空开始吃饭。

“张校长，这几位同学是这周过来支教实习的……”厨房里雾气氤氲，一位老师向张玉滚介绍前来支教的学生。他们围坐在灶台前，一人手里一碗汤、一个馒头，边吃边聊，时不时地发出阵阵笑声……

夜色降临，浓郁又阴冷的夜挡不住厨房里这一颗颗火热的心发出暖暖的光。奔波了一周，回到学校，看到学生、老师们，喝上一碗热乎的咸汤，跟大家聊聊这里的日常，对张玉滚来说，可能这才算真正地回到了家乡……

（原载 2021 年 1 月 22 日《教育时报》，作者：庞珂）

扫一扫，听张玉滚的入党故事

我把一切献给党

新世纪河南十大师德楷模系列报道①

1921-2021
庆祝中国共产党
成立100周年

级记忆

:扁担，便接下了山区教育
走进十八弯，便开始了十
。如同伏牛山上的连翘、
;堪称中原教育的楷模、
。你是2018河南最美教
滚。

**18河南最美教师颁奖典礼
授予张玉滚的颁奖辞，原
月7日《教育时报》**

8月，好不容易从这深山
张玉滚回来了。面对家中
解与埋怨，带着自己对山
腔热血，他又回来了。
执教的时候，说实话也是
，但是看看山区的这些孩
教育就没有走出大山的希
坦诚地告诉记者。

至2006年这5年间，张
同事靠着一根扁担，从几
镇上为孩子们挑来学习和
也挑起了孩子们的希望。

**一根扁担挑起500多名山
来》，原载2018年9月11
报》，作者：张利军 庞珂**

来黑虎庙小学支教的老师，
音美专业的老师；也希望这
老师能够得到更多生活补
，调动他们的积极性；还
有更多、更生动的教学用
有更多的动手机会……”张
归根结底还是希望老师教得
学得快乐。”

**张玉滚：愿山里娃享受更
资源》，原载2019年1月
时报》，作者：庞珂**

激动地告诉记者：“这些
我们乡村教育的重视，老
共睹。我们学校经过几次
学条件得到极大改善，与
差距在逐渐缩小，我们老
遇也在不断提高……”原
北京的张玉滚，谈及对北
地说：“北京是祖国的心
个人都是祖国身体里流淌
不管血液流淌在身体的哪
离不开祖国这个母体。”
玉滚真情实感的流露吗？
年，就是对党和国家最

**山里的坚守，就是我对
原载2019年3月15日
作者：张利军**

是极不平凡的一年，这一
和国70周年华诞。作为
我，有幸参加了共和国生
证了祖国的繁荣昌盛。新
又获得了河南年度教育新
此刻，我的心情特别激
对我多年来付出的肯定
一如既往、扎扎实实做
利用一些可以利用的资
的同人，与大家共同携
的成绩回报社会。

**教育时报新年大会上，
南教育新闻人物年度致
滚接受主持人采访时这
载2020年1月5日“教
公众号**

● 又见楷模

张玉滚：时代楷模的回乡之路

□ 本报记者 庞珂/文图

按照原计划，2021年1月9日，记者将在郑州市惠济区月湖南路17号——河南教育报刊社，见到前来参加2021教育时报新年大会的张玉滚。作为“我把一切献给党”新世纪河南十大师德楷模系列报道的嘉宾代表，张玉滚不仅要和另外两位嘉宾代表李灵、刘文婷一同接受现场访谈，还有一个记者跟他的特约采访。

但记者提前一个多月的联系、沟通、协调和期待，都在1月8日晚戛然而止——突然严峻的疫情防控形势让线下相见变得没有可能。带着失望和失落，记者回忆起最近一次与张玉滚的相见，是拍摄《一切都给你》师德楷模版MV的那次——

2020年11月27日下午3点半，镇平县，G312国道与G217国道的交叉口，记者终于见到了他——刚刚从北京、郑州、南阳一路奔波回乡的时代楷模、镇平县高丘镇黑虎庙小学校长张玉滚。

见到张玉滚时，已经过了饭点，但他还没吃午饭，身上穿着的是还没来得及换下的挂着奖章的西装外套。在记者的再三劝说下，本决定直接赶路的张玉滚在国道旁找了家面馆，点了碗面“先垫垫”。趁着等面的空当，记者向他了解起他这周匆忙的行程——

11月22日，从镇平前往北京，做核酸检测，入住招待所；11月24日，到北京人民大会堂参加全国劳动模范和先进工作者表彰大会；11月25日，从北京回到郑州，为接下来的座谈会做准备；11月26日，受到省委书记王国生、省长尹弘的接见并座谈，分享在北京参加表彰大会的感受和体会；11月27日，当天上午从郑州乘高铁赶回南阳，中午又要接受镇平县电视台记者的采访……

一碗面，张玉滚呼噜呼噜很快就吃完了。“咱得抓紧时间，冬天天短，天黑了是不是拍摄效果也不好啊？”张玉滚边抹嘴，边起身向外走。快步走到他的车前，打开车门，邀请记者上车。

“车里脏了点儿，别嫌弃啊。”张玉滚一脸不好意思。记者打量起了这辆车——外表看起来和其他车无异，但打开车门就能发现，这辆车平常应该不是在运人——除了驾驶位和副驾，后边的座椅全都被拆掉了，车里的地板革上都是泥土的痕迹。“平时就靠这车往返城里和黑虎庙，购置生活物资、运送教材教辅，用得比较多，也没空收拾，是脏了点儿。”张玉滚解释道。

张玉滚所在的黑虎庙村位于镇平县县域内的西北边界——这里是秦岭余脉伏牛山的一部分，尽管已经没有秦岭的高耸入云气势，但陡峭的山势依旧保有八百里伏牛山的韵味。20年来，张玉滚进出大山的交通工具从2001年至2006年的一双腿和一根扁担到后来的摩托车，再到2018年以后他省吃俭用攒出的这辆面包车，张玉滚的交通工具一如既往地实在。

“张校长，这一趟出去挺辛苦的吧？在北京人民大会堂里接受表彰啥感觉啊？”从国道拐到省道上，车辆明显减少，路两侧的白杨树迎着寒风轻摇树梢，记者问道。“感觉挺辛苦的，但是一路上的行程都被安排好了，其实也不算操心，出去一趟收获很大，辛苦也值得。这次去北京的，咱省里算上我一共就8个人，能当咱河南老师的代表去人民大会堂接受表彰，多荣幸啊。”张玉滚说，这一路上看到各个岗位的防疫人员都非常辛苦，他希望疫情能快点儿过去……谈起这一程的感受，平日里不善表达的张玉滚却越聊越放松。

“到前边野鸡脖村，我接一下村上的俩人，小孩儿生病了来看病，正好顺咱车回去。”车子驶入乡道，张玉滚接了一个电话之后，告诉记者：“村上的人都习惯了，平时捎个人、帮忙取个快递、买个东西，他们出来不容易，都是顺路就帮了。”

原来，要想从黑虎庙出来就得翻过险峻的尖顶山，如今有了另外的选择，但要比老路多出来近20公里，而且依旧是山路，对于村民来说，如果没有什么必要情况一般不会出山。可说是顺路，接上了同村带孩子的这一对年轻夫妇，又绕了好大一圈儿才回到刚才的小路，继续朝山里开去。

国道、省道、乡道、村道、无名小道，百十里的路，颠簸了将近3个小时，终于在一条路的尽头，看到了媒体报道中经常出现的亮黄色外墙的教学楼——黑虎庙小学到了。张玉滚也到家了——原来在学校里住，后来在学校门口的位置建了两间平房，当是自己的家。

黑虎庙小学的教学楼前广场，张玉滚正在拍摄《一切都给你》MV

趁着天色尚明，一到学校，平时感觉做事不紧不慢的张玉滚就好像变了个人似的。在教学楼前的小广场、教室、办公室几个场景分别安排不同的师生，有条不紊地介绍需要他们配合的内容……

很快，视频就拍完了，比预期时间要短很多。上一秒还穿着衬衫西裤的张玉滚，下一秒就换上了厨师服，来到厨房，帮忙做晚饭。切菜、炒菜、煮汤，张玉滚和妻子配合默契，没一会儿，几十个人的晚饭就做好了。学生们排队在厨房门口，张玉滚一个一个给学生打饭。学生们吃完后，老师们和张玉滚才得空开始吃饭。

“张校长，这几位同学是这周过来支教实习的……”厨房里雾气氤氲，一位老师向张玉滚介绍前来支教的学生。他们围坐在灶台前，一人手里一碗汤、一个馒头，边吃边聊，时不时地发出阵阵笑声……

夜色降临，浓郁又阴冷的夜挡不住厨房里这一颗颗火热的心发出暖暖的光。奔波了一周，回到学校，看到学生、老师们，喝上一碗热乎的咸汤，跟大家聊聊这里的日常，对张玉滚来说，可能这才算真正地回到了家乡……

《一切都给你》MV拍摄现场

被授予“全国先进工作者”的张玉滚在北京人民大会堂前留影

● 我的入党故事

扫一扫，跟记者一起聆听张玉滚的入党故事

扫一扫，观看《一切都给你》（师德楷模版）MV

● 记者手记

坚守，以最初的姿态

距离第一次采访张玉滚已经过去两年多。两年多里，跟他接触的次数多到数不清，早先有第17届河南教育名片发布仪式、2019年全省教师节表彰大会，近来有2020年全省教育系统学习贯彻落实习近平总书记教师节重要寄语精神报告会、2021教育时报新年大会等。这期间，他也在不停地收获新的荣誉——全国教书育人楷模、河南最美教师、时代楷模、“感动中国”年度人物、全国先进工作者……他几乎收获了一名人民教师能够获得的所有荣誉。

一次次的相遇，一次次地接触，他登上的领奖台越高，我越发对他尊敬、被他感动——他既身处其中又游离其外，从不被荣誉和称赞所牵绊，鲜花和掌声只是让他更清楚自己的初心和方向。这次采访，他聊起了自己从未谈及的入党故事。他说自己年轻的时候想得很简单，身边优秀的人都是党员，他想成为其中一员，他想成为他敬佩的人——老校长吴龙奇，于是他接过了老扁担，也加入了中国共产党，做起了“十八弯山路上的一轮明月”。如今，他也努力让“让优秀的老师入党”成为黑虎庙小学的一种传承和传统。

“就是不想让这些山里娃儿没学上，一直可怜下去不是办法。”他知道自己从哪里来，也知道自己要到哪里去。20多年来，他一直守着自己的初心，守着尖顶山下的这一拨拨学生，守着山里娃儿通过教育走出大山的希望。历尽千帆，而他依旧平实、朴实、坚韧且简单。

66342631 记者部66323635 导刊部66342301 河南睿谷教育科技有限公司66358507 ■广告66327883 广告发布登记证号：郑惠济市监广发登字（2019）002号 ■河南教育报刊社发行部服务热线：400-659-7019 ■河南教育读物发行总社有限公司：800-883-6878 ■零售：1.50元 ■订阅：全国各地邮局 ■印刷：河南文达印刷公司（郑州市黄河路124号）

王生英

交给党的答卷我打 100 分！

自家的房子 VS 学校的房子

王生英近些年住在郑州儿子家，而记者 2006 年 12 月第一次采访时，去的是她自己的家——位于红旗渠畔的安阳市林州市横水镇卸甲平村。

王生英家所在的桃园，是卸甲平的四个自然村之一。房子是北方农村常见的两层小楼，二楼外墙的颜色跟一楼不太一致，明显是后来加盖的。

1993 年的春天，桃园教学点的校舍因故无法使用，而村里却拿不出钱来建新校舍。作为学校唯一的老师，王生英和丈夫合计后，在自家的 3 间平房上加盖二层当作教室，把学校搬进了自家的房子。自此，她开始了长达十年"以家为校"的生活，因而还成就了一段中国农村教育史上的传奇。

2003 年 9 月，随着农村中小学布局调整，包括桃园在内的几个教学点都合并到了卸甲平小学。不忍心二楼这 3 间房就此闲置，王生英建起了家庭图书室。在她眼里，这不是普通的房子，而是教室。

央视七套在报道王生英事迹的同时，率先给她捐书，继而各种图书从全国各地纷至沓来，她自己又买了一部分，总计有 5000 多册，这个家庭图书室很是有模有样了。

村里的孩子们周末回家，最爱到王生英的图书室看书。遇到不会的问题，王生英就随时给他们辅导。看着学生们沉浸书海的样子，笑意总是不自觉地轻漾在王生英的眼角嘴边，她感觉自己的"教室"

还在。

2018 年，已经退休两年的王生英跟丈夫一起来到郑州儿子家，自己的家和曾经的教室都空了下来。

王生英对记者说，她可住不惯郑州的楼房，动辄二三十层，不接地气，再过些年她还是要回林州的家。

到那时，她要把家里的图书室重新开起来，让孩子们回到村里也能有学习的地方。好在那些书、那些书柜、那些书桌，包括黑板，都还在。

自己的孩子 VS 教过的孩子

把王生英留在她不习惯的郑州的，是孩子和孩子的孩子。

王生英的一双儿女大学毕业后，先后来到郑州工作。2010 年，孙子王晨丞出生。孩子需要照顾，教学工作也不能耽误，于是，小晨丞刚满 3 个月，王生英就把他从郑州抱回了林州老家，一边教学，一边带孙子。直到 3 岁半该上幼儿园了，小晨丞才回到郑州父母的身边。

王生英正在为河南省师德建设宣传中心拍摄拜年视频

2018 年，二孙子出生，正好干满一届村支书的王生英便来到郑州，全心全意地陪两个孙子成长。每天洗衣做饭，接送老大上下学，给老二热奶喂饭，忙得不亦乐乎。

让记者感到惊奇的是，全国教书育人楷模、全国党代表、奥运火炬手、国庆观礼嘉宾……总书记接见、总理宴请、北戴河疗养……当记者问起时，对于奶奶拥有的种种光环，已上小学四年级的王晨丞居然一无所知。

“荣誉又不是坏事，为何不愿告诉孩子呢?”记者问。“那都是过去的事儿了，跟他说这有啥意思?他的路还得他自己好好走……”王生英很平静地说。

在郑州的日子，王生英也像个孩子一样常盼着过年，因为过年就可以回老家，见到她在外工作、回来过年的学生。一见面，孩子们就会扑上来紧紧抱着她、围着她说笑，这情景是最让她开心、也是最让她期待的。

马静、马朝杰、李靖秀……这些曾在王生英家里上完小学的孩子，不少后来都考上大学并留在城市里工作，王生英如数家珍地对记

王生英和孙子一起接受教育时报记者采访

者说起学生们的名字和故事，就像说着自己的孩子。

特别是李娟、李炎姐弟俩，2009 年曾随王老师一道，在一所跟卸甲平小学“手拉手”学校的邀请和安排下，在北京待了一周时间，参观、游览、学习、交流，从此立下了考大学的志向。如今，李炎大学毕业在郑州工作，而李娟则考上了上海高校的研究生。

守着自己的孩子，念着教过的孩子，盼着过年的相聚，这便是王生英眼下的生活状态。

保存的卷子 VS 上交的卷子

1997 年 7 月 1 日，乡村女教师王生英加入了中国共产党。宣誓那天，正赶上香港回归，王生英记得特别清楚。

10 年后，作为被媒体广泛赞誉的“中国版的乡村女教师”，王生英当选为党的十七大代表；又过 5 年，她当选为党的十八大代表，连续走进北京人民大会堂。

在小组讨论中，王生英谈得最多的，是提高农村青年教师的待遇。她说：原来支撑乡村学校的是我们这一拨老民师，现在慢慢地都从讲台退了下来，农村教育的未来就指望这些年轻教师了，所以一定要提高他们的待遇，让他们能安心留下来、干下去。

老家的柜子上有一个抽屉，里面放着王生英参加两届党代会的代表证。与代表证一起珍存的，还有一些学生当年的满分试卷——那是她的骄傲。

记者问："从教 30 多年，您给自己打多少分？"

"100 分！"王生英肯定地回答，"基层学校需要的，不就是咱这样甘愿奉献一切的老师吗？"

王生英退休时，村里已经半年没有党支部书记了，身为党代表的她义不容辞地担任起村支书的重任。她积极争取政府拨款，自己又拿出 9 万多元积蓄，在后山修了条通向安阳市的路，为村里发展旅游打下基础。接着，她又在村里修建文化广场，还建起了老年活动中心，让村民们在物质水平提高后，精神生活也逐渐富足起来。

记者又问："卸任村支书交卷时，你给自己打多少分？"

"也是 100 分！"王生英没有丝毫犹疑，"这一辈子，党和国家给我的太多太多了！所以，党交给我的任务，我哪怕付出一切也要干到 100 分……"

（原载 2021 年 2 月 5 日《教育时报》，作者：刘肖）

扫一扫，听王生英的入党故事

我把一切献给党

新世纪河南十大师德楷模系列报道②

1921-2021 庆祝中国共产党成立100周年

报记忆

说起在家中建教室的艰……连连摇头，神情中满是往……的感慨。那些日子里，王……夫王合生一起挖沙、刨石……和泥，没日没夜地干，两……大血泡，连膝盖也隔着裤……

……子终于盖好了，孩子们总……、安全的教室，王生英夫……合生不时地吐血、流鼻……也常常晕倒在课堂上，原……的体重，只剩下43公斤！

……中国版的乡村女教师王生……2007年1月5日《教育时……刘肖

……8月，参加党的十七大从……，王生英来到教育时报

……10月，从北京参加党的……，激动的心还没有平复，……令王生英激动的消息：她……为第29届奥运会火炬手！……仪式上，每位火炬手都被……题：你最想献给北京奥运……？王生英，这位普通的乡……献上的是两盒粉笔。她……我每天教学离不开的工……运火炬一样，都在传播文……想！

……着火炬，咋跑咋好看》，……7月1日《教育时报》，

……叫早的闹铃统一定在10……5点，可不到4点，土生……齐了。那些天，她除了激……动，怎么能睡得踏实呢？……摸一摸脚下的红地毯，……湛蓝无比的天空，这位……深处的乡村女教师想了……那间做了10年教室的房……那些渴求知识的眼睛，……学的讲台，一步一步走……礼台，哪一步不渗透着……基础教育的关注、对基……怀，特别是对偏远山区……关爱！

……山村讲台走上国庆观礼……2009年10月23日《教育……：刘肖

……王生英先后获得了一连……切感受到了党和国家的关……，王生英反反复复说的……是尽了一个老师的责任，……子，不能辜负了党和国……来当这当那的，从来都没……

……一辈子不能辜负党和国……2019年9月13日《教育……：靳建辉

● 又见楷模

王生英：交给党的答卷我打100分！

□ 本报记者 刘肖/文图

自家的房子VS学校的房子

王生英近些年住在郑州儿子家，而记者2006年12月第一次采访时，去的是她自己的家——位于红旗渠畔的安阳市林州市横水镇卸甲平村。

王生英家所在的桃园，是卸甲平的四个自然村之一。房子是北方农村常见的两层小楼，二楼外墙的颜色跟一楼不太一致，明显是后来加盖的。

1993年的春天，桃园教学点的校舍因故无法使用，而村里却拿不出钱来建新校舍。作为学校唯一的老师，王生英和丈夫合计后，在自家的3间平房上加盖二层当作教室，把学校搬进了自家的房子。自此，她开始了长达十年"以家为校"的生活，因而成就了一段中国农村教育史上的传奇。

2003年9月，随着农村中小学布局调整，包括桃园在内的几个教学点都合并到了卸甲平小学。不忍心二楼这3间房就此闲置，王生英建起了家庭图书室。在她眼里，这不是普通的房子，而是教室。

央视七套在报道王生英事迹的同时，率先给她捐书，继而各种图书从全国各地纷至沓来，她自己又买了一部分，总计有5000多册，这个家庭图书室很是有模有样了。

村里的孩子们周末回家，最爱到王生英的图书室看书。遇到不会的问题，王生英就随时给他们辅导。看着学生们沉浸书海的样子，笑意总是不自觉地轻漾在王生英的眼角嘴边，她感觉自己的"教室"还在。

2018年，已经退休两年的王生英跟丈夫一起来到郑州儿子家，自己的家和曾经的教室都空了下来。

王生英对记者说，她可住不惯郑州的楼房，动辄二三十层，不接地气，再过些年她还是要回林州的家。

到那时，她要把家里的图书室重新开起来，让孩子们回到村里也能有学习的地方。好在那些书、那些书柜、那些书桌，包括黑板，都还在。

自己的孩子VS教过的孩子

把王生英留在她不习惯的郑州的，是孩子和孩子的孩子。

王生英的一双儿女大学毕业后，先后来到郑州工作。2010年，孙子王晨丞出生。孩子需要照顾，教学工作也不能耽误，于是，小晨丞刚满3个月，王生英就把他从郑州抱回了林州老家，一边教学，一边带孙子。直到3岁半该上幼儿园了，小晨丞才回到郑州父母的身边。

2018年，二孙子出生，正好干满一届村支书的王生英便来到郑州，全心全意地陪两个孙子成长。每天洗衣做饭，接送老大上下学，给老二热奶喂饭，忙得不亦乐乎。

让记者感到惊奇的是，全国教书育人楷模、全国党代表、奥运火炬手、国庆观礼嘉宾……总书记接见、总理宴请、北戴河疗养……当记者问起时，对于奶奶拥有的种种光环，已上小学四年级的王晨丞居然一无所知。

"荣誉又不是坏事，为何不愿告诉孩子呢？"记者问。"那都是过去的事儿了，跟他说这有啥意思？他的路还得他自己好好走……"王生英很平静地说。

在郑州的日子，王生英也像个孩子一样常盼着过年，因为过年就可以回老家，见到她在外工作、回来过年的学生。一见面，孩子们就会扑上来紧紧抱着她、围着她说笑，这情景是最让她开心、也是最让她期待的。

马静、马朝杰、李靖秀……这些曾在王生英家里上完小学的孩子，不少后来都考上大学并留在城市里工作，王生英如数家珍地对记者说起学生们的名字和故事，就像说着自己的孩子。

特别是李娟、李炎姐弟俩，2009年曾随王老师一道，在一所跟卸甲平小学"手拉手"学校的邀请和安排下，在北京待了一周时间，参观、游览、学习、交流，从此立下了考大学的志向。如今，李炎大学毕业在郑州工作，而李娟则考上了上海高校的研究生。

守着自己的孩子，念着教过的孩子，盼着过年的相聚，这便是王生英眼下的生活状态。

保存的卷子VS上交的卷子

1997年7月1日，乡村女教师王生英加入了中国共产党。宣誓那天，正赶上香港回归，王生英记得特别清楚。

10年后，作为被媒体广泛赞誉的"中国版的乡村女教师"，王生英当选为党的十七大代表；又过5年，她当选为党的十八大代表，连续走进北京人民大会堂。

在小组讨论中，王生英谈得最多的，是提高农村青年教师的待遇。她说：原来支撑乡村学校的是我们这一拨老民师，现在慢慢地都从讲台退了下来，农村教育的未来就指望这些年轻教师了，所以一定要提高他们的待遇，让他们能安心留下来、干下去。

老家的柜子上有一个抽屉，里面放着王生英参加两届党代会的代表证。与代表证一起珍存的，还有一些学生当年的满分试卷——那是她的骄傲。

记者问："从教30多年，您给自己打多少分？"

"100分！"王生英肯定地回答，"基层学校需要的，不就是咱这样甘愿奉献一切的老师吗？"

王生英退休时，村里已经半年没有党支部书记了，身为党代表的她义不容辞地担任起村支书的重任。她积极争取政府拨款，自己又拿出9万多元积蓄，在后山修了条通向安阳市的路，为村里发展旅游打下基础。接着，她又在村里修建文化广场，还建起了老年活动中心，让村民们在物质水平提高后，精神生活也逐渐富足起来。

记者又问："卸任村支书交卷时，你给自己打多少分？"

"也是100分！"王生英没有丝毫犹疑，"这一辈子，党和国家给我的太多太多了！所以，党交给我的任务，我哪怕付出一切也要干到100分……"

①照顾两个孙子的生活起居，成了王生英如今的生活主旋律

②翻阅《教育时报》，了解新世纪河南十大师德楷模系列报道

③王生英和孙子一起接受教育时报记者采访

④王生英正在为河南省师德建设宣传中心拍摄拜年视频

● 我的入党故事

扫一扫，跟记者一起聆听王生英的入党故事

扫一扫，观看《一切都给你》MV(师德楷模版)

● 记者手记

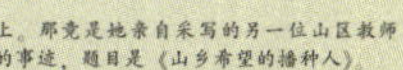

什么能抵过一颗简单的心

"这是我收到的最好的新年礼物，弟弟！"1月27日，郑州北区，在王生英儿子的家里一见面，记者就把一条红围巾给王老师围上。看着上面绣的"教育时报新年大会"字样，她捧起围巾贴在了脸颊上："过年我就围上，以后每年过年都围它……"

这就是我姐，65岁的人了，还像个简单的孩子，有着一颗简单的心。

她的这份简单，对我来说，是一种虽不能至、心向往之的境界。正如我15年前第一次去林州采访时，对于她在自己家里办学整整10年居然没有一分钱额外的报酬感到惊讶，感动、敬重之外，还真的有些不理解："学校是大家伙儿的学校，怎么就得由你一个人来管呢？"她的回答很简单："我是老师，也是党员。我觉得这就是我的责任。"

在教育报刊从业多年，对于采访对象为争取宣传效果最大化而煞费苦心不陌生，也为不少老师发表文章帮过忙。可我姐呢，从来没为自己的事情写过一封信、打过一个电话。

她唯一一次给我写信，信中夹了一篇稿子，问我能否帮忙发在《教育时报》上。那竟是她亲自采写的另一位山区教师的事迹，题目是《山乡希望的播种人》。

文章见报后，报社寄去80元稿酬，我姐一直没有取，直到过期了邮局自动退回来。她说：你们为山区的老师做宣传，多大的善事啊，我没什么好感谢的，哪能再要你们的钱？

十多年来，我姐几乎得到了一名基层教师所能得到的所有荣誉，可如此之高、如此之多的荣誉，没有一样是她自己争取来的。相反，她常对我说："我觉得给我这么多奖励，对于其他老师可不公平，所有的山村老师都是这样凭良心干的呀！"

因着这份简单的魅力，在教育报刊做了30年记者的我，在无数的采访对象中就认了这唯一的"姐"。

王老师——姐，你知道吗？每每面对你的质朴、你的率真，我这当了多年记者、也算见多识广能言善辩的弟弟都不知道该怎么接你的话。新年之际，还是拿那句我们都欣赏的老话来共勉吧——

这世间的千般算计，终究抵不过一颗简单的心。

……部66342631 记者部66323635 导刊部66342301 河南睿谷教育科技有限公司66358507 ■广告66327883 广告发布登记证号：郑惠济市监广发登字（2019）002号 ■河南教育报刊社发行部服务热线:400-659-7019 ■零售:1.50元 ■订阅:全国各地邮局 ■印刷:河南文达印刷公司(郑州市黄河路124号)

刘文婷

为党站好特教这班岗，我义不容辞

从最初走入大众视野开始，刘文婷一直给人以“特教玫瑰”的美丽形象——用最美好的青春年华陪伴着那群需要她的“折翼天使”。与上次见面相隔一年多，记者再次来到熟悉的唐宫东路186号——刘文婷任教的洛阳市老城区培智学校（以下简称“培智学校”），发现了她不被大众所熟知的另一面——

“特教玫瑰”成了半个建筑专家

2021年2月22日至25日，刘文婷作为洛阳市老城区人大代表参加了老城区第十六届人民代表大会第六次会议，她已经连续好几次参会，这几年她多次提出建设培智学校新校舍的建议。

原来，2014年，由于老城区古城改造，培智学校需要搬迁，刘文婷便和孩子们一起转入了如今这所只有500多平方米、从外面看极像一处农家小院的临时学校里。

“我们现在的这所学校是租借来的，学校面积太小，平时几十个孩子只能在校门口不足两米宽的草地上运动，很多功能室也没法儿建，长此以往不是办法。从搬过来开始，我就一直想申请重建培智学校。”刘文婷说。

2019年，在刘文婷多方争取和老城区政府的支持下，培智学校终于获批了一块土地用以新建学校，总共4000多平方米。得到消息的那天，刘文婷高兴得睡不着觉——一所专门为智障儿童设计的校园早就不知道在她脑海中被描绘了多少遍。

这两年，刘文婷除了每天陪在学生身边、上好课、处理好学校

中的各项事务，其余的时间和精力都重点用在筹建培智学校新校区上。

联系建筑设计公司、撰写可行性研究报告、到区发改委立项备案、开展建设项目招标……每一项工作她都参与其中。记者静静地听着刘文婷讲述她在推进学校建设中的经历和困难，心中不禁惊讶——谁能想到，为了让孩子们拥有更好的学习成长环境，特教出身的她，竟默默从零学习、了解学校建设知识，逐渐成了半个建筑专家。

她说："以前去上海、杭州的特殊教育学校参观学习，那里的孩子能在花园般的学校里享受各种康复设施和教学设备。"

她说："等学校建好了，我要把墙刷上各种鲜艳的颜色，还要建造孩子们喜欢的游乐设施和楼顶花园，要让他们每天都像生活在童话中。"

她说："等搬进新校区后，还要专门开辟一块小菜园，教孩子们种菜、做饭，让他们独自一人也能好好生活。"

…………

刘文婷和老师们商讨学校事务

音乐老师成了特奥竞赛行家

3 月初，记者去培智学校采访时，很多孩子还没到校上课。“你看到的这些孩子是来上乒乓球和羽毛球课的，今天上午，我们请了专业的教练来给他们培训。”刘文婷告诉记者。今年，第十一届全国残疾人运动会暨第八届特殊奥林匹克运动会将在西安开幕，届时培智学校也会参加，所以，刚开学刘文婷就组织了“种子选手”参加集训。

培智学校的艺术特色教学和特奥竞赛成绩远近闻名，走进培智学校的大门，最显眼的就是那金灿灿的、摆满了一整面墙壁的奖牌和奖杯，以及学生们在比赛中获奖的照片。至今，这所特教学校已经培养了 30 余名特奥运动员，先后在全国、东亚区和世界特奥运动会中获得乒乓球、篮球、田径、柔道等项目的金、银、铜牌 90 余枚；仅 2018 至 2019 年，在全国特奥乒乓球和羽毛球项目中就获得 6 金 10 银 13 铜，共 29 枚奖牌。

这么多年来，每次参加比赛，刘文婷都会亲自带队。“智障儿

与这些天使在一起，刘文婷方感心安

童不比普通孩子，他们不能自我管理，情绪不稳定，站到赛场上容易激动。但是，我对这些孩子特别熟悉，能及时发现他们的异样，及时安抚。”说到这里，刘文婷和记者讲了一些她在带队中遇到的令人哭笑不得的“小意外”——有一次，刘文婷和孩子们一起去参赛，头天晚上在住的地方吃自助餐，谁知道一个没注意有些孩子吃太多，晚上撑得睡不着；有孩子在场上踢球时走神，一直盯着对手看；还有些孩子上场太激动，直接把球打飞，等等。但有了刘文婷，这些“意外”都能被巧妙化解。

为了带好队，让孩子们取得好成绩，刘文婷没少和教练一起研究特奥竞赛的规则，做好针对训练方案，这让身为音乐老师的她成了特奥竞赛行家，讲起其中的竞赛规则和运动员比赛前的注意事项，她滔滔不绝。

当好刘文婷，更要培养“刘文婷”

特教学校的教师流动性非常大，这些年培智学校的老师换了一茬又一茬，但刘文婷一直没放松对年轻教师的培养。开学第一天，她就找学校的所有老师单独进行了谈话，鼓励年轻教师追求进步。刘文婷说：“作为校长，不仅要培养学生，还要培养老师。这些年我发现很多老师愿意干工作，但没有长远规划，总想着自己负责的‘一亩三分地’，所以我要在后面督促他们。”

为了帮助青年教师专业成长，去年，刘文婷带领学校的 4 位老师一起做课题《生活化教育中培养智障儿童沟通交往能力的实践研究》，让每位老师都做调查、写报告，细致地给予指导。最终，这项课题成功立项，被河南省基础教育教学研究室认定为省级课题。

除此之外，刘文婷还鼓励年轻教师多参加专业比赛，在竞争中找差距、求进步。过去的一年，在刘文婷的帮助下，新入职教师周傲博在洛阳市特殊教育优质课比赛中获得二等奖；还有三位老师在洛阳市“一师一优课”评比中分别获得一等奖和三等奖。

岁月不居，时节如流。30 多年过去了，刘文婷依然在这片特殊的教育园地里，用特别的爱呵护着特殊的花朵。正如她所说：“走进特教园，一生特教人，这也是我对党的特教事业最深情的告白。”

（原载 2021 年 3 月 26 日《教育时报》，作者：方慧）

扫一扫，听刘文婷的入党故事

我把一切献给党

新世纪河南十大师德楷模系列报道③

1921
2021
100
庆祝中国共产党成立100周年

报记忆

年，18岁师范毕业的她走
，一干就是25年；25年
几次离开的机会，可以调
通学校，但每次她都选择
年的坚守，让她从“姐姐”
些孩子的“特教妈妈”。
“折翼天使”，也让她成为
首届河南最美教师颁奖典
誉为“特教玫瑰”。她就
城区培智学校教师——刘

**特教玫瑰静悄悄地开》，原
10月20日《教育时报》，
、张运昌**

年9月1日，刘文婷入选
国教书育人楷模的消息传
下为之振奋。刘文婷也成
之后我省第二位全国教书
并于9月7日在京受到中
局委员、国务院副总理刘
接见。

**这个教师节，河南教师芬
原载2016年9月16日
，作者：张利军**

时报》，当我10年前第一
版面，怎会料到你将是我
路上最浓墨重彩的一笔！
节前夕，我在当年的师
选中第一次认识了刘肖老
至精的采访和时报随后的
道着实让我惊喜！我所从
育有了媒体朋友的关注，
育行业中宣传报道，让全
和关注特殊教育，这是当
教十几年来最自豪、最舒

**我与时报的十年情缘》，原
1月13日《教育时报》，
婷**

校9年的特殊教育和培
子在认知发展、语言沟
动技能方面已经有很大提
一旦离开学校走入社会，
方面面的支持和帮助才能
。“要说2017年有什么
我真心盼望社会各界能够
子的就业问题，让他们真
，独立生活！”刘文婷说。

**为2016河南年度教育新
文婷分享了她的新年新
017年1月27日《教育
：张利军**

，刘文婷成为培智学校
升官”的她更加忙碌了。
家的信任、家长的托付、
，她肩上的责任也更重
天繁忙的工作让她非常疲
是坚持每周为孩子们上
子们在一起才是我最大的
陪伴着他们成长，他们也
纯宁静的心境和实现教育
。”刘文婷说，“这辈子，
不出一名大学生，但我依
的点滴进步骄傲！为我是
豪！”

**斌残缺以完美，她已坚守
原载2019年5月28日
，作者：方慧**

● 又见楷模

刘文婷：为党站好特教这班岗，我义不容辞

□本报记者 方慧/文图

从最初走入大众视野开始，刘文婷一直给人以“特教玫瑰”的美丽形象——用最美好的青春年华陪伴着那群需要她的“折翼天使”。与上次见面相隔一年多，记者再次来到熟悉的唐宫东路186号——刘文婷任教的洛阳市老城区培智学校（以下简称“培智学校”），发现了她不被大众所熟知的另一面——

“特教玫瑰”成了半个建筑专家

今年2月22日至25日，刘文婷作为洛阳市老城区人大代表参加了老城区第十六届人民代表大会第六次会议，她已经连续好几次参会，这几年她多次提出建设培智学校新校舍的建议。

原来，2014年，由于老城区古城改造，培智学校需要搬迁，刘文婷便和孩子们一起转入了如今这所只有500多平方米、从外面看极像一处农家小院的临时学校里。

“我们现在的这所学校是租借来的，学校面积太小，平时几十个孩子只能在校门口不足两米宽的草地上运动，很多功能室也没法儿建，长此以往不是办法。从搬过来开始，我就一直想申请重建培智学校。”刘文婷说。

2019年，在刘文婷多方争取和老城区政府的支持下，培智学校终于获批了一块土地用以新建学校，总共4000多平方米。得到消息的那天，刘文婷高兴得睡不着觉——一所专门为智障儿童设计的校园早就不知道在她脑海中被描绘了多少遍。

这两年，刘文婷除了每天陪在学生身边、上好课、处理好学校中的各项事务，其余的时间和精力都重点用在筹建培智学校新校区上。

联系建筑设计公司、撰写可行性研究报告、到区发改委立项备案、开展建设项目招标……每一项工作她都参与其中。记者静静地听着刘文婷讲述她在推进学校建设中的经历和困难，心中不禁惊讶——谁能想到，为了让孩子们拥有更好的学习成长环境，特教出身的她，竟默默从零学习、了解学校建设知识，逐渐成了半个建筑专家。

她说：“以前去上海、杭州的特殊教育学校参观学习，那里的孩子能在花园般的学校里享受各种康复设施和教学设备。”

她说：“等学校建好了，我要把墙刷上各种鲜艳的颜色，还要建造孩子们喜欢的游乐设施和楼顶花园，要让他们每天都像生活在童话中。”

她说：“等搬进新校区后，还要专门开辟一块小菜园，教孩子们种菜、做饭，让他们独自一人也能好好生活。”

…………

音乐老师成了特奥竞赛行家

3月初，记者去培智学校采访时，很多孩子还没到校上课。“你看到的这些孩子是来上乒乓球和羽毛球课的，今天上午，我们请了专业的教练来给他们培训。”刘文婷告诉记者。今年，第十一届全国残疾人运动会暨第八届特殊奥林匹克运动会将在西安开幕，届时培智学校也会参加，所以，刚开学刘文婷就组织了“种子选手”参加集训。

培智学校的艺术特色教学和特奥竞赛成绩远近闻名，走进培智学校的大门，最显眼的就是那金灿灿的、摆满了一整面墙壁的奖牌和奖杯，以及学生们在比赛中获奖的照片。至今，这所特教学校已经培养了30余名特奥运动员，先后在全国、东亚区和世界特奥运动会中获得乒乓球、篮球、田径、柔道等项目的金、银、铜牌90余枚；仅2018至2019年，在全国特奥乒乓球和羽毛球项目中就获得6金10银13铜，共29枚奖牌。

这么多年来，每次参加比赛，刘文婷都会亲自带队。“智障儿童不比普通孩子，他们不能自我管理，情绪不稳定，站到赛场上容易激动。但是，我对这些孩子特别熟悉，能及时发现他们的异样，及时安抚。”说到这里，刘文婷和记者讲了一些她在带队中遇到的令人哭笑不得的“小意外”——有一次，刘文婷和孩子们一起去参赛，头天晚上在住的地方吃自助餐，谁知道一个没注意有些孩子吃太多，晚上撑得睡不着；有孩子在场上踢球时走神，一直盯着对手看；还有些孩子了上场太激动，直接把球打飞，等等。但有了刘文婷，这些“意外”都能被巧妙化解。

为了带好队，让孩子们取得好成绩，刘文婷没少和教练一起研究特奥竞赛的规则，做好针对训练方案，这让身为音乐老师的她成了特奥竞赛行家，讲起其中的竞赛规则和运动员比赛前的注意事项，她滔滔不绝。

当好刘文婷，更要培养“刘文婷”

特教学校的教师流动性非常大，这些年培智学校的老师换了一茬又一茬，但刘文婷一直没放松对年轻教师的培养。开学第一天，她就找学校的所有老师单独进行了谈话，鼓励年轻教师追求进步。刘文婷说：“作为校长，不仅要培养学生，还要培养老师。这些年我发现很多老师愿意干工作，但没有长远规划，总想着自己负责的‘一亩三分地’，所以我要在后面督促他们。”

为了帮助青年教师专业成长，去年，刘文婷带领学校的4位老师一起做课题《生活化教育中培养智障儿童沟通交往能力的实践研究》，让每位老师都做调查、写报告，细致地给予指导。最终，这项课题成功立项，被河南省基础教育教学研究室认定为省级课题。

除此之外，刘文婷还鼓励年轻教师多参加专业比赛，在竞争中找差距、求进步。过去的一年，在刘文婷的帮助下，新入职教师周微博在洛阳市特殊教育优质课比赛中获得二等奖；还有三位老师在洛阳市“一师一优课”评比中分别获得一等奖和三等奖。

岁月不居，时节如流。30多年过去了，刘文婷依然在这片特殊的教育园地里，用特别的爱呵护着特殊的花朵。正如她所说：“走进特教园，一生特教人，这也是我对党的特教事业最深情的告白。”

①学雷锋纪念日，刘文婷带领学校师生开展志愿服务

②刘文婷和老师们商讨学校事务

③与这些天使在一起，刘文婷方感心安

● 我的入党故事

扫一扫，跟记者一起聆听刘文婷的入党故事

扫一扫，观看《一切都给你》MV(师德楷模版)

● 记者手记

纯粹的热爱，天生的老师

“残缺的世界，因你用心修补而健全。无辜生命怎忍拒绝，只此一念，你不曾有悔。守护‘折翼天使’，你也成为了天使。你是特教玫瑰，最美教师刘文婷。”这是在首届河南最美教师颁奖典礼上，组委会授予刘文婷的颁奖辞，短短几句，却在我心中留下深深的烙印。

在我心里，刘文婷就是天生的老师。自古以来，人们赋予教师的所有期望——教书育人、爱生如子、淡泊名利、无私奉献……都在她身上体现得淋漓尽致。

还记得第一次见刘文婷，是在2019年年初，我刚大学毕业走上记者岗位，采访的第一位老师就是她，之后的两年里我们也曾多次见面或微信联系。越了解这位邻家姐姐，我便越敬佩她的纯粹，毫不夸张地说，刘文婷给了初入社会的我最正确的人生引导，让我能够始终跟随自己的热爱。

这些年刘文婷的事迹不断见报，也获得过很多荣誉，全国教书育人楷模、全国优秀教育工作者、河南最美教师、河南省师德标兵、河南年度教育新闻人物……她成为从河南走出的第二位全国教书育人楷模，也是全省唯一一位获此殊荣的特教老师。身披荣光，却极为低调朴实，我曾听过同事这样评价她——一个“有点傻”的好老师，这么多年，她结识了无数媒体记者和教育系统领导，但却从未想过利用关系为自己争取点福利，默默守在那个不太像校园的小院里，静待花开。

习近平总书记曾说，一个人遇到好老师是人生的幸运，一个学校拥有好老师是学校的光荣，一个民族源源不断涌现出一批又一批好老师则是民族的希望。我想，如果这天底下，每一位老师都是“刘文婷”，我们的孩子们该有多幸运啊！

唯愿岁月能对我心中的这位“偶像”姐姐多些温柔和偏爱，让她能够一直陪伴着她的天使吧！

部 66342631 记者部 66323635 导刊部 66342301 河南睿谷教育科技有限公司 66358507 ■广告 66327883 广告发布登记证号：郑惠济市监广发登字（2019）002号 ■河南教育报刊社发行部服务热线：400-659-7019 ■零售：1.50元 ■订阅：全国各地邮局 ■印刷：河南文达印刷公司（郑州市黄河路124号）

郭天财

我还是农学一少年

上一次采访河南农业大学教授郭天财，还是2017年9月他刚刚荣获“全国教书育人楷模”荣誉称号的时候。

“那都是下地嘞。”问及最近都在忙啥，郭天财操着他那熟悉的济源家乡话告诉记者，嗓门依然是那么洪亮。春节过后，一个多月的时间，年近七旬的他已经先后跑了开封、焦作、周口、许昌、平顶山、鹤壁等14个市30多个县区，对小麦苗情、土壤墒情和病虫草情“把脉问诊”，对农民科学管理麦田进行技术指导。

变的是年龄，不变的，还是那个脚上有泥、身上有土、心中有情的“郭小麦”。

田间就是我的课堂，麦苗就是我的教材

简易的衣帽架上挂着一件实验室的工作服，办公桌下的角落里摆着一双备用的鞋子。走进郭天财的办公室，这两样“装备”记者特别熟悉。

从老校区搬到新校区，办公条件改善了，但郭天财的工作习惯没变：办公室的对面就是实验室，有空他就会到那里看看，了解实验的最新进展，指导一下青年教师和学生；更多的时候，他会穿上那双备用的鞋子“下地”，把田间当课堂，把麦苗当教材。

“作为一名农学人，如果脚上不经常沾点儿泥，身上不经常带点儿土，脸庞不晒得黑里透红，就不是一名合格的农学人。”

作为一名有着37年党龄的老党员，郭天财是这样说的，更是这样率先垂范的——在小麦生长期内，不管是隆冬酷暑，还是刮风下

雨，他经常雨天一脚泥，晴天一身土，行走在田间地头，像个地道的农民，“农民教授”的称呼便由此而来。

作为一名有着 44 年教龄的老教师，他也是这样严格要求自己的学生的，在去年给农学院 2020 级新生入学时所做的报告中，郭天财仍然特别强调了这一点。他从自己的亲身经历讲起，教育大学生要勤奋务实，拒绝投机取巧，守得住寂寞，经得住磨难，要把广袤农田当作“教科书”，把广阔农村当作“实验室”，把广大农民当作“同窗人”，做新时代懂农业、爱农村、爱农民的新型“三农人”。

“今天晚上要与团队成员一起讨论小麦提质增效科研项目的春季实施方案；明天去驻马店，大后天去信阳……”作为省委“三农”工作专家咨询组特聘专家，刚刚参加完省委农村工作会议的郭天财，又已经把接下来的日程安排得满满的。

与灾害赛跑、和疫情抢跑，我交上了委员履职的合格答卷

国家“2011 计划”河南粮食作物协同创新中心主任、农业农村

面对研究时，他是严谨务实的郭教授

指导学生时，他是严慈相济的郭老师

部小麦专家指导组顾问、河南省小麦专家指导组组长……在郭天财的众多身份中，还有一个重要的身份，那就是河南省政协常委。

2020年，在新冠肺炎疫情防控进入最吃紧、最关键的时期，河南小麦也进入了产量形成和田间管理最重要的时期，多地出现干旱、持续高温等多种自然灾害，小麦条锈病重发，赤霉病高风险发生……作为全国第一小麦生产大省的河南，能不能经受住这场艰苦卓绝的历史大考，夺取抗疫的胜利和小麦的丰收，扛稳粮食安全重任，各级领导高度重视，农民朋友十分关心，社会各界也极为关注。

为了与灾害赛跑、和疫情抢跑，从春节过后到小麦成熟收获的4个多月里，郭天财不分周末和节假日，不顾严寒酷暑，顶着疫情、冒着风险，一直驱车奔波在粮食生产一线，及时掌握第一手资料，确保做到把小麦生长生产情况摸透、问题找准、对策提实、服务到位，并及时对基层农业技术人员和种粮大户等进行技术指导。

在此期间，让郭天财最为感动、记忆最为深刻的，是去年4月他去临颍县调研指导小麦生产，在场农民兄弟听完郭天财的技术讲座和现场技术指导后，有位种粮大户突然振臂高喊："抗疫就听钟南山，种麦只听'郭小麦'!"

"金杯银杯，不如老百姓的口碑。作为一名老党员、老政协委员，唯有以已所长，更好地履职尽责，才能对得起农民朋友对我的认可与褒奖!"郭天财激动地说。

一年来，他针对河南如何加强农业科技创新、扛稳粮食安全重任，以及防控小麦茎基腐病和赤霉病、预防春季麦田晚霜冻害、减免涉农专业学生学费等问题所提的建议，均得到国家和省领导的高度认可，并被中央国家安全委员会办公室、省委、省政府和农业部门采纳，对河南在大灾之年小麦再获丰收、单产和总产再创历史新高起到了积极作用，交上了一份特殊时期省政协委员的合格答卷。

"一把尺子一杆秤，用牙咬使眼瞪"的时代过去了

"'一把尺子一杆秤，用牙咬使眼瞪'的时代早已过去了。"置身河南农业大学新校区的校园，回忆起刚参加工作那会儿的教学科研

条件，郭天财很是感慨。

“真的要感谢党的领导！现在我们各种先进仪器设备都有了，工作学习条件也早已今非昔比。刚参加工作时去方城县出趟差，早上坐上公交车，晚上才能到，现在交通发达了，出行也更方便了。我们真的要好好珍惜现在的教育教学和科研环境，珍惜现在的生活。”

“今年是建党 100 周年、‘十四五’开局之年，也是巩固拓展脱贫攻坚成果同全面推进乡村振兴有效衔接之年，确保今年小麦再获丰收、实现‘十四五’开门红，意义特别重大。”郭天财一“麦”情深，话题也总绕不开小麦。

在农学院一楼大厅“弘农”主题环创展区，记者提议与郭天财合个影，他欣然同意。合完影，郭天财指着展区中设计的那行“永是农学一少年”的标语，笑着告诉记者：“现在我虽然已经‘奔七’了，但我觉得我还是农学一少年，保持着‘白面馍’的初心，没有一丝丝改变！”

（原载 2021 年 4 月 2 日《教育时报》，作者：张利军）

扫一扫，听郭天财的入党故事

我把一切献给党

新世纪河南十大师德楷模系列报道④

报记忆

安全事关重大，更时刻牵动
、国务院领导的心。河南作
要的粮食产区，各级领导来
注农业、视察农情。而作为
的"老陪同"郭天财，因学
、实践经验丰富、熟悉生
生动、敢于直言，也成了各
象深刻的老熟人，并被业内
为"御用专家"。

《麦浪滚滚闪金光——全国楷模、河南农业大学教授郭事》，原载2017年9月8日》，作者：陈强

，随和，教授的儒雅中多了
的质朴。除了带研究生、博
天财一年中有三分之二的时
里度过。"我是农民的儿
道饿肚子的滋味。当一个农
，让所有人都能吃上白面
饿肚子，是我从小立下的志
来，我一直不忘这个初心。"

《脚上有泥心中有情的"郭—记河南农业大学教授郭天载2017年9月21日《中国作者：张利军 陈强

小麦生产在全国的地位举足
可替代，中国人每吃4个馒
个是河南生产的。"在田间地
南海，郭天财多次向总书记、
。而为了这个"4个馒头"，
省小麦高（产）稳（产）优
成本）研究推广协作组组长
小麦专家指导组组长的郭天
带领的团队付出了很多。

《2017河南年度教育新闻人郭天财》原载2017年12"河南校长"微信公众号

财老师很忙，他的忙碌，始
一个"农"字。科研、教
他就像自己研究的小麦一
泥土地中，为粮食增产、农
默做着贡献。郭天财说，作
业科技工作者，就是要围绕
麦研究踏踏实实搞好农业科
推广工作。

《郭天财：愿"中国碗"里河南粮"》原载2018年2月育时报》，作者：张璟

实施乡村振兴战略，我们
粮食生产这个优势，立足打
要的粮食生产核心区，尽我
扛稳粮食安全的重任，为
安全贡献力量。"郭天财说，
农业科技工作者，我要做
，只要我还干得动，我愿
待在麦田里。"

《我愿意一辈子待在麦田里》年9月6日《教育时报》，

● 又见楷模

郭天财：我还是农学一少年

□ 本报记者 张利军/文图

上一次采访河南农业大学教授郭天财，还是2017年9月他刚刚荣获"全国教书育人楷模"荣誉称号的时候。

"那都是下地嘞。"问及最近都在忙啥，郭天财操着他那熟悉的济源家乡话告诉记者，嗓门依然是那么洪亮。春节过后，一个多月的时间，年近七旬的他已经先后跑了开封、焦作、周口、许昌、平顶山、鹤壁等14个市30多个县区，对小麦苗情、土壤墒情和病虫草情"把脉问诊"，对农民科学管理麦田进行技术指导。

变的是年龄，不变的——还是那个脚上有泥、身上有土、心中有情的"郭小麦"。

田间就是我的课堂，麦苗就是我的教材

简易的衣帽架上挂着一件实验室的工作服，办公桌下的角落里摆着一双备用的鞋子。走进郭天财的办公室，这两样"装备"记者特别熟悉。

从老校区搬到新校区，办公条件改善了，但郭天财的工作习惯没变：办公室的对面就是实验室，有空他就会到那里看看，了解实验的最新进展，指导一下青年教师和学生；更多的时候，他会穿上那双备用的鞋子"下地"，把田间当课堂，把麦苗当教材。

"作为一名农学人，如果脚上不经常沾点儿泥，身上不经常带点儿土，脸庞不晒得黑里透红，就不是一名合格的农学人。"

作为一名有着37年党龄的老党员，郭天财是这样说的，更是这样率先垂范的——在小麦生长期内，不管是隆冬酷暑，还是刮风下雨，他经常雨天一脚泥，晴天一身土，行走在田间地头，像个地道的农民，"农民教授"的称呼便由此而来。

作为一名有着44年教龄的老教师，他也是这样严格要求自己的学生的，在去年给农学院2020级新生入学时所做的报告中，郭天财仍然特别强调了这一点。他从自己的亲身经历讲起，教育大学生要勤奋务实，拒绝投机取巧，守得住寂寞，经得住磨难，要把广袤农田当作"教科书"，把广阔农村当作"实验室"，把广大农民当作"同窗人"，做新时代懂农业、爱农村、爱农民的新型"三农人"。

"今天晚上要与团队成员一起讨论小麦提质增效科研项目的春季实施方案；明天去驻马店，大后天去信阳……"作为省委"三农"工作专家咨询组特聘专家，刚刚参加完省委农村工作会议的郭天财，又已经把接下来的日程安排得满满的。

与灾害赛跑、和疫情抢跑，我交上了委员履职的合格答卷

国家"2011计划"河南粮食作物协同创新中心主任、农业农村部小麦专家指导组顾问、河南省小麦专家指导组组长……在郭天财的众多身份中，还有一个重要的身份，那就是河南省政协常委。

2020年，在新冠肺炎疫情防控进入最吃紧、最关键的时期，河南小麦也进入了产量形成和田间管理最重要的时期，多地出现干旱、持续高温等多种自然灾害，小麦条锈病重发，赤霉病高风险发生……作为全国第一小麦生产大省的河南，能不能经受住这场艰苦卓绝的历史大考，夺取抗疫的胜利和小麦的丰收，扛稳粮食安全重任，各级领导高度重视，农民朋友十分关心，社会各界也极为关注。

为了与灾害赛跑、和疫情抢跑，从春节过后到小麦成熟收获的4个多月里，郭天财不分周末和节假日，不顾严寒酷暑，顶着疫情、冒着风险，一直驱车奔波在粮食生产一线，及时掌握第一手资料，确保做到把小麦生长生产情况摸透、问题找准、对策提实、服务到位，并及时对基层农业技术人员和种粮大户等进行技术指导。

在此期间，让郭天财最为感动、记忆最为深刻的，是去年4月他去临颍县调研指导小麦生产，在场农民兄弟听完郭天财的技术讲座和现场技术指导后，有位种粮大户突然振臂高喊："抗疫就听钟南山，种麦只听'郭小麦'！"

"金杯银杯，不如老百姓的口碑。作为一名老党员、老政协委员，唯有以己所长，更好地履职尽责，才能对得起农民朋友对我的认可与褒奖！"郭天财激动地说。

一年来，他针对河南如何加强农业科技创新、扛稳粮食安全重任，以及防控小麦茎基腐病和赤霉病、预防春季麦田晚霜冻害、减免涉农专业学生学费等问题所提的建议，均得到国家和省领导的高度认可，并被中央国家安全委员会办公室、省委、省政府和农业部门采纳，对河南在大灾之年小麦再获丰收、单产和总产再创历史新高起到了积极作用，交上了一份特殊时期省政协委员的合格答卷。

"一把尺子一杆秤，用牙咬使眼瞪"的时代过去了

"'一把尺子一杆秤，用牙咬使眼瞪'的时代早已过去了。"置身河南农业大学新校区的校园，回忆起刚参加工作那会儿的教学科研条件，郭天财很是感慨。

"真的要感谢党的领导！现在我们各种先进仪器设备都有了，工作学习条件也早已今非昔比。刚参加工作时去方城县出趟差，早上坐上公交车，晚上才能到，现在交通发达了，出行也更方便了。我们真的要好好珍惜现在的教育教学和科研环境，珍惜现在的生活。"

"今年是建党100周年、'十四五'开局之年，也是巩固拓展脱贫攻坚成果同全面推进乡村振兴有效衔接之年，确保今年小麦再获丰收、实现'十四五'开门红，意义特别重大。"郭天财一"麦"情深，话题也总绕不开小麦。

在农学院一楼大厅"弘农"主题环创展区，记者提议与郭天财合个影，他欣然同意。合完影，郭天财指着展区中设计的那行"永是农学一少年"的标语，笑着告诉记者："现在我虽然已经'奔七'了，但我觉得我还是农学一少年，保持着'白面馍'的初心，没有一丝丝改变！"

①面对研究时，他是严谨务实的郭教授

②指导学生时，他是严慈相济的郭老师

③弘农爱农，他说他还是农学一少年

● 我的入党故事

扫一扫，跟记者一起聆听郭天财的入党故事

扫一扫，观看《一切都给你》MV（师德楷模版）

● 记者手记

他真真是一位"三真教授"

做教育记者十几年，采访过无数的人，但采访过的大学教授却并不多，所以在2017年采访和自己专业不搭的农学教授郭天财之前，心中多少还是有一些忐忑的。但见了"真人"才发现，采访和农民朋友沟通起来且无障碍的他，我的担心完全多余。

一开始，我还称呼他郭教授，后来发现，不仅学生喊他郭老师，就连学校宣传部、院系领导也是如此，便很快也改口喊郭老师了。

郭老师对小麦研究那是"真爱"啊。"脚下沾有多少泥土，心中就沉淀多少真情。"一直拿这句话自勉的我，在郭老师面前却备感惭愧。小麦生长期的三分之二的时间，他都在麦田里；和家人出去游玩，碰到麦田他就什么都忘了。大家见到的郭老师的照片，一般只有两个背景：要么麦苗青青，要么麦浪滚滚。

郭老师对学生、对农民是一片"真心"。严师慈父，既关心学生学业，又关心学生成长，育苗更育心，成为河南高校迄今为止唯一的一位全国教书育人楷模。他说，现在好多学农业的大学生不愿深入田间地头，缺乏"三农"情怀，论文写在实验室里而不是田间地头，但在这一点上，他对自己的学生还是比较欣慰的。以心换心，为种粮大户解难纾困，换来的是"抗疫就听钟南山，种麦只听'郭小麦'"的褒奖。

最后，不得不说的就是郭老师的"真实"。每次采访郭老师，他都会叮嘱，"其实我也没干什么大事，千万别把我拔高，写出真实的我就行了"。他的人接地气，话语也一样。这次采访与他合影时，记者选择在农学院环创展区的一片麦田造型前，他还喃喃地说了句："要是真麦子就好了！"

闻部66342631　记者部66323635　导刊部66342301　河南睿谷教育科技有限公司66358507　■广告66327883　广告发布登记证号：郑惠济市监广发登字（2019）002号　■河南教育报刊社发行部服务热线：400-659-7019　■零售：1.50元　■订阅：全国各地邮局　■印刷：河南文达印刷公司（郑州市黄河路124号）

李灵

坚守乡村教育的初心不会变

“80后最美乡村女校长”、“感动中国”年度人物、全国先进工作者、全国“三八”红旗手、全国人大代表……这是人们印象中的李灵。

扎根乡村，献身农村教育……这是人们认识中的李灵。

身着黑色短袖，推着一辆三轮车，迎着风雨，穿越大街小巷，为孩子收购图书……这是在时间长河中定格的李灵。

周口市城乡一体化示范区许湾乡李灵希望小学校长、中国劳动关系学院劳模学院2021级学生……这是现实生活中的李灵。

2021年4月2日的北京，早上刚下过一场小雨，记者在中国劳动关系学院门口，见到了李灵——

不辜负学校、不辜负国家厚望，学成之后好还乡

知道要接受采访，李灵当天专门穿了件正装，脸上还化了淡淡的妆。

今年，对李灵来说，是愿望实现的一年。

2020年，在得知中国劳动关系学院劳模学院招生的消息后，作为全国先进工作者的李灵便极力向学校申请，争取进入学校深造学习的机会，终获批准。今年3月20日，学校开学，李灵正式成为该校劳模学院的一名大学生。

“心情很激动，很高兴。毕业将近20年了，还能到北京，走进这么好的大学，像其他大学生一样，在校园里学习和生活，感觉是一件特别幸福、特别幸运的事儿。”在李灵的眼睛里，那种幸福感仿

佛能溢出来。

“学校的领导和老师对我们特别照顾。今年一年，我要在学校接受系统的学习。”从走进大学校园的第一天，李灵就告诉自己，一定要把知识学到手，不辜负学校的培养和国家寄予的厚望，回去后更好地服务家乡的教育事业。

在和李灵的接触中，记者能感受到，短短十几天的大学生活，她已经完成了从校长到学生的角色转变。她的生活由之前的学校管理、教学教研，变为了每天上课学习、与同学研讨交流。开学后，她还被推选为班里的学习委员。

“我的同学们都来自各行各业，所以老师在教学的过程中主要传授的是一些理念。这里的许多课程我都很喜欢，针对一个知识点，老师会让我们举一反三，思考在本行业中遇到问题需要怎么做，实用性比较强。”李灵说。

她渴望改变，是因为孩子在变、家长在变、需求在变

李灵自 2017 年当选全国人大代表后，每年全国两会前都会做深

短短十几天，她已经完成了从校长到学生的角色转变

入调研。

在调研中李灵发现，随着时代的发展，乡村教育也面临许多新挑战。“社会的发展日新月异，老百姓的生活条件变好了，对子女的教育越来越重视，同样对高质量教育的需求越来越迫切。”这些，让中师毕业的李灵越来越感觉到压力。如今，学校的硬件设施不断完善，教师的数量增加了，教育教学水平也有了显著的提升，她也迫切希望自己在学校管理上有进一步的突破。

李灵讲到她有一名叫曾兰君的学生，是自己办学时的第一届学生。后来，这名学生考上了复旦大学。接到录取通知书后，曾兰君到学校看她。她除了为曾兰君感到高兴，心里面还是有很多遗憾的——中师毕业后，李灵一直行走在让学校不断蝶变的路上，未能静下心来好好提升自己的学历水平。

李灵始终未忘记自己的教育初心，她说：“教好孩子，让他们接受最好的教育。这是我最大的目标。我觉得，自己学问、能力的高低已不单单是个人的问题，而是关系到整个学校孩子的成长。每

重返校园的她，与同学一起交流、合作

周的升国旗仪式上，我要给孩子们讲话，我给他们讲知识改变命运，讲好好学习、天天向上，将来都能实现自己的大学梦。而我自己却还是一个中师学历，怎么去以身示范，对孩子形成积极影响呢?”

如今，终于实现了上大学梦想的李灵很想安静地学习，但心情往往是不能平静的，因为她还要时时刻刻记挂着家里的 500 多个孩子。

每天课程结束，李灵都会给学校的业务副校长打电话，问一下学校当天的情况，问一下有没有解决不了的问题等。她说，不管是现在做学生，还是肩负的校长职责，她都力争兼顾好。

学生向好、学校向好、教育向好，一切都在向好

“现在想想，都不知道咋熬过来的。”李灵说，学校创办初期，连教室都没有，只好租两间房子，接收周边村子里的留守儿童。刚

开始，乡亲们对刚毕业的她不是很放心，后来慕名而来的人却越来越多。

说起学校近年来的发展，李灵说，有3个变化最为明显。

学生的人数增加了。李灵说，学生从当初的十几人，已经增加到500多人。学生人数的增加，也促使学校的硬件设施不断优化升级。经过19年的发展，学校现在已经由昔日两间租来的小教室变成拥有教学楼、宿舍楼、图书室和足球场的大校园，还开办了幼儿园。

在李灵看来，最为可喜的是孩子的变化。近年来，她越来越感受到，孩子们越来越活泼、精神状态越来越饱满。

"学校创办之初，招收的学生，基本都是留守儿童，他们自卑、缺少亲情陪伴、不愿与人交流，行为习惯、精神面貌等都不是太好。那时，每天接送孩子的都是爷爷、奶奶。说句实在话，有时候想开个家长会都难。即使开了，老人们对你所讲的办学理念、孩子的成长需求等，也都不理解。"李灵回忆说。

但现在，李灵发现，接送孩子的年轻家长越来越多。究其原因，她说，主要是乡村振兴起到的推动作用。现在各地都在鼓励青年人回乡创业，许多年轻人在外面有了一定的积蓄，再加上对孩子的教育问题有了越来越清醒的认识，很多人选择了回家乡发展。孩子们的状态越好，乡村教育才越有希望。

(原载2021年4月9日《教育时报》，作者：靳建辉)

扫一扫，听李灵的入党故事

我把一切献给党

新世纪河南十大师德楷模系列报道⑤

报记忆

年，从原淮阳师范学校毕……看到村里有许多孩子由于……打工，不能很好地学习，就……一所民办小学的想法。随……到了有近40年教龄的父亲……说干就干，她在村里租了8……亲戚朋友那里借来了8万元……几间标准化教室，招收了……三年级学生。当时把校名定……小学"，就是想让所有的在……对未来充满希望。经过7年……现在，学校的规模有所扩……个班的幼儿园和一至四年级……00多名学生，其中有200……守儿童。

……李灵：执著办学感动天……2009年7月17日《教育……者：刘润涛

……来，李灵的名字和照片被……十种新闻媒体上，然而，……其来的欢呼和赞誉声，她……象机和镁光灯前迷失自我，……道："媒体报道和社会关……阵风，当别人渐渐淡忘你……你还要踏踏实实地做自己……于是，她对学生更好了，……对得住那么多热心帮助自……虽然接待了歌唱家谭晶、……台"感动中国"摄制组，……这些依然是嫣然一笑，继……学生和学校。

……希望小学的新希望》，原……年1月1日《教育时报》，……润涛

……名小学教师，年轻的我没……历和经验，但有的是精力。……孩子放心地送到学校，交到……我深感肩上担子沉甸甸的……的学生80%都是留守儿童，……远，有的无人照料。所以，……雪、天黑路滑，我都坚持……生，常常怀里抱一个，手……身后跟着几个。当把一个……送到家，不管天气多么恶……里都暖烘烘的。

……感动》，原载2010年9月……育时报》，作者：李灵

……名教师，我最大的快乐便……伴，看到这些留守孩子的……分享他们的快乐与忧伤。……看到留守孩子们有学上、……到那一张张灿烂的笑脸，……心中溢开。此时，我会感……么幸福。孩子们的健康和……我最大的财富。

……李灵：我的理想是为留守……家"》，原载2012年8月……时报》，作者：赵鑫

● 又见楷模

李灵：坚守乡村教育的初心不会变

□ 本报记者 靳建辉

"80后最美乡村女校长"、"感动中国"年度人物、全国先进工作者、全国"三八"红旗手、全国人大代表……这是人们印象中的李灵。

扎根乡村，献身农村教育……这是人们认识中的李灵。

身着黑色短袖，推着一辆三轮车，迎着风雨，穿越大街小巷，为孩子收购图书……这是在时间长河中定格的李灵。

周口市城乡一体化示范区许湾乡李灵希望小学校长、中国劳动关系学院劳模学院2021级学生……这是现实生活中的李灵。

4月2日的北京，早上刚下过一场小雨，记者在中国劳动关系学院门口，见到了李灵——

不辜负学校、不辜负国家厚望，学成之后好还乡

知道要接受采访，李灵当天专门穿了件正装，脸上还化了淡淡的妆。

今年，对李灵来说，是愿望实现的一年。

2020年，在得知中国劳动关系学院劳模学院招生的消息后，作为全国先进工作者的李灵便极力向学校申请，争取进入学校深造学习的机会，终获批准。今年3月20日，学校开学，李灵正式成为该校劳模学院的一名大学生。

"心情很激动，很高兴。毕业将近20年了，还能到北京，走进这么好的大学，像其他大学生一样，在校园里学习和生活，感觉是一件特别幸福、特别幸运的事儿。"在李灵的眼睛里，那种幸福感仿佛能溢出来。

"学校的领导和老师对我们特别照顾。今年一年，我要在学校接受系统的学习。"从走进大学校园的第一天，李灵就告诉自己，一定要把知识学到手，不辜负学校的培养和国家寄予的厚望，回去后更好地服务家乡的教育事业。

在和李灵的接触中，记者能感受到，短短十几天的大学生活，她已经完成了从校长到学生的角色转变。她的生活由之前的学校管理、教学教研，变为了每天上课学习、与同学研讨交流。开学后，她还被推选为班里的学习委员。

"我的同学们都来自各行各业，所以老师在教学的过程中主要传授的是一些理念。这里的许多课程我都很喜欢，针对一个知识点，老师会让我们举一反三，思考在本行业中遇到问题需要怎么做，实用性比较强。"李灵说。

她渴望改变，是因为孩子在变、家长在变、需求在变

李灵自2017年当选全国人大代表后，每年全国两会前都会做深入调研。

在调研中李灵发现，随着时代的发展，乡村教育也面临许多新挑战。"社会的发展日新月异，老百姓的生活条件变好了，对子女的教育越来越重视，同样对高质量教育的需求越来越迫切。"这些，让中师毕业的李灵越来越感觉到压力。如今，学校的硬件设施不断完善，教师的数量增加了，教育教学水平也有了显著的提升，她也迫切希望自己在学校管理上有进一步的突破。

李灵讲到她有一名叫曾兰君的学生，是自己办学时的第一届学生。后来，这名学生考上了复旦大学。接到录取通知书后，曾兰君到学校看她。她除了为曾兰君感到高兴，心里面还是有很多遗憾的——中师毕业后，李灵一直行走在让学校不断蝶变的路上，未能静下心来好好提升自己的学历水平。

李灵始终未忘记自己的教育初心，她说："教好孩子，让他们接受最好的教育，这是我最大的目标。我常想，自己学问、能力的高低已不单单是个人的问题，而是关系到整个学校孩子的成长。每周的升国旗仪式上，我要给孩子们讲话，我给他们讲知识改变命运，讲好好学习、天天向上，将来都能实现自己的大学梦。而我自己却还是一个中师学历，怎么去以身示范，对孩子形成积极影响呢？"

如今，终于实现了上大学梦想的李灵很想安静地学习，但心情往往是不能平静的，因为她还要时时刻刻记挂着家里的500多个孩子。

每天课程结束，李灵都会给学校的业务副校长打电话，问一下学校当天的情况，问一下有没有解决不了的问题等。她说，不管是现在做学生，还是肩负的校长职责，她都力争兼顾好。

学生向好、学校向好、教育向好，一切都在向好

"现在想想，都不知道咋熬过来的。"李灵说，学校创办初期，连教室都没有，只好租两间房子，接收周边村子里的留守儿童。刚开始，乡亲们对刚毕业的她不是很放心，后来慕名而来的人却越来越多。

说起学校近年来的发展，李灵说，有3个变化最为明显。

学生的人数增加了。李灵说，学生从当初的十几人，已经增加到500多人。学生人数的增加，也促使学校的硬件设施不断优化升级。经过19年的发展，学校现在已经由昔日两间租来的小教室变成拥有教学楼、宿舍楼、图书室和足球场的大校园，还开办了幼儿园。

在李灵看来，最为可喜的是孩子的变化。近年来，她越来越感受到，孩子们越来越活泼、精神状态越来越饱满。

"学校创办之初，招收的学生，基本都是留守儿童，他们自卑、缺少亲情陪伴、不愿与人交流，行为习惯、精神面貌等都不是太好。那时，每天接送孩子的都是爷爷、奶奶。说句实在话，有时候想开个家长会都难。即使开了，老人们对你所讲的办学理念、孩子的成长需求等，也都不理解。"李灵回忆说。

但现在，李灵发现，接送孩子的年轻家长越来越多。究其原因，她说，主要是乡村振兴起到的推动作用。现在各地都在鼓励青年人回乡创业，许多年轻人在外面有了一定的积蓄，再加上对孩子的教育问题有了越来越清醒的认识，很多人选择了回家乡发展。孩子们的状态越好，乡村教育才越有希望。

(本文图片由受访者提供)

①重返校园的她，与同学一起交流、合作

②短短十几天，她已经完成了从校长到学生的角色转变

③她无比珍惜这来之不易的学习机会，学成之后好还乡

● 我的入党故事

扫一扫，跟记者一起聆听李灵的入党故事

扫一扫，观看《一切都给你》MV(师德楷模版)

● 记者手记

她永远心怀善良和梦想

对于李灵，我是不陌生的，因为我们都是周口人，是老乡。

做教育记者转眼已近10年，遗憾的是，一直未能对这位老乡做一次采访。所以，这次采访也让我实现了愿望。

这个老乡，她身上到底充满着一股什么样的能量，才有着如此强劲的力量？

要我说，应是源于老乡的执着，而她的执着又源于她的善良。从刚开始办学到后来骑着三轮车街头收书，是为了孩子；学校变大了，投入变多了，作为民办学校，她却一直不忍心增加学生的学费，是为了孩子；每年去做调研，她都是把留守儿童问题放在心尖尖上，也是为了孩子。这善良的力量，让她一路风雨兼程，才取得了今天的成绩。

老乡很高兴地与我分享了一组数据：办学19年，为家乡培养了1万多名学生，其中有300多人考上了全国知名高校。她说，一个人的力量很有限，但是能改良一方水土，没什么比这更让她知足。

这些年，老乡变了，变得精明干练、谈吐得体；她又没变，她说，"不管过去多少年，我还是当年那个李灵"。她现在回老家，乡亲们都说，她是家乡的骄傲；她说，她心里清楚，自己不能被那些表扬、鼓励的话冲昏头脑。她给自己始终有个定位：不管获得多少荣誉，都不会忘了当初为什么出发！

……部 66342631 记者部 66323635 导刊部 66342301 河南睿谷教育科技有限公司 66358507 ■广告 66327883 广告发布登记证号：郑惠济市监广发登字〔2019〕002号 ■河南教育报刊社发行部服务热线:400-659-7019 ■零售:1.50元 ■订阅:全国各地邮局 ■印刷:河南文达印刷公司(郑州市黄河路124号)

武秀之

将党的嘱托进行到底

距离 2017 年的教师节，已逝 4 个春秋。如今 89 岁高龄的武秀之和她的声乐世界，又有哪些经典在流传？“去年年底拜访武老师的时候，她的精神头足着呐！一开口，还是经典的味道……”分享的人，是记者的同事。

“武老师现在还是一线教师，只要身体情况还可以，都会坚持给学生上课。这个周六，她还计划要参加招生面试……”郑州西亚斯学院宣传部教师崔颖，由于工作接触较多，对武秀之的动态非常了解。

2021 年 4 月 16 日一早，记者先与武秀之的学生赵献军会合，随后一起驱车前往她的住处。1 个多小时后，赵献军的车驶入郑州西亚斯学院，在一处老旧的住宅前停下——武秀之的家，到了。

一日为师，终身为师

走进武秀之家的小院，没几步便是她的住宅大门。记者知道，只要推开这扇门，关于她的一切，将不再只是他人的转述。推开门后，映入记者眼帘的，是多次出现在报道中的一方小舞台，却不见武秀之的踪迹。

“我在里屋……”不一会儿，武秀之便拄着三脚拐杖从她的卧室走了出来。这一次交谈，武秀之把地点选在了她最常待的房间——只有 10 平方米左右的“办公室”里。靠窗的那边，一侧摆放的是武秀之的办公桌和一把特意调整过坐垫、靠垫的椅子，办公桌的周边，堆放着好几摞有关声乐、戏剧的书籍与杂志；另一侧，一组小沙发

靠墙摆放，容得下三四个人；窗户的对面，被素色布料遮盖的，是她的钢琴，每个星期，她都会在这里给学生上课。

“魏冉，你跟大家说一下，今天的汇报演出取消吧，我这里来了客人，想多聊会儿。”武秀之告诉记者，每周的周一到周四，学生会分批来她这里上课，到了周五，大家会轮流走上小舞台进行汇报演出。她的学生魏冉告诉记者，这些学生，有已经从教的老师，也有学校每年招收的新生。

“我 1949 年参加工作，到现在已经有 70 多个年头了。”武秀之聊家常般地讲起了自己从教以来的二三事：走出河南大学的校门，再走进去，她的身份由学生变成教师；1954 年，她加入中国共产党，圆了学生时期的梦想；上个世纪九十年代，魏冉成了自己的学生，师生之间亦师亦友的情谊，持续了 30 年；从教几十年里，学生遍布各地，她和“小香玉”陈百玲等学生的关系如伯乐与千里马；带着一群学生创出“假声位置真声唱法”，还摸索出“三合一”声乐理论的教育模式……

从走上讲台至今，她一直在教学上持续耕耘。记者内心忍不住感慨：这大概便是最生动且鲜活的“一日为师，终身为师”……

一份嘱托，一生求索

武秀之的人生都与“三合一”绑在了一起。

如果有人问，是谁成就了谁？记者想，武秀之与“三合一”，应该是相互成就，早就融为一体的；她与它，都是值得被记录和书写进历史的。

2002年，从河南大学退休的武秀之应邀来到郑州西亚斯学院，创办了歌剧、音乐剧专业。十几年来，她从未停下前进的脚步：将声乐演唱的民族、美声和中国戏曲的“三合一”延伸为歌、表、舞的“三合一”，并提出了音乐表演专业“探索文化市场，走歌剧、音乐剧教育产业化的道路”的教、产、研“三合一”科学发展之路……

如今，这位学者仍担任着郑州西亚斯学院音乐戏剧学院院长的职务，几十年如一日地为她痴迷的民族声乐教育事业默默奉献着。

“作为一名有着几十年教龄的老教师，对于不同年代的学生，您感觉到了哪些变化呀？”记者问道。

“音乐这碗饭，不是所有人都能端的。我们那个年代，要是自身没有天赋，学生和家长都不敢选这个专业。现在时代不同了，老百姓的生活条件越来越好，在孩子的教育上也有余力支持了，学校近些年招的学生，有些专业素养水平挺不错的……这要感谢咱们党的领导，让全国人民过上了好日子。”武秀之感慨道。

一如当初，勇往直前

和武秀之交谈，绕不开的，还是“三合一”声乐理论的研究历程。

“为啥大家都觉得我干得了？”

“因为你这个人不会回头……”

提问的人是武秀之，回答她的，是一群了解她的声乐挚友。他们的话，一语道破重点。如今，年事已高的武秀之之所以如此执着于教书育人，大抵也是因为年轻时就是如此！

学生魏冉像女儿一样无微不至地照顾武秀之

学生的汇报表演就在武秀之家的小舞台上进行

“既然接下了周总理的这份嘱托，我就要一直做下去。今年是中国共产党成立 100 周年，我和我的学生们，也有一份礼物献给党。”武秀之所说的礼物，是她近两年来新创编的一部音乐歌剧《月照盖头岭》。

对于《月照盖头岭》，记者早在去年年底已耳闻，但至今还未见到它的庐山真面目。“《月照盖头岭》，描写的是我省武工队喋血抗战的故事。2020 年，国家文化和旅游部组织开展‘中国民族歌剧传承发展工程’重点扶持剧目遴选工作，我和魏冉商量决定，以河南省武秀之歌剧音乐剧研究所的名义进行申报。”武秀之说，申报的时候，俩人心里也不是太有把握。

“最后，只有 7 个剧目被选入，《月照盖头岭》是唯一一部由高校创作并演绎的剧目。”提及此，武秀之还是忍不住地为自己的团队自豪起来。

问及这一剧目的创作情况，武秀之竟有些犯难：这部剧一共有四幕，前两幕的剧本已经打磨了好几次，不久前，刚刚排演了一次，效果很不错。但这次经费太紧张了，后两幕的剧本和舞美制作，还得一点点来……

有人会用“痴”字形容一些艺术家对于艺术的追求。在武秀之这里，“痴”就是她心中的理想——将党的嘱托进行到底。“这两年创作了反映舞阳县贾湖骨笛文化故事的音乐剧《东方魔笛》和《月照盖头岭》，我就是想用教学、科研和创演成果，服务于河南省文化艺术振兴，把咱们革命先辈的爱国主义精神给弘扬出去。”武秀之说。

（原载 2021 年 4 月 23 日《教育时报》，作者：梁美玲）

扫一扫，听武秀之的入党故事

我把一切献给党

新世纪河南十大师德楷模系列报道⑥

庆祝中国共产党成立100周年

报记忆

与音乐界，在郑州西亚斯学
武秀之，很多人都会说她是
一”而生的。周恩来总理生
“现在音乐舞台实践中已经
种唱法、一种是西洋歌剧的
一种是民族歌剧的‘白毛
’是中国戏曲的‘七仙女’，
互相学习嘛！将来也许你们
合作以后，会产生新的什
总理这个神奇的构想，对
说就像茫茫大海上的一座灯

不疑、妒忌、嘲讽和刁难，
有让人们失望。1982年，
特色鲜明的“假声位置真声
乐艺术教育成果，让周总理
想成为现实。“三合一”的
学理论由此诞生。

**武秀之：“三合一”声乐
创者》，原载2017年6月9
时报》，作者：侯军锋**

为了周总理的嘱托

高龄，本可安享晚年，但
没有停下自己的脚步，她不
学生上课，还把“讲台”
中。在这里，记者发现
教室”并没有清晰的界限。
之的家，首先感受到的是浓
气息。客厅里，除了一般的
有一个小舞台，摆放着钢
的学生每周都会在这里进行
我就在下面看着，给他们
秀之说。

之的学生向记者展示了武秀
安排：周一至周四是上课时
是学生汇报的时间。这期间
天早上5点起床，上午在家
课；午饭后1点到2点是休
之后为有疑难问题的学生个
下午4点开始是吸氧治疗时
武秀之会抽时间阅读书籍、
解专业研究进展和时事。
不禁为之震惊，一位80多
老人真的有必要这么辛苦
之微微一笑说：“我这个
研究到这一步，越来越觉
深，我要做的事情还有很
来越觉得时间不够用。一想
怎么还能停下来呢！”

**为了周总理的嘱托》，原载
月27日《教育时报》，作**

年武昌会议期间，毛主席
“音乐民族化的基础问题是
题，立足于民族的基础上，
的唱法，可以民族化；如果
洋的基础上，那就不是民族
化民族了。”而后，他又具
“你是河南人吧！去向常
老老实实学3年，然后再
这就是声乐民族化。”

加完1979年全国第四次文
组建了研究团队，师生们齐
苦奋斗了3年，终于摸索出
应“茶、白、七”3种迥然
作品的演唱方法——“假声
唱法”。1984年9月21日，
成立了民族声乐研究室，聘
吴雁泽担任顾问，从此便
的研究机构，为科研实践插
的翅膀。

**光荣背负着声乐传承的历
作者：武秀之，收录于
教师2017》**

● 又见楷模

武秀之：将党的嘱托进行到底

□ 本报记者 梁美玲

距离2017年的教师节，已逝4个春秋。如今89岁高龄的武秀之和她的声乐世界，又有哪些经典在流传？“去年年底拜访武老师的时候，她的精神头足着呐！一开口，还是经典的味道……”分享的人，是记者的同事。

“武老师现在还是一线教师，只要身体情况还可以，都会坚持给学生上课。这个周六，她还计划要参加招生面试……”郑州西亚斯学院宣传部教师崔颖，由于工作接触较多，对武秀之的动态非常了解。

4月16日一早，记者先与武秀之的学生赵献军会合，随后一起驱车前往她的住处。1个多小时后，赵献军的车驶入郑州西亚斯学院，在一处老旧的住宅前停下——武秀之的家，到了。

一日为师，终身为师

走进武秀之家的小院，没几步便是她的住宅大门。记者知道，只要推开这扇门，关于她的一切，将不再只是他人的转述。推开门后，映入记者眼帘的，是多次出现在报道中的一方小舞台，却不见武秀之的踪迹。

“我在里屋……”不一会儿，武秀之便拄着三脚拐杖从她的卧室走了出来。这一次交谈，武秀之把地点选在了她最常待的房间——只有10平方米左右的“办公室”里。靠窗的那边，一侧摆放的是武秀之的办公桌和一把特意调整过坐垫、靠垫的椅子，办公桌的周边，堆放着好几摞有关声乐、戏剧的书籍与杂志；另一侧，一组小沙发靠墙摆放，容得下三四个人；窗户的对面，被素色布料遮盖的，是她的钢琴，每个星期，她都会在这里给学生上课。

“魏冉，你跟大家说一下，今天的汇报演出取消吧，我这里来了客人，想多聊会儿。”武秀之告诉记者，每周的周一到周四，学生会分批来她这里上课，到了周五，大家会轮流走上小舞台进行汇报演出。她的学生魏冉告诉记者，这些学生，有已经从教的老师，也有学校每年招收的新生。

“我1949年参加工作，到现在已经有70多个年头了。”武秀之聊家常般地讲起了自己从教以来的二三事：走出河南大学的校门，再走进去，她的身份由学生变成教师；1954年，她加入中国共产党，圆了学生时期的梦想；上个世纪九十年代，魏冉成了自己的学生，师生之间亦师亦友的情谊，持续了30年；从教几十年里，学生遍布各地，她和“小香玉”陈百玲等学生的关系如伯乐与千里马；带着一群学生创出“假声位置真声唱法”，还摸索出“三合一”声乐理论的教育模式……

从走上讲台至今，她一直在教学上持续耕耘。记者内心忍不住感慨：这大概便是最生动且鲜活的“一日为师，终身为师”……

一份嘱托，一生求索

武秀之的人生都与“三合一”绑在了一起。

如果有人问，是谁成就了谁？记者想，武秀之与“三合一”，应该是相互成就，早就融为一体的：她与它，都是值得被记录和书写进历史的。

2002年，从河南大学退休的武秀之应邀来到郑州西亚斯学院，创办了歌剧、音乐剧专业。十几年来，她从未停下前进的脚步：将声乐演唱的民族、美声和中国戏曲的“三合一”延伸为歌、表、舞的“三合一”，并提出了音乐表演专业“探索文化市场，走歌剧、音乐剧教育产业化的道路”的教、产、研“三合一”科学发展之路……

如今，这位学者仍担任着郑州西亚斯学院音乐戏剧学院院长的职务，几十年如一日地为她痴迷的民族声乐教育事业默默奉献着。

“作为一名有着几十年教龄的老教师，对于不同年代的学生，您感觉到了哪些变化呀？”记者问道。

“音乐这碗饭，不是所有人都能端的。我们那个年代，要是自身没有天赋，学生和家长都不敢选这个专业。现在时代不同了，老百姓的生活条件越来越好，在孩子的教育上也有余力支持了，学校近些年招的学生，有些专业素养水平挺不错的……这要感谢咱们党的领导，让全国人民过上了好日子。”武秀之感慨道。

一如当初，勇往直前

和武秀之交谈，绕不开的，还是“三合一”声乐理论的研究历程。

“为啥大家都觉得我干得了？”

“因为你这个人不会回头……”

提问的人是武秀之，回答她的，是一群了解她的声乐挚友。他们的话，一语道破重点。如今，年事已高的武秀之之所以如此执着于教书育人，大抵也是因为年轻时就是如此！

“既然接下了周总理的这份嘱托，我就要一直做下去。今年是中国共产党成立100周年，我和我的学生们，也有一份礼物献给党。”武秀之所说的礼物，是她近两年来新创编的一部音乐歌剧《月照盖头岭》。

对于《月照盖头岭》，记者早在去年年底已耳闻，但至今还未见到它的庐山真面目。“《月照盖头岭》，描写的是我省武工队喋血抗战的故事。2020年，国家文化和旅游部组织开展‘中国民族歌剧传承发展工程’重点扶持剧目遴选工作，我和魏冉商量决定，以河南省武秀之歌剧音乐剧研究所的名义进行申报。”武秀之说，申报的时候，俩人心里也不是太有把握。

“最后，只有7个剧目被选入，《月照盖头岭》是唯一一部由高校创作并演绎的剧目。”提及此，武秀之还是忍不住地为自己的团队自豪起来。

问及这一剧目的创作情况，武秀之竟有些犯难：这部剧一共有四幕，前两幕的剧本已经打磨了好几次，不久前，刚刚排演了一次，效果很不错。但这次经费太紧张了，后两幕的剧本和舞美制作，还得一点点来……

有人会用“痴”字形容一些艺术家对于艺术的追求。在武秀之这里，“痴”就是她心中的理想——将党的嘱托进行到底。“这两年创作了反映舞阳县贾湖骨笛文化故事的音乐剧《东方魔笛》和《月照盖头岭》，我就是想用教学、科研和创演成果，服务于河南省文化艺术振兴，把咱们革命先辈的爱国主义精神给弘扬出去。”武秀之说。

（本版图片均为本报资料）

▲武秀之在指导学生

◀学生魏冉像女儿一样无微不至地照顾武秀之

▶学生的汇报表演就在武秀之家的小舞台上进行

● 我的入党故事

扫一扫，跟记者一起聆听武秀之的入党故事

扫一扫，观看《一切都给你》MV（师德楷模版）

● 记者手记

为热爱、为信念奉献一生

武秀之教授的盛名，早有听闻，但与她本人见面，从2017年至今，仅两面。第一次是在2017河南最美教师颁奖典礼的后台，匆匆见过一面；第二次，便是这次采访。

“我记得之前见过你，还是圆圆的脸……”刚做完自我介绍，正思索着怎么进行接下来的采访时，武老师的话，让我感到惊讶——这可是中国著名的音乐教育家、原中国民族声乐协会副会长、河南省音乐家协会副主席……然而，细微之间，武老师的心细让人感动。

采访中，武老师讲“三合一”、讲声乐民族化的时候，眼里闪着光。讲自己的时候，她几乎不用以“我”为主语的表达方式。

提起她执着一生的“三合一”，她依然记得当时每一个人说的话。在讲述的过程中，偶有“卡顿”，但条理依旧清晰。面前的这位老艺术家，讲到兴奋之处，一双弹了几十年钢琴的纤纤细手便会比划起来，动作依旧优雅。“年龄大了，身体没法再跟以前比了，平时坐一小会儿，腿都疼得难受……”如果不是武老师自己讲述这些病痛，记者是想不到她的身体状况是这么不容乐观的。

“平时，您除了上课，还会做些什么呢？”“治病呀！”武老师的话，一开始让我疑惑，跟着她来到卧室才明白：床头的柜子里，过道的架子上，满是药品。看到这一幕，我的心里是不好受的。而这一次的采访，武老师因为近1个小时的久坐，身体开始不适，我也不忍继续打扰，便匆匆结束采访。

4月19日，当我再次联系补拍照片时，又因为武老师的身体状况未能成行……因此，本期图片均来自2017年武老师入选河南最美教师后的追踪报道，没能将武老师最新的状态全情展示给大家，希望广大读者朋友能够见谅，再次表示抱歉，唯愿武老师身体永远康健。

■商部 66342631 记者部 66323635 导刊部 66342301 河南睿谷教育科技有限公司 66358507 ■广告 66327883 广告发布登记证号：郑惠济市监广发登字（2019）002号 ■河南教育报刊社发行部服务热线：400-659-7019 ■零售：1.50元 ■订阅：全国各地邮局 ■印刷：河南文达印刷公司（郑州市黄河路124号）

茹振钢

把中国人的“粮袋子”抓在自己手里

2021年的3月到4月，记者和河南科技学院的茹振钢教授约了三次，终于在“五一”前的4月28日，才瞅到他的空儿。62岁的茹振钢，虽然两年前已经从行政岗位上退下来，但他担负的科研任务更重了。

见到茹振钢，就不能不说到小麦品种“矮抗58”。

“‘矮抗58’已经过时了。这个‘过时’不是说这个品种不好了，而是有更好的新品种替代了它。科技总是在不断发展的嘛！”茹振钢哈哈大笑。

让我们的饭碗装满中国粮

“面对百年未有之大变局，中国人的饭碗要牢牢端在自己手上，我们的饭碗应该主要装中国粮。”茹振钢说，“习近平总书记提出的‘要下决心把民族种业搞上去’的要求，我们科技工作者必须落到实处。”

因此，在茹振钢看来，被誉为“黄淮海第一麦”的“矮抗58”并不是终点，而是一个新的起点。他要在“矮抗58”的基础上，让新的小麦品种更强大。

小麦高产的关键是光照，要提高小麦产量就要提升小麦对阳光的利用效率。“阳光是我们育种人的宝贝，一点也不舍得浪费。”

为了广泛研究不同地域的小麦属性，茹振钢将视野放向全球，提出了把“空间变时间”的大胆设想。

茹振钢说：“靠近两极的地区光线弱，靠近赤道的地区光线强，这相当于一天里面早晚光线弱、中午光线强，如果把这两地小麦品

种的优势结合起来，这样的小麦一天内都能最大程度吸收利用太阳光，产量必然提升。”

为此，茹振钢在全球采集小麦样本，选择了 200 个研究样本进行对比。他发现，靠近地球两极的小麦耐弱光，叶片薄、颜色深，靠近赤道的小麦耐强光，叶片厚、颜色浅。经过 3 年研究，他的团队将两者结合，培育了叶片既厚且颜色深的小麦品种，最大程度地利用了阳光，增强了小麦的光合作用。

近几年，茹振钢带领团队先后研究解决小麦麦穗、麦秆、根系等难题，克服了小麦掉穗、营养供给不足等问题，成功培育出高光效小麦品种“百农 4199”。

2020 年，“百农 4199”最高亩产达 824.9 公斤，比“矮抗 58”亩产稳定高出 100 公斤。

“百农 4199”不只高产稳产，还具有高抗赤霉病、高抗白粉病、高抗条锈病、中抗叶锈病的特点，其抗病性在黄淮小麦新品种中居领先水平。

让馒头吃出“妈妈的味道”

在河南科技学院小麦研究中心二楼，茹振钢专门让记者品尝刚

茹振钢和小麦研究中心的研究员查看苗情

好馒头要有好麦子，35 种香气物质蒸出“妈妈的味道”

刚蒸出来的馒头。笼屉一打开，一股浓浓的麦香味扑鼻而来。

记者问道："育种研究跟蒸馒头有什么关系?"

茹振钢笑了："我小的时候，家里人多粮少，没吃过几顿饱饭，可每一口吃起来都香喷喷。现在啊，我们中国人不仅要吃饱，更要吃好，吃香。最好的饭菜是什么，是妈妈的味道，农业育种要让食物留住原有的醇香。"

"要做好馒头，关键要有好麦子。"茹振钢说，"我们研究发现，'百农 4199'由于光合作用强、能量大、籽粒转换性好，小麦中包含多达 35 种香气物质，而一般品种只含 20 种左右，加工出的面粉饱含着小麦最原始的醇香，不少人称赞吃到了'妈妈的味道'。"

"餐桌上需要什么，温饱水平的消费者需要什么，经济富裕、追求品位的消费者需要什么？这些就是农业供给侧结构性改革要解决的问题。"茹振钢说。

为更好地满足市场需求，茹振钢把科研成果分为"四步走"，推广—储备—研发—设想：在品种已经被大量推广获得市场认可的同时，茹振钢已经储备了一批更高端的 2.0 品种，研发着一批世界领先的 3.0 品种，并开始设想小麦的 4.0 模式。

一次次推陈出新，茹振钢用科技创新改写着中国农业。作为党的十九大代表，茹振钢说："我非常清楚自己肩上的责任，不仅要做好自己的育种科研，更要落实好党的任务，团结带领更多的干部群众一道强国筑梦。"

从"芯"开始保障粮食安全

种子是现代农业的基石，如果过度依赖进口，一旦发生"断种"，引发的危机将甚于科技"卡脖子"！茹振钢自信地告诉记者，在小麦生产中，我国自育品种一直占据主导地位。以 2020 年为例，河南粮食总产量 1365.16 亿斤，占全国粮食总产量的 1/10，而其中生产这些粮食的小麦品种，全部是我国自主知识产权品种。

据茹振钢介绍，从专业角度讲，种源"卡脖子"问题，主要体现在重要功能基因挖掘和具有突破性骨干亲本的培育上，我们迫切需要研究作物优良基因集成技术，把分散在众多复杂种质资源中的优良基因，利用现代生物技术与各种有效的鉴定选择手段进行集成，创制出智慧型、数字化的骨干亲本，从而用于大品种的培育，让大品种、智慧品种应用于生产。

“这可是我的导师黄光正先生当年想都不敢想的，黄先生当年最大的愿望是‘我们能不能弄个低温室’。可在老先生 1988 年去世之前，也只是买了一台冰箱。”茹振钢说。

如今，在河南科技学院小麦研究中心，从分析实验室，到人工气候室，再到智能温室，几分钟即可走完。可就是这几分钟的路程，却是小麦育种的一个飞跃。“在黄先生时代，只能一年一熟，育种人只能等，一等就是一年啊！而现在我们可以做到一年五熟，并且还有基因检测、分子标记等新技术，智能技术大幅度加快了小麦育种进程！”

但在茹振钢看来，育种行业的竞争最终还是人才的竞争：“培育骨干亲本比培育一个品种重要，培养一个人才比培育骨干亲本更重要。优秀的人才，才是我们种业最为重要的超级芯片。”

现在，茹振钢的研究团队拥有涉及农学、分子生物学、计算机科学及材料工程学等专业的创新人才 42 名，包括 6 名教授、18 名博士，形成了一支老中青三代结合、勇于创新、团结协作的科研队伍。“现在这个团队，是一支有思想、有战斗力、有牺牲精神、有创造力的团队，是我们实现小麦育种突破的希望。”茹振钢自豪地说，“我们要牢牢掌握小麦话语权，把中国人的‘粮袋子’抓在自己手里。”

（原载 2021 年 5 月 7 日《教育时报》，作者：侯军锋 赵利敏）

扫一扫，听茹振钢的入党故事

我把一切献给党

新世纪河南十大师德楷模系列报道⑦

庆祝中国共产党成立100周年

● 又见楷模

茹振钢：把中国人的“粮袋子”抓在自己手里

□本报记者 侯军锋
通 讯 员 赵利敏/文图

从3月到4月，记者和河南科技学院的茹振钢教授约了三次，终于在“五一”前的4月28日，才瞅到他的空儿。今年62岁的茹振钢，虽然两年前已经从行政岗位上退下来，但他担负的科研任务更重了。

见到茹振钢，就不能不说到小麦品种“矮抗58”。

“‘矮抗58’已经过时了。这个‘过时’不是说这个品种不好了，而是有更好的新品种替代了它。科技总是在不断发展的嘛！”茹振钢哈哈大笑。

在麦子的扬花抽穗期，茹振钢来到田间地头，指导农民做好病虫害防治

让我们的饭碗装满中国粮

“面对百年未有之大变局，中国人的饭碗要牢牢端在自己手上，我们的饭碗应该主要装中国粮。”茹振钢说，“习近平总书记提出的‘要下决心把民族种业搞上去’的要求，我们科技工作者必须落到实处。”

因此，在茹振钢看来，被誉为“黄淮海第一麦”的“矮抗58”并不是终点，而是一个新的起点。他要在“矮抗58”的基础上，让新的小麦品种更强大。

小麦高产的关键是光照，要提高小麦产量就要提升小麦对阳光的利用效率。“阳光是我们育种人的宝贝，一点也不舍得浪费。”

为了广泛研究不同地域的小麦属性，茹振钢将视野放向全球，提出了把“空间变时间”的大胆设想。

茹振钢说：“靠近两极的地区光线弱，靠近赤道的地区光线强，这相当于一天里面早晚光线弱、中午光线强，如果把这两地小麦品种的优势结合起来，这样的小麦一天内都能最大程度吸收利用太阳光，产量必然提升。”

为此，茹振钢在全球采集小麦样本，选择了200个研究样本进行对比。他发现，靠近地球两极的小麦耐弱光，叶片薄、颜色深，靠近赤道的小麦耐强光，叶片厚、颜色浅。经过3年研究，他的团队将两者结合，培育了叶片既厚且颜色深的小麦品种，最大程度地利用了阳光，增强了小麦的光合作用。

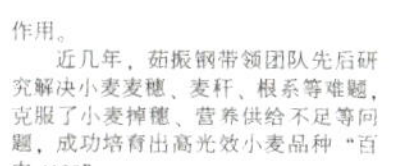

近几年，茹振钢带领团队先后研究解决小麦麦穗、麦秆、根系等难题，克服了小麦掉穗、营养供给不足等问题，成功培育出高光效小麦品种“百农4199”。

2020年，“百农4199”最高亩产达824.9公斤，比“矮抗58”亩产稳定高出100公斤。

“百农4199”不只高产稳产，还具有高抗赤霉病、高抗白粉病、高抗条锈病、中抗叶锈病的特点，其抗病性在黄淮小麦新品种中居领先水平。

在市场上，“百农4199”凭借抗倒伏、耐后期高温、灌浆速度快、优质高产等一系列优点圈粉无数，不但受到农民的青睐，更得到粮食收购企业的追捧。

减投增收，市场欢迎，“百农4199”成了河南不少地区乡村振兴和脱贫攻坚的首选品种。

智能温室里的新品系，是茹振钢的掌上明珠

好馒头要有好麦子，三十五种香气物质蒸出“妈妈的味道”

让馒头吃出“妈妈的味道”

在河南科技学院小麦研究中心二楼，茹振钢专门让记者品尝刚刚蒸出来的馒头。笼屉一打开，一股浓浓的麦香味扑鼻而来。

记者问道：“育种研究跟蒸馒头有什么关系？”

茹振钢笑了：“我小的时候，家里人多粮少，没吃过几顿饱饭，可每一口吃起来都香喷喷。现在啊，我们中国人不仅要吃饱，更要吃好，吃香。最好的饭菜是什么，是妈妈的味道，农业育种要让食物留住原有的醇香。”

“要做好馒头，关键要有好麦子。”茹振钢说，“我们研究发现，‘百农4199’由于光合作用强、能量大、籽粒转换性好，小麦中包含多达35种香气物质，而一般品种只含20种左右，加工出的面粉饱含着小麦最原始的醇香，不少人称赞吃到了‘妈妈的味道’。”

“餐桌上需要什么，温饱水平的消费者需要什么，经济富裕、追求品位的消费者需要什么？这些就是农业供给侧结构性改革要解决的问题。”茹振钢说。

为更好地满足市场需求，茹振钢把科研成果分为“四步走”，推广—储备—研发—设想：在品种已经被大量推广获得市场认可的同时，茹振钢已经储备了一批更高端的2.0品种，研发着一批世界领先的3.0品种，并开始设想小麦的4.0模式。

一次次推陈出新，茹振钢用科技创新改写着中国农业。作为党的十九大代表，茹振钢说：“我非常清楚自己肩上的责任，不仅要做好自己的育种科研，更要落实好党的任务，团结带领更多的干部群众一道强国筑梦。”

从“芯”开始保障粮食安全

种子是现代农业的基石，如果过度依赖进口，一旦发生“断种”，引发的危机将甚于科技“卡脖子”！茹振钢自信地告诉记者，在小麦生产中，我国自育品种一直占据主导地位。以2020年为例，河南粮食总产量1365.16亿斤，占全国粮食总产量的1/10，而其中生产这些粮食的小麦品种，全部是我国自主知识产权品种。

据茹振钢介绍，从专业角度讲，种源“卡脖子”问题，主要体现在重要功能基因挖掘和具有突破性骨干亲本的培育上，我们迫切需要研究作物优良基因集成技术，把分散在众多复杂种质资源中的优良基因，利用现代生物技术与各种有效的鉴定选择手段进行集成，创制出智慧型、数字化的骨干亲本，从而用于大品种的培育，让大品种、智慧品种应用于生产。

“这可是我的导师黄光正先生当年想都不敢想的，黄先生当年最大的愿望是‘我们能不能弄个低温室’。可在老先生1988年去世之前，也只是买了一台冰柜。”茹振钢说。

如今，在河南科技学院小麦研究中心，从分析实验室，到人工气候室，再到智能温室，几分钟即可走完。可就是这几分钟的路程，却是小麦育种的一个飞跃。“在黄先生时代，只能一年一熟，育种人只能等，一等就是一年啊！而现在我们可以做到一年五熟，并且还有基因检测、分子标记等新技术，智能技术大幅度加快了小麦育种进程！”

“这是利用染色体工程技术培育的抗病害小麦新品系，也是我们的秘密武器，研究进展非常顺利，应该会有更大的惊喜。”在河南科技学院的试验田，茹振钢以他惯有的动作，轻抚着一大片麦穗略带神秘地说。

但是，在茹振钢看来，育种行业的竞争最终还是人才的竞争：“培育骨干亲本比培育一个品种重要，培养一个人才比培育骨干亲本更重要。优秀的人才，才是我们种业最为重要的超级芯片。”

现在，茹振钢的研究团队拥有涉及农学、分子生物学、计算机科学及材料工程学等专业的创新人才42名，包括6名教授、18名博士，形成了一支老中青三代结合、勇于创新、团结协作的科研队伍。“现在这个团队，是一支有思想、有战斗力、有牺牲精神、有创造力的团队，是我们实现小麦育种突破的希望。”茹振钢自豪地说，“我们要牢牢掌握小麦话语权，把中国人的‘粮袋子’抓在自己手里。”

● 我的入党故事

扫一扫，跟记者一起聆听茹振钢的入党故事

扫一扫，观看《一切都给你》MV（师德楷模版）

茹振钢和小麦研究中心的研究员查看苗情

● 记者手记

初心不改，豪情如昨

跟茹振钢教授在一起，你很容易受到他的感染，低沉而略带沙哑的嗓音里，情绪饱满且中气十足，再加上他极具“茹式”特色的表情和手势，似乎都不足以表达他对小麦育种事业的热爱。人们常说：三句话不离本行。可你跟茹振钢在一起，能明显地感觉到，他是每句话都不离本行：小麦、百农、光照、抗病、基因、染色体……

茹振钢对小麦育种的痴迷从20世纪80年代至今，从未改变。正是这种初心不改，让他在小麦育种事业上有了今天令人瞩目的成就。

如果说茹振钢痴迷小麦育种，从小麦外在的性状到分子层面的结构，是科研深度的极致。那么，让中国人吃上更多更好更香的中国小麦，保障国家粮食安全，则是他胸怀天下的眼界和豪情，是科研高度的极致。

采访中，记者曾问茹教授：有没有终极梦想？

“有——”茹振钢兴奋地说，“我梦想将来的小麦，能长得像玉米那样高大，亩产能达到两千七八百斤。如果再有像最美教师那样的颁奖，我就可以扛着小麦，上台给大家展示了！哈哈哈！”

说到梦想，已逾花甲之年的茹振钢激情澎湃。正如他写的那首诗：

纵然是时间的霜染了鬓、岁月的刀刻了额，

怎奈我初心不改、豪情如昨！

部 66342631 记者部 66323635 导刊部 66342301 河南睿谷教育科技有限公司 66358507 ■广告 66327883 广告发布登记证号：郑惠济市监广发登字〔2019〕002号 ■河南教育报刊社发行部服务热线:400-659-7019 ■零售:1.50元 ■订阅:全国各地邮局 ■印刷:河南文达印刷公司(郑州市黄河路124号)

王彩琴

我所有的梦都与基础教育相关

2021 年 5 月 12 日下午，初夏的河南师范大学校园里微风习习，阳光明媚。在外国语学院门口，记者终于见到了行程超满的王彩琴。“你们等了挺长时间吧？快上楼去我办公室聊……”笑容满面的她热情地招呼着，说着就风风火火地进了学院，快步走上楼梯。

多次预约，最后只从王彩琴的日程中约到 1 个小时的采访时间，记者也不敢耽误，快速跟了上去。一到她的办公室，还没坐定，她就开始向记者解释她的行程为何如此之满——

“为基础教育奔走已经融入我的血脉”

“前天在开封给兰考全县的英语教师做培训，昨天和今天都是满课，明天一大早就要出发去郑州给全省小学英语教研员进行培训，今天下午刚给研究生上了四节课，一下课就赶过来了。”王彩琴解释道。

一名高校教师，行程里却有大量与中小学教学相关的日程，这正常吗？

正常！对王彩琴熟悉的人都知道，这再正常不过了。作为师范院校的老师，在给本科生、硕士生上好课之外，她几乎把精力和时间全用在了奔走各地，培训指导中小学教师及跟踪指导实习生上。

说起这种朴素情怀的由来，王彩琴向记者讲了这么一段故事：“1982 年，我参加了高考，成绩不错，却没有被任何学校录取。于是，我拎起锄头就下地干活儿去了。当年的玉米已经收获完毕，土地也已被拖拉机翻耕过。某天后晌，我与父母在自家地里精心平整土地，为播种小麦做准备。偶尔一抬头，看见两个人远远地走来，

定睛一看：竟然是我高中的班主任和英语老师！原来，他俩认为我是块儿学习的好材料，决定让我返校复读，再参加一次高考。”

在两位老师的鼓励和支持下，几天后，王彩琴重返校园。重回校园，王彩琴学习更加认真刻苦，1983 年高考后，她顺利被华中师范大学外语系录取。在大学刻苦学习专业课 4 年，毕业时，她去给恩师和院领导汇报了自己的思想：“回河南，找到一所师范大学，播种我的中原基础教育梦——让河南农村的孩子在学校受教育期间，能在教师的帮助和引领下，爱上生活、爱上学习，学会生活、学会学习。”

她是这样说的，也是这样做的——1987 年 6 月底，她揣着乡愁，背上行囊，拜别母校华中师大桂子山，投身到河南师大的牧野湖畔，至今已 30 余年。“这 30 多年，我是累并快乐着，如果可以的话，我会一直守着这份初心干下去。”王彩琴说。

“站在高校看基础教育，是不一样的视角”

王彩琴的办公室不大，却很温馨，墙上挂的一幅字，格外引人注目。“师恩永存”——这是 2011 年，刘红艳等 9 位师从王彩琴的研究生在毕业时敬赠给她的。“我是从 2003 年开始带研究生的，十几年来，已经毕业的教育学硕士、文学硕士、专业学位教育硕士近

王彩琴与女儿荆菁，携手走在助力基础教育的路上

200 名。我把他们都看作是教育的种子，毕业以后飞向各地，生根发芽。”王彩琴动情地说。

如何让学生更能满足教育的发展需求，让他们更能扎根教育一线，为教育事业发展贡献力量呢？这是王彩琴一直在探索的问题。

她认为，历届师范生的就业理念都不同，毕业后究竟是留在河南从事中小学教学还是到省外大城市创业打拼，影响其选择的重要因素之一就是在校期间的任课教师及其教育理念。为此，她为自己的课堂设置了一个“Who am I? （我是谁?）”的环节，利用课上的前几分钟，引领学生认识自我、了解家乡、反思教育、树立理想。这一环节的仪式感和带入感有效培养了师范生毕业后服务和反哺家乡的责任与担当，也因此播下了乡愁的种子，在后续的课堂上呵护并助力其发芽、生长。

“芹菜园读书社”是王彩琴在教育硕士中创建的阅读社团，“阅读、反思、行动、提升、快乐”是阅读社团的宗旨。王彩琴告诉记者：“得阅读者得天下，社团的阅读内容从英语专业的文献、到教育心理学的经典、再到中国传统文化的诗词歌赋，腹有诗书气自华。”

河南师大常年承担在职中小学教师的“国培计划”和“省培计划”等项目，王彩琴就充分挖掘培训班中优秀学员教师的学科优势资源，把他们请进本科生和教育硕士的课堂，分享中小学教师应具备的学科核心素养、班级管理技巧和教师专业精神的自我培养经验。

“除了这些，我也连续三年在河南教师成长学院里担任导师，那里有来自全省各地的基层老师，他们爱学进取，有共同的信仰和追求，让我真切地感受到我和他们的心是紧紧在一起的。”王彩琴说。

“从幸福的追求者成长为幸福的创造者”

采访临近结束，在拍摄完视频后，王彩琴急匆匆地准备离开，记者问及接下来的安排时，她脸上那标志性的微笑愈加灿烂了。“我外孙女幼儿园放学了没人接，我得赶快去接一下。”“那孩子的妈妈呢?”“我女儿叫荆菁，她这会儿正在学校里上课呢，也是在我们师大从事英语教学工作。”“那要不也叫她来采访一下?”“实在是不好意思拒绝你们，那我赶紧再找个人去接外孙女。”

没过一会儿，荆菁就笑着出现在记者眼前，麻利、干练是她给记者的第一印象。她到王彩琴的跟前，两人自然而然将手拉在了一起——母女两人平日里也定是这样自在地相处。“她的性格随她爸，但是在学习和专业成长上受我影响非常大。”王彩琴看着荆菁，满眼

采访间隙，几位学生来到王彩琴的办公室，向她请教课程标准的相关问题

宠爱。

但荆菁却认为，母亲对她的影响是全方位的。“工作上，我经常被她的教学激情所感染；生活方面，我向她学习怎么为人女儿，为人妻子；专业方面，她一直走在最前沿的领域，也引领着我。”

似乎，荆菁也在走着与母亲同样的道路。“我是大学老师，但目前接触到的是小学教育专业的学生，我希望能够通过自己的力量来影响这些未来的教师们，让基础教育真正成为学生的‘地基’，为学生的未来发展提供坚实可靠的保障。”

如今，荆菁还做起了教育时报社与河南师范大学联办的第三届未来名师班的班主任，为班里的学生提供学术引导，推荐阅读书目，帮助他们树立科学教学观、学习观，帮助“未来名师”成长。“我是前两届未来名师班的班主任，但这个活儿不好干，我只好举荐自己的女儿来接第三届的班主任了！”谈及此事，王彩琴笑道。

采访结束，夕阳斜斜地洒在树梢，落在地上，王彩琴与荆菁的身影逐渐消失在小路的尽头。记者一直在回味王彩琴的那句话——“我眼前的学生都是未来做中小学老师的，所以我一定要做出个样子来给他们当榜样——做教育不是苦巴巴的，而是幸福的。我就是从一个幸福的追求者成长为一个幸福的创造者，我希望他们也能像我一样。”这时，记者心中对新时代的楷模有了新的理解——他们只是常人中的幸福者罢了。因为，他们能从自己所从事的工作中感知幸福、创造幸福、收获幸福，并为之奉献终生。

（原载 2021 年 6 月 4 日《教育时报》，作者：刘肖 庞珂）

扫一扫，听王彩琴的入党故事

我把一切献给党

新世纪河南十大师德楷模系列报道⑧

● 又见楷模

王彩琴：我所有的梦都与基础教育相关

□本报记者 刘肖 庞珂/文图

5月12日下午，初夏的河南师范大学校园里微风习习，阳光明媚。在外国语学院门口，记者终于见到了行程超满的王彩琴。"你们等了挺长时间吧？快上楼去我办公室聊……"笑容满面的她热情地招呼着，说着就风风火火地进了学院，快步走上楼梯。

多次预约，最后只从王彩琴的日程中约到1个小时的采访时间，记者也不敢耽误，快速跟了上去。一到她的办公室，还没坐定，她就开始向记者解释她的行程为何如此之满——

"为基础教育奔走已经融入我的血脉"

"前天在开封给兰考全县的英语教师做培训，昨天和今天都是满课，明天一大早就要出发去郑州给全省小学英语教研员进行培训，今天下午刚给研究生上了四节课，一下课就赶过来了。"王彩琴解释道。

一名高校教师，行程里却有大量与中小学教学相关的日程，这正常吗？

正常！对王彩琴熟悉的人都知道，这再正常不过了。作为师范院校的老师，在给本科生、硕士生上好课之外，她几乎把精力和时间全用在了奔走各地，培训指导中小学教师及跟踪指导实习生上。

说起这种朴素情怀的由来，王彩琴向记者讲了这么一段故事："1982年，我参加了高考，成绩不错，却没有被任何学校录取。于是，我拎起锄头就下地干活儿去了。当年的玉米已经收获完毕，土地也已被拖拉机翻耕过。某天后晌，我与父母在自家地里精心平整土地，为播种小麦做准备。偶尔一抬头，看见两个人远远地走来，定睛一看：竟然是我高中的班主任和英语老师！原来，他俩认为我是块儿学习的好材料，决定让我返校复读，再参加一次高考。"

在两位老师的鼓励和支持下，几天后，王彩琴重返校园。重回校园，王彩琴学习更加认真刻苦，1983年高考后，她顺利被华中师范大学外语系录取。在大学刻苦学习专业课4年，毕业时，她去给恩师和院领导汇报了自己的思想："回河南，找到一所师范大学，播种我的中原基础教育梦——让河南农村的孩子在学校受教育期间，能在教师的帮助和引领下，爱上生活、爱上学习，学会生活、学会学习。"

她是这样说的，也是这样做的——1987年6月底，她揣着乡愁，背上行囊，拜别母校华中师大桂子山，投身到河南师大的牧野湖畔，至今已30余年。"这30多年，我是累并快乐着，如果可以的话，我会一直守着这份初心干下去。"王彩琴说。

"站在高校看基础教育，是不一样的视角"

王彩琴的办公室不大，却很温馨，墙上挂的一幅字，格外引人注目。"师恩永存"——这是2011年，刘红艳等9位师从王彩琴的研究生在毕业时敬赠给她的。"我是从2003年开始带研究生的，十几年来，已经毕业的教育学硕士、文学硕士、专业学位教育硕士近200名。我把他们都看作是教育的种子，毕业以后飞向各地，生根发芽。"王彩琴动情地说。

如何让学生更能满足教育的发展需求，让他们更能扎根教育一线，为教育事业发展贡献力量呢？这是王彩琴一直在探索的问题。

她认为，历届师范生的就业理念都不同，毕业后究竟是留在河南从事中小学教学还是到省外大城市创业打拼，影响其选择的重要因素之一就是在校期间的任课教师及其教育理念。为此，她为自己的课堂设置了一个"Who am I？（我是谁？）"的环节，利用课上的前几分钟，引领学生认识自我、了解家乡、反思教育、树立理想。这一环节的仪式感和带入感有效培养了师范生毕业后服务和反哺家乡的责任与担当，也因此播下了乡愁的种子，在后续的课堂上呵护并助力其发芽、生长。

"荇菜园读书社"是王彩琴在教育硕士中创建的阅读社团，"阅读、反思、行动、提升、快乐"是阅读社团的宗旨。王彩琴告诉记者："得阅读者得天下，社团的阅读内容从英语专业的文献、到教育心理学的经典、再到中国传统文化的诗词歌赋，腹有诗书气自华。"

河南师大常年承担在职中小学教师的"国培计划"和"省培计划"等项目，王彩琴就充分挖掘培训班中优秀学员教师的学科优势资源，把他们请进本科生和教育硕士的课堂，分享中小学教师应具备的学科核心素养、班级管理技巧和对于教师专业精神的自我培养。

"除了这些，我也连续三年在河南教师成长学院里担任导师，那里有来自全省各地的基层老师，他们爱学进取，有共同的信仰和追求，让我真切地感受到我和他们的心是紧紧在一起的。"王彩琴说。

"从幸福的追求者成长为幸福的创造者"

采访临近结束，在拍摄完视频后，王彩琴急匆匆地准备离开，记者问及接下来的安排时，她脸上那标志性的微笑愈加灿烂了。"我外孙女幼儿园放学了没人接，我得赶快去接一下。""那孩子的妈妈呢？""我女儿叫荆菁，她这会儿正在学校里上课呢，也是在我们师大从事英语教学工作。""那要不也叫她来采访一下？""实在是不好意思拒绝你们，那我赶紧再找个人去接外孙女。"

没过一会儿，荆菁就笑着出现在记者眼前，麻利、干练是她给记者的第一印象。她到王彩琴的跟前，两人自然而然将手拉在了一起——母女两人平日里也定是这样自在地相处。"她的性格随她爸，但是在学习和专业成长上受我影响非常大。"王彩琴看着荆菁，满眼宠爱。

但荆菁却认为，母亲对她的影响是全方位的。"工作上，我经常被她的教学激情所感染；生活方面，我向她学习怎么为人女儿，为人妻子；专业方面，她一直走在最前沿的领域，也引领着我。"

似乎，荆菁也在走着与母亲同样的道路。"我是大学老师，但目前接触到的是小学教育专业的学生，我希望能够通过自己的力量来影响这些未来的教师们，让基础教育真正成为学生的'地基'，为学生的未来发展提供坚实可靠的保障。"

如今，荆菁还做起了教育时报社与河南师范大学联办的第三届未来名师班的班主任，为班里的学生提供学术引导、推荐阅读书目，帮助他们树立科学教学观、学习观，帮助"未来名师"成长。"我是前两届未来名师班的班主任，但这个活儿不好干，我只好举荐自己的女儿来接第三届的班主任了！"谈及此事，王彩琴笑道。

采访结束，夕阳斜斜地洒在树梢，落在地上，王彩琴与荆菁的身影逐渐消失在小路的尽头。记者一直在回味王彩琴的那句话——"我眼前的学生都是未来做中小学老师的，所以我一定要做出个样子来给他们当榜样——做教育不是苦巴巴的，而是幸福的。我就是从一个幸福的追求者成长为一个幸福的创造者，我希望他们也能像我一样。"这时，记者心中对新时代的楷模有了新的理解——他们只是常人中的幸福者罢了。因为，他们能从自己所从事的工作中感知幸福、创造幸福、收获幸福，并为之奉献终生。

和学生们在一起，王彩琴总有说不完的话，使不完的劲儿

"我一看见这花儿，心里就暖洋洋的。"母亲节，学生送她的花，一直都放在书桌前

采访间隙，几位学生来到王彩琴的办公室，向她请教课程标准的相关问题

王彩琴与女儿荆菁，携手走在助力基础教育的路上

● 我的入党故事

扫一扫，跟记者一起聆听王彩琴的入党故事

扫一扫，观看《一切都给你》MV（师德楷模版）

● 记者手记

大学老师应该是什么样子

在红衣少年的共同印象中，王彩琴不算是标准的采访对象，也不仅仅是一位新闻人物，因为我们很少正襟危坐地访谈，更多的是在校园中、教室里长时间地共事、深层次地交流。

她是河南教师成长学院的首任英语导师，她也是教育时报社与河南师范大学联办的未来名师班的首位班主任，她更是国培、省培等众多中小学教师教育的专家……她精心设计此前从未有过的高端研修课程，她从容面对自全校各院系精挑细选出的跨学科班级，她也在一天几所中小学的授课中不停地转换角度和思路……

没有先例可循，没有经验可学，甚至没有教训可以借鉴。然而，这一切她都在痛苦地煎熬中接了过来、撑了下去，并且做得风生水起，独树一帜，在数不清的学员眼中简直是女神般的存在。

我们在采访中也常常探讨：大学教师到底应该是什么样子？主持重大课题、著作论文等身、主要带硕士生博士生的高深学者型，是大家公认的大学教师的标准形象。

然而，河南师大出了个王彩琴，给我们提供了另外一个范本：常年在基层中小学校教室里蹲着，跟不同起点的一线老师交朋友，倾心倾力地带本科生，以期他们未来成为支撑河南这个教育大省基础教育事业的栋梁。

写这篇记者手记时，正赶上全民送别袁隆平，王老师发来她2015年在培训课件上写的一段话——

沉下心来，像袁隆平老师那样，扎根脚下的这片沃土；

潜心教育，像袁隆平老师那样，守候身边的乡村孩子。

我们也希望每一所大学里都能拥有一批既仰望星空搞科研、又脚踏实地带学生的"王彩琴"。

如是，乃学生之幸、教育之幸、国家之幸、未来之幸。

部 66342631 记者部 66323635 导刊部 66356951 河南睿谷教育科技有限公司 66342301 ■广告 66327883 广告发布登记证号：郑惠济市监广发登字（2019）002号 ■河南教育报刊社发行部服务热线：400-659-7019 ■零售：1.50元 ■订阅：全国各地邮局 ■印刷：河南文达印刷公司（郑州市黄河路124号）

赵秀红

享受和孩子们在一起的快乐

2021年5月24日清晨，G6609次列车驶出郑州东站，在广袤的中原大地上，一路向南疾驰。车厢内，记者打开手机，仔细翻看此次采访对象——许昌实验幼儿园赵秀红老师的资料。记者手里拿着6年前赵秀红在首届最美教师颁奖典礼上的照片，看着车窗外不断变换的景色，不禁在想，6年过去了，赵秀红又会有怎样的变化呢？

到许昌实验幼儿园门口时，身着绿色短袖园服的赵秀红正在门口等候，招呼记者走进幼儿园……

从普通教师到副园长，身份在变，干好幼儿教育的初心未变

1991年，18岁的赵秀红从郑州幼儿师范学校毕业，走进了位于许昌市育才路1号的许昌实验幼儿园，开启了自己的幼儿教育之路。“我刚来的时候幼儿园的教室很简陋，孩子们的玩具也很少，跟现在的环境相比，简直就是天差地别。”谈起刚到幼儿园时的情景，赵秀红记忆犹新。

赵秀红曾教过的孩子都知道，她的班务工作极为细致。对于一些特殊儿童，赵秀红更是给予母亲般的关爱。赵秀红班上曾有一名叫朴金怡的韩国小朋友，一句汉语也不会说，着急了就“嗷嗷”乱嚷，遭到小朋友嘲笑。作为班主任，她看在眼里急在心里。许昌实验幼儿园园长田玉萍告诉记者：“当时，秀红怀孕不到2个月，正是孕期反应最强烈的时候。为了教朴金怡说汉语，她每天饿着肚子减少呕吐反应。”听到园长在跟记者说起这件事，赵秀红说：“有一天，朴金怡

突然用汉语对我说‘赵老师，我喜欢你’，当时我激动得直落泪。”

30 年来，赵秀红默默践行着一位幼儿教师的职业精神，她的班级在教育教学效果评估中屡次成绩优异，年年荣获优秀班集体；她执教的优质课、自制的玩具、教具多次荣获省、市一等奖；她辅导的幼儿绘画作品多次荣获全国、省、市大奖。

2019 年 5 月，许昌实验幼儿园调整领导班子，赵秀红被任命为副园长，负责幼儿园的教育教学、卫生保健、教育宣传、材料上报、文明创建、结对帮扶、支教、党建、工会等工作。看到赵秀红的任务分工，记者忍不住问道：“赵老师，这么多工作，能做完吗？”“当然能啊，幼教事业是需要‘爱’的事业，需要一份内心的坚守和奉献，而我甘愿做这个奉献的人。”从教 30 年，赵秀红对幼儿教育的热爱始终不曾改变。

从一个人到一群人，一腔热血，让优秀师德故事影响更多人

在赵秀红的个人微信订阅号“左手安暖右手时光”中，有这样

孩子们进行体能训练，赵秀红尽心保护他们安全，不敢有一丝懈怠

一段话——“似乎已经成为一种习惯，每年的师德报告会结束后，我都会给时光一个轻轻的回眸，用我笨拙的笔，记录我真实的内心感受，记录师德报告会前前后后的那些所看、所闻、所想、所悟。”这段话是她在参加完2020年许昌市教育系统师德巡回报告会后写的感悟中的一部分，感悟全篇近万字，赵秀红在参加报告会时坚持每天晚上记录，全部完稿用时1个月。

2015年教师节，赵秀红作为全省唯一的幼儿教师代表，成为首届河南最美教师。2017年，赵秀红应邀参加了河南最美教师巡回报告会，在全省巡讲。归来后，她又受许昌市教育局的邀请，担任许昌市教育系统师德巡回报告会的主持工作。“我本身就是个热爱写作的人，也很乐意向大家传播最美事迹，宣传师德先进故事。”赵秀红说，“当2018年市教育局又找到我，让我担任2018年师德巡回报告会的主持人时，我毫不犹豫地就答应了。”一年又一年，身边的报告团成员推陈出新，换了一个又一个，台下的听众也换了一批又一批。而赵秀红始终站在报告台上，坚守着自己那份传播优秀师德故事的初心。

2017年至今，赵秀红连续4年参加许昌市师德师风先进事迹巡回报告会，受到她的影响，越来越多的人参与到师德巡回报告会志愿服务中，志愿者从 2017 年的赵秀红一人，发展到了现在的 40 多人。记者问及在四年的巡回报告中印象深刻的事。赵秀红说：“记得 2019 年冬天，在去长葛市巡讲的路上，我们遭遇堵车，为不影响报告会，下车跑步而行。我当时穿着高跟鞋，每跑一步，就像踩在刀尖上一样疼痛！”赵秀红顿了一下，随后又扬起笑脸说道：“虽然那天寒风凛冽，却也阻挡不住我们前行的脚步。”

从城市到乡村，支教路上，用心播下最美的种子

2019 年 5 月，刚刚被许昌市教育局党组任命为许昌实验幼儿园副园长的赵秀红，被委派到许昌实验幼儿园教育教学指导园——许昌金三角实验幼儿园支教，担任园长一职。

从城市到乡村，赵秀红的工作环境变了，由原来上课备课转变为创办一所幼儿园。从城市到乡村，她上班的路程也变了，由原来走路几分钟就能到学校变为坐车也需要半个多小时。

面对困难，赵秀红没有退却，许昌金三角实验幼儿园作为一所新开办的幼儿园，位于城乡接合部，园内环境不好，闲置多年的院落杂草丛生，赵秀红就带领老师们开荒、拔草，齐心让园内荒地变

赵秀红讲的故事，让小朋友们听得入了神

成了运动场、种植园，为孩子们打造了一个融花园、乐园、学园、家园为一体的现代化乡村幼儿园。

作为首届河南最美教师，赵秀红深有感触地说：“一个人的优秀不叫优秀，树立优秀标杆，带动大家一起优秀，才是真正的优秀。”

每天早上 6:30，无论刮风下雨，她都雷打不动准时乘坐早上第一班公交车赶到许昌金三角实验幼儿园上班。幼儿园里，除了值夜班的门卫，她是第一个到园的人。赵秀红的行为示范带动了全园的教职工。接受采访时，许昌金三角实验幼儿园副园长赵华对记者说：“赵园长来支教时，我们每天早上都能看见她在晨间诵读，感到压力山大，这么优秀的人都如此用功努力，我们又怎能懈怠?”

在赵秀红和全园教职工的努力下，许昌金三角实验幼儿园仅用一年时间就吸引了周边在市区上幼儿园的孩子的幸福回归，实现了周边居民在家门口就能上好幼儿园的愿望!

在采访时，赵秀红告诉记者，她当时在许昌金三角幼儿园支教的同时还兼任许昌实验幼儿园文明创建工作、教育宣传工作等。每天晚上，等孩子们全部离园后，她就回到许昌实验幼儿园开始夜班工作，常常到深夜 12：00。

赵秀红微笑着讲述着她的故事，而记者却早已为她的精神所感动，采访即将结束时，记者问赵秀红：“这么拼，图啥?”她还是笑着答道：“我很享受和孩子们在一起的快乐，每天只要看见这些活泼可爱的孩子，我就感到有无穷的能量，像总有使不完的劲儿!”

(原载 2021 年 6 月 11 日《教育时报》，作者：杨智斌)

扫一扫，听赵秀红的入党故事

我把一切献给党

新世纪河南十大师德楷模系列报道⑨

● 又见楷模

赵秀红：享受和孩子们在一起的快乐

□ 本报记者 杨智斌

5月24日清晨，G6609次列车驶出郑州东站，在广袤的中原大地上，一路向南疾驰。车厢内，记者打开手机，仔细翻看此次采访对象——许昌实验幼儿园赵秀红老师的资料。记者手里拿着6年前赵秀红在首届最美教师颁奖典礼上的照片，看着车窗外不断变换的景色，不禁在想，6年过去了，赵秀红又会有怎样的变化呢？

到许昌实验幼儿园门口时，身着绿色短袖园服的赵秀红正在门口等候，招呼记者走进幼儿园……

赵秀红给幼儿园的老师们讲解党的光辉历程

从普通教师到副园长，身份在变，干好幼儿教育的初心未变

1991年，18岁的赵秀红从郑州幼儿师范学校毕业，走进了位于许昌市育才路1号的许昌实验幼儿园，开启了自己的幼儿教育之路。“我刚来的时候幼儿园的教室很简陋，孩子们的玩具也很少，跟现在的环境相比，简直就是天差地别。”谈起刚到幼儿园时的情景，赵秀红记忆犹新。

赵秀红曾教过的孩子都知道，她的班务工作极为细致。对于一些特殊儿童，赵秀红更是给予母亲般的关爱。赵秀红班上曾有一名叫朴金怡的韩国小朋友，一句汉语也不会说，着急了就“嗷嗷”乱嚷，遭到小朋友嘲笑。作为班主任，她看在眼里急在心里。许昌实验幼儿园园长田玉萍告诉记者：“当时，秀红怀孕不到2个月，正是孕期反应最强烈的时候。为了教朴金怡说汉语，她每天饿着肚子减少呕吐反应。”听到园长在跟记者说起这件事，赵秀红说：“有一天，朴金怡突然用汉语对我说‘赵老师，我喜欢你’，当时我激动得直落泪。”

30年来，赵秀红默默践行着一位幼儿教师的职业精神，她的班级在教育教学效果评估中屡次成绩优异，年年荣获优秀班集体；她执教的优质课、自制的玩具、教具多次荣获省、市一等奖；她辅导的幼儿绘画作品多次荣获全国、省、市大奖。

2019年5月，许昌实验幼儿园调整领导班子，赵秀红被任命为副园长，负责幼儿园的教育教学、卫生保健、教育宣传、材料上报、文明创建、结对帮扶、支教、党建、工会等工作。看到赵秀红的任务分工，记者忍不住问道：“赵老师，这么多工作，能做完吗？”“当然能啊，幼教事业是需要‘爱’的事业，需要一份内心的坚守和奉献，而我甘愿做这个奉献的人。”从教30年，赵秀红对幼儿教育的热爱始终不曾改变。

从一个人到一群人，一腔热血，让优秀师德故事影响更多人

在赵秀红的个人微信订阅号“左手安暖右手时光”中，有这样一段话——“似乎已经成为一种习惯，每年的师德报告会结束后，我都会给时光一个轻轻的回眸，用我笨拙的笔，记录我真实的内心感受，记录师德报告会前前后后的那些所看、所闻、所想、所悟。”这段话是她在参加完2020年许昌市教育系统师德巡回报告会后写的感悟中的一部分，感悟全篇近万字，赵秀红在参加报告会时坚持每天晚上记录，全部完稿用时1个月。

2015年教师节，赵秀红作为全省唯一的幼儿教师代表，成为首届河南最美教师。2017年，赵秀红应邀参加了河南最美教师巡回报告会，在全省巡讲。归来后，她又受许昌市教育局的邀请，担任许昌市教育系统师德巡回报告会的主持工作。“我本身就是个热爱写作的人，也很乐意向大家传播最美事迹，宣传师德先进故事。”赵秀红说，“当2018年市教育局又找到我，让我担任2018年师德巡回报告会的主持人时，我毫不犹豫地就答应了。”一年又一年，身边的报告团成员推陈出新，换了一个又一个，台下的听众也换了一批又一批。而赵秀红始终站在报告台上，坚守着自己那份传播优秀师德故事的初心。

2017年至今，赵秀红连续4年参加许昌市师德师风先进事迹巡回报告会，受到她的影响，越来越多的人参与到师德巡回报告会志愿服务中，志愿者从2017年的赵秀红一人，发展到了现在的40多人。记者问及在四年的巡回报告中印象深刻的事。赵秀红说：“记得2019年冬天，在去长葛市巡讲的路上，我们遭遇堵车，为不影响报告会，下车跑步而行。我当时穿着高跟鞋，每跑一步，就像踩在刀尖上一样疼痛！”赵秀红顿了一下，随后又扬起笑脸说道：“虽然那天寒风凛冽，却也阻挡不住我们前行的脚步。”

赵秀红讲的故事，让小朋友们听得入了神

孩子们进行体能训练，赵秀红尽心保护他们安全，不敢有一丝懈怠

中午时分，赵秀红来到班里，细心查看孩子们的午休情况

从城市到乡村，支教路上，用心播下最美的种子

2019年5月，刚刚被许昌市教育局党组任命为许昌实验幼儿园副园长的赵秀红，被委派到许昌实验幼儿园教育教学指导园——许昌金三角实验幼儿园支教，担任园长一职。

从城市到乡村，赵秀红的工作环境变了，由原来上课备课转变为创办一所幼儿园。从城市到乡村，她上班的路程也变了，由原来走路几分钟就能到学校变为坐车也需要半个多小时。

面对困难，赵秀红没有退却，许昌金三角实验幼儿园作为一所新开办的幼儿园，位于城乡接合部，园内环境不好，闲置多年的院落杂草丛生，赵秀红就带领老师们开荒、拔草，齐心让园内荒地变成了运动场、种植园，为孩子们打造了一个融花园、乐园、学园、家园为一体的现代化乡村幼儿园。

作为首届河南最美教师，赵秀红深有感触地说：“一个人的优秀不叫优秀，树立优秀标杆，带动大家一起优秀，才是真正的优秀。”

每天早上6:30，无论刮风下雨，她都雷打不动准时乘坐早上第一班公交车赶到许昌金三角实验幼儿园上班。幼儿园里，除了值夜班的门卫，她是第一个到园的人。赵秀红的行为示范带动了全园的教职工。接受采访时，许昌金三角实验幼儿园副园长赵华对记者说：“赵园长来支教时，我们每天早上都能看见她在晨间诵读，感到压力山大，这么优秀的人都如此用功努力，我们又怎能懈怠？”

在赵秀红和全园教职工的努力下，许昌金三角实验幼儿园仅用一年时间就吸引了周边在市区上幼儿园的孩子的幸福回归，实现了周边居民在家门口就能上好幼儿园的愿望！

在采访时，赵秀红告诉记者，她当时在许昌金三角幼儿园支教的同时还兼任许昌实验幼儿园文明创建工作、教育宣传工作等。每天晚上，等孩子们全部离园后，她就回到许昌实验幼儿园开始夜班工作，常常到深夜12:00。

赵秀红微笑着讲述着她的故事，而记者却早已为她的精神所感动，采访即将结束时，记者问赵秀红：“这么拼，图啥？”她还是笑着答道：“我很享受和孩子们在一起的快乐，每天只要看见这些活泼可爱的孩子，我就感到有无穷的能量，像总有使不完的劲儿！”

● 我的入党故事

扫一扫，跟记者一起聆听赵秀红的入党故事

扫一扫，观看《一切都给你》MV（师德楷模版）

● 记者手记

她永葆青春的秘诀，是热爱和奉献

在许昌实验幼儿园初见赵秀红时，她身穿绿色的短袖园服，化了淡妆，留着干练的短发，给我的第一印象，不像是一位已经工作了30年的老教师，倒更像一位邻家姐姐。

从事教育记者的时间不长，赵老师算是我第一个采访的幼儿教师。见到她的第一眼，我并没有觉得她与其他教师有何不同，但随着采访的深入，我逐渐认识到，赵老师对于幼儿教育的热爱和工作中的奉献精神是一般人所不及的。

7:00，到幼儿园练声；8:00，迎接孩子们；9:00，带领孩子们排练节目；9:30，给孩子们讲故事……赵老师的办公桌上有一个工作日程表，上面密密麻麻写满了每周的工作日程。一上午的时间，赵秀红一刻也没闲着。中午好不容易有点空闲时间了，她还放心不下孩子们，挨个班级去查看他们的午餐和午休情况。下午赵老师参加完学校的主题党日活动后，又审阅了幼儿园的汇报材料，我们才有时间坐下来好好聊聊。

跟着赵老师工作了一天，我这个二十出头的小伙子早已精疲力竭，而赵老师却仍然精神饱满。采访结束我离开时，赵秀红送我到许昌东站，我忍不住问道：“赵老师，您是不是感觉不到累啊？”“哈哈哈，哪能感觉不到累呢？”赵老师依旧笑着回答，“只是我干的都是我热爱的事情，和孩子们在一起能让我永远保持童心，每天都开开心心的，所以同事们都说我是个正能量满满的老师。”

在候车室回想一天的采访经历，脑海中涌现出早上第一次见到赵老师时她的样子，我想，我已经明白赵老师为什么总比同龄人显得年轻。

编辑部 66342631 记者部 66323635 导刊部 66356951 河南睿谷教育科技有限公司 66342301 ■广告 66327883 广告发布登记证号：郑惠济市监广发登字（2019）002号 ■河南教育报刊社发行部服务热线：400-659-7019 ■零售：1.50元 ■订阅：全国各地邮局 ■印刷：河南文达印刷公司（郑州市黄河路124号）

杨承

乡村教育振兴，我不能缺席！

2021年6月11日，记者从郑州出发，三跨黄河，借道山东，驱车3个小时，到达了杨承所在濮阳县徐镇镇昆吾社区小学。2016年，杨承当选河南最美教师，记者第一次来到这所学校，当时的学校仅有三栋教学楼，连校门都还没有建好。而现在，校门、宿舍楼、餐厅、塑胶跑道等设施一应俱全，甚至还接收了一所初中——学校变化堪称翻天覆地，唯一不变的，是杨承脸上的笑容和身上的那股子激情。

教书育人是不变初心

“这次培训刷新了我对济源的认识，也刷新了我对济源教育的认识。济源不仅城市建设、乡村建设漂亮，而且学校也很美。”6月11日，刚刚从济源愚公移山干部学院参加完培训归来的杨承，向记者分享济源之行的感受。

身为教师，杨承无论到哪里，都是抱着学习的心态。培训间隙，他也经常到当地的学校走一走、看一看。“多看看人家的学校，对我们自己也有启发。”杨承说。

“校长好！”“杨校长，你看我们编的东西好看不？”……走进教学楼，几乎每一个孩子都认识杨承，都会和他打招呼。印象中，记者2016年第一次来时，学生面对他还是胆怯的。“天天都在学校，和孩子、家长都认识，都很熟悉。”杨承说。学生人数增加了，但是他和学生的距离却越来越近。

“我父母小时候去趟县城都是梦想，你们现在已经去过好多地方旅游了。这样幸福的生活从哪里来的？来源于中国共产党的领导

……”6 月 11 日下午，在六（2）班的语文课堂上，记者再次看到了讲台上那个充满激情的教师杨承，将党史教育与生活相结合，孩子们感触颇深。

上完这节课，杨承就急匆匆到办公室备课——初中化学。“徐镇中学缺化学老师，刚好我大学的专业是化学，就‘重操旧业’教几个班的化学课。”对于代课，杨承丝毫没有觉得这是压力，反而觉得这是一种历练。

“杨承现在还是徐镇镇中心校副校长，承担了一大块全镇教育事业管理业务，工作非常出色。”徐镇镇中心校校长高金辰提起杨承，满口赞扬。中心校今年还把一所初中交给了杨承，秋季正式开学。优秀加敬业，让他承担了多重责任，教书育人，也让他收获了很多幸福。

众行致远是不懈追求

“下周的建党百年主题朗诵比赛，尹主任就带着大家好好筹备一

杨承带领学校教师进行集体学习

杨承向学生讲党史

下。”“组织党员到清丰县单拐革命根据地参观学习，吴校长看哪一天合适?”一到办公室，杨承就立刻开始布置下一周的工作。从来到昆吾社区小学，杨承始终都是和其他老师在一起办公。在他看来，这样工作效率能提升很多。

“我们学校除我之外，还有一位副校长，两个主任，充分保证效率提升最大化，工作不存在互相推诿的情况。”杨承介绍说，副校长和主任不仅要分管好各自工作，其他方面工作都要涉及，打破职务界限壁垒，不管谁在或不在学校，各项事务都能正常开展。

独行快，众行远。杨承深知，学校要发展，必须要有一个优秀的教师团队，个人的成功成名并不算什么，关键是团队的成功。正是秉持这样的思想，杨承注重发挥每一位教师的特长，择其优者而用之，让每一位教师都闪光。“副校长吴彦忠当年放弃其他学校校长职位，坚持来到昆吾社区小学，现在已是我的得力助手；刚毕业没几年的尹延巧老师，已是市级优秀班主任、县级优秀教师，在教务管理这一块儿得心应手……”提起每位老师的特点，杨承如数家珍，“学校年轻老师多，个人专业成长是个软肋，但年轻人不服输，竞争也很激烈。”

4 月 26 日，河南省乡村中小学首席教师岗位计划试点工作现场推进会在濮阳县召开，杨承作为乡村首席教师代表在会上发言，与会嘉宾还到昆吾社区小学参观，这给了学校老师极大的鼓舞。“工作室现在有 12 位老师，都是年轻的骨干老师，他们是工作室发展的中坚力量。”杨承说，团队读书打卡活动、微课大赛等，让大家愿意在一起说、一起讲、一起交流，进而一起成长。

“42 位老师，15 名党员，我们党员的先锋模范作用必须充分体现。”当天下午，杨承把全体党员教师组织起来，开展集体学习。“我们建立了党员模范岗，下一步要把党支部建立起来，充分发挥党组织和党员引领作用，带动全体教师共同成长。”杨承说。

乡村教育振兴是永恒目标

“学校这几年变化挺大的，除了餐厅、操场，我们还建了乡村少年宫，成立了很多艺术社团。”杨承说，他一直想把学校面积再扩大一些，教室已经不够用了，今年秋季开学，一年级要增加4个班，师资会更紧张。

“这是好事儿，说明老百姓越来越相信我们了。”杨承说，短短几年，学生家长的素质越来越高，参与学校发展的积极性越来越高，对家门口的教育越来越满意。

乡村振兴，乡村教育要先行，这是杨承经常提到的一句话。为了让乡村孩子也能享受到和城里孩子一样的教育，杨承一直在努力。“我们开办口风琴、舞蹈、电子琴、鼓等社团，培养孩子艺术兴趣，举办文化艺术节、朗诵会、体育节等活动，释放孩子天性。就拿‘六一’活动来说，原来的背景是喷绘，现在是LED大屏，肉眼可见的变化，让孩子们也受益。”杨承说。

家长是最大的校外资源。为形成家校合力，杨承组织建立了家长委员会，深度参与学校活动；开通了校长信箱，广泛听取家长意见，改进工作，争取家长支持。“跳出教育看教育，能看到不一样的风景。”杨承说。正是家长参与的热情和力量，让他更加坚定了振兴乡村教育的信心，也确立了更大的目标。

“秋季学期，我要开始办初中了。一切都是未知的领域，也不知道能招收多少学生，能不能办好……”面对新的挑战，杨承也心有疑虑，但随即化作一脸坚定：“不管有多少学生，哪怕几十个，我们也要把他们培养好，踏实走好每一步，努力让乡亲们认可、肯定！”

（原载2021年6月18日《教育时报》，作者：杜帅鹏）

扫一扫，听杨承的入党故事

我把一切献给党

新世纪河南十大师德楷模系列报道⑩

● 又见楷模

杨承：乡村教育振兴，我不能缺席！

□ 本报记者 杜帅鹏/文图

6月11日，记者从郑州出发，三跨黄河，借道山东，驱车3个小时，到达了杨承所在濮阳县徐镇镇昆吾社区小学。2016年，杨承当选河南最美教师，记者第一次来到这所学校，当时的学校仅有三栋教学楼，连校门都还没有建好。而现在，校门、宿舍楼、餐厅、塑胶跑道等设施一应俱全，甚至还接收了一所初中——学校变化堪称翻天覆地，唯一不变的，是杨承脸上的笑容和身上的那股子激情。

教书育人是不变初心

"这次培训刷新了我对济源的认识，也刷新了我对济源教育的认识。济源不仅城市建设、乡村建设漂亮，而且学校也很美。"6月11日，刚刚从济源愚公移山干部学院参加完培训归来的杨承，向记者分享济源之行的感受。

身为教师，杨承无论到哪里，都是抱着学习的心态。培训间隙，他也经常到当地的学校走一走、看一看。"多看看人家的学校，对我们自己也有启发。"杨承说。

"不能这样倒立，危险，到操场上玩儿吧。""早上咋能不吃饭！家长应该记得督促孩子。"刚走进校门，杨承就开始"处理"学生的小事儿。在他眼里，所有的学生都像自己的孩子，哪怕有一点儿做得不好他都要指出来。

"校长好！""杨校长，你看我们编的东西好看不？"……走进教学楼，几乎每一个孩子都认识杨承，都会和他打招呼。印象中，记者2016年第一次来时，学生面对他还是胆怯的。"天天都在学校，和孩子、家长都认识，都很熟悉。"杨承说。学生人数增加了，但是他和学生的距离却越来越近。

和杨承认识多年，记者从未叫过他"杨校长"，他也喜欢别人称他"杨老师"。"从2009年参加工作，我一直都在教学一线，从未脱离过讲台。我更愿意把自己定义为一名老师。"杨承坦言，自从踏上工作岗位的那一刻起，教书育人就成为他奉行一生的信条。

"我父母小时候去趟县城都是梦想，你们现在已经去过好多地方旅游了。这样幸福的生活从哪里来的？来源于中国共产党的领导……"6月11日下午，在六（2）班的语文课堂上，记者再次看到了讲台上那个充满激情的教师杨承，将党史教育与生活相结合，孩子们感触颇深。

上完这节课，杨承就急匆匆到办公室备课——初中化学。"徐镇中学缺化学老师，刚好我大学的专业是化学，就'重操旧业'教几个班的化学课。"对于代课，杨承丝毫没有觉得这是压力，反而觉得这是一种历练。

"杨承现在还是徐镇镇中心校副校长，承担了一大块全镇教育事业管理业务，工作非常出色。"徐镇镇中心校校长高金辰提起杨承，满口赞扬。中心校今年还把一所初中交给了杨承，秋季正式开学。优秀加敬业，让他承担了多重责任，教书育人，也让他收获了很多幸福。

大课间，看到记者在给杨承拍照，一大群孩子围了上来，就这样，他们簇拥着自己的校长，留下了美好瞬间。这一刻，杨承脸上的笑容格外灿烂。

在孩子们中间，杨承脸上的笑容格外灿烂

众行致远是不懈追求

"下周的建党百年主题朗诵比赛，尹主任就带着大家好好筹备一下。""组织党员到清丰县单拐革命根据地参观学习，吴校长看哪一天合适？"一到办公室，杨承就立刻开始布置下一周的工作。从来到昆吾社区小学，杨承始终都是和其他老师在一起办公。在他看来，这样工作效率能提升很多。

"我们学校除我之外，还有一位副校长，两个主任，充分保证效率提升最大化，工作不存在互相推诿的情况。"杨承介绍说，副校长和主任不仅要分管好各自工作，其他方面工作都要涉及，打破职务界限壁垒，不管谁在或不在学校，各项事务都能正常开展。

独行快，众行远。杨承深知，学校要发展，必须要有一个优秀的教师团队，个人的成功成名并不算什么，关键是团队的成功。正是秉持这样的思想，杨承注重发挥每一位教师的特长，择其优者而用之，让每一位教师都闪光。"副校长吴彦忠当年放弃其他学校校长职位，坚持来到昆吾社区小学，现在已是我的得力助手；刚毕业没几年的尹延巧老师，已是市级优秀班主任、县级优秀教师，在教务管理这一块儿得心应手……"提起每位老师的特点，杨承如数家珍，"学校年轻老师多，个人专业成长是个软肋，但年轻人不服输，竞争也很激烈。"

4月26日，河南省乡村中小学首席教师岗位计划试点工作现场推进会在濮阳县召开，杨承作为乡村首席教师代表在会上发言，与会嘉宾还到昆吾社区小学参观，这给了学校老师极大的鼓舞。"工作室现在有12位老师，都是年轻的骨干老师，他们是工作室发展的中坚力量。"杨承说，团队读书打卡活动、微课大赛等，让大家愿意在一起说、一起讲、一起交流，进而一起成长。

"42位老师，15名党员，我们党员的先锋模范作用必须充分体现。"当天下午，杨承把全体党员教师组织起来，开展集体学习。"我们建立了党员模范岗，下一步要把党支部建立起来，充分发挥党组织和党员引领作用，带动全体教师共同成长。"杨承说。

"这个夏天，我和其他两位老师一起报名参加河南教师成长学院，想以此为开端，争取让学校老师都能轮训一次，努力打造我们昆吾社区小学的名师团队。"杨承对未来充满信心。

乡村教育振兴是永恒目标

"学校这几年变化挺大的，除了餐厅、操场，我们还建了乡村少年宫，成立了很多艺术社团。"杨承说，他一直想把学校面积再扩大一些，教室已经不够用了，今年秋季开学，一年级要增加4个班，师资会更紧张。

"这是好事儿，说明老百姓越来越相信我们了。"杨承说，短短几年，学生家长的素质越来越高，参与学校发展的积极性越来越高，对家门口的教育越来越满意。

乡村振兴，乡村教育要先行，这是杨承经常提到的一句话。为了让乡村孩子也能享受到和城里孩子一样的教育，杨承一直在努力。"我们开办口风琴、舞蹈、电子琴、鼓等社团，培养孩子艺术兴趣，举办文化艺术节、朗诵会、体育节等活动，释放孩子天性。就拿'六一'活动来说，原来的背景是喷绘，现在是LED大屏，肉眼可见的变化，让孩子们也受益。"杨承说。

家长是最大的校外资源。为形成家校合力，杨承组织建立了家长委员会，深度参与学校活动；开通了校长信箱，广泛听取家长意见，改进工作，争取家长支持。"跳出教育看教育，能看到不一样的风景。"杨承说。正是家长参与的热情和力量，让他更加坚定了振兴乡村教育的信心，也确立了更大的目标。

"接下来要重点关注孩子们的习惯养成教育，'5+2=0'的情况比较普遍。"学校计划开设家长课堂，利用业余时间，邀请专家为家长授课，传授科学育人理念，通过家长的行为巩固学生的进步。"毕竟孩子发展才是真正的发展，我们现在做的一切事情都是为了学生，为了乡村的学生。"杨承说。

"秋季学期，我要开始办初中了。一切都是未知的领域，也不知道能招收多少学生，能不能办好……"面对新的挑战，杨承也心有疑虑，但随即化作一脸坚定："不管有多少学生，哪怕几十个，我们也要把他们培养好，踏实走好每一步，努力让乡亲们认可、肯定！"

● 我的入党故事

扫一扫，跟记者一起聆听杨承的入党故事

扫一扫，观看《一切都给你》MV（师德楷模版）

①学生增多，但杨承与学生的距离越来越近
②杨承带领学校教师进行集体学习
③杨承向学生讲党史

● 记者手记

初心不改，为乡村教育代言

5年后再次走进杨承的学校，记者感觉到变化最大的，是杨承本人——更加成熟厚重了。

"老百姓把孩子交给我们，也就是把家庭和未来托付给了我们，我们没有理由辜负他们。""校长只是一个兼职，教师才是永恒职业。"……曾经不善言语，如今"靓语"频出，思路开阔，这背后是杨承不为人知的经历、压力、动力。

从2009年走上讲台至今，杨承辗转多所学校，职位身份诸多变化，但始终没有离开乡村教育这个舞台，"普通一师"仍是他最显著的标签。他把乡村教师的道路越走越宽广，他的坚守和成长，彰显了新时代乡村青年教师的责任与担当。

让农村家长把孩子放心地送到家门口的学校接受和城里一样有质量的教育，让教育不再成为一个家庭最大支出。这些外人看来像是遥远的理想，却是杨承心中的执念，是一直在努力的目标。

心中有梦想，脚下有力量。学校的每一步发展，每一点改变，对杨承来说都实属不易。好在他改变乡村教育面貌的初心未变，用教育改变农村孩子命运的信心未改，这也是让记者最为感动的。

杨承就像一束微光，照亮乡村；他还是一个火把，点亮他人。期待有更多"杨承"们，投身于乡村教育这片热土，这才是教育之幸、之望。

报记忆

出生在甘肃省天水市一个普家庭，他从小就梦想当一名以考上师范院校就成了他的09年6月，刚刚走出象牙经过层层选拔，如愿以偿考特岗教师，被分到了位于黄濮阳县徐镇镇六市小学。

年9月，随着学校布局的承来到了与原学校紧邻但被相隔的前范寨小学任教并担务。2015年9月，杨承又社区小学工作。新环境意味，为了让自己安心工作，杨在了濮阳。

为黄河滩区的孩子带去希 2016年5月17日《教育者：杜帅鹏

推动信念，你挺直腰杆，黄河之畔，青春的热血沸情怀激荡，无悔路上，你教师代言。"这是今年教6河南最美教师评委会授奖词。杨承把他抄在自己常看常思。

到哪儿、什么岗位，我都，我是特岗教师的代言处处以榜样的标准要求自这样为自己定位。

他用青春为特岗教师代 2016年12月13日《教育者：杜帅鹏、刘艳霞、万

青春为特岗教师代言

3月，开学后，中心校条件较好的中心学校上纷纷找过来，小宁的爷爷"杨老师，你真的要走感觉我们这里条件太差，拿出一些砖，给您建一间

告诉家长们，我已经决定想到家长们高兴地鼓掌起的爸爸拍着孩子的背说：听见了吧，杨老师不走掌声留在了我的心里，激要陪伴他们，永不放弃。

我愿做黄河里的一朵浪 杨承在全省教育系统学书记教师节重要寄语精神做报告的讲稿，原载 6日《教育时报》

年9月，在教育部实施首席教师岗位试点工作的，我又成为了一名乡村中师，打造了乡村中小学首室。这段时间里，我先后国优秀教师、2020河南闻人物。尤其是去年教师全国优秀特岗教师报告团了教育部党组书记、部长见，回来后一直牢记陈部育初心，扎根农村教育"乡村中小学首席教师工作更加扎实有效。我们将不不断地自我设定更高的目己，让乡村中小学首席教挥更大、更实、更有效的

乡村教育的筑梦人》，本河南省乡村中小学首席教试点工作现场推进会所做享的讲稿，原载2021年教育时报》

部 66342631 记者部 66323635 导刊部 66356951 河南睿谷教育科技有限公司 66342301 ■广告 66327883 广告发布登记证号：郑惠济市监广发登字（2019）002号 ■河南教育报刊社发行部服务热线：400-659-7019 ■零售：1.50元 ■订阅：全国各地邮局 ■印刷：河南文达印刷公司（郑州市黄河路124号）

编者按：

为庆祝中国共产党成立100周年，教育时报联合河南省师德建设宣传中心，隆重推出了"我把一切献给党"新世纪河南十大师德楷模系列报道。

从隆冬到初春，从初春到盛夏，本报记者先后对新世纪河南十大师德楷模进行了回访，并为河南省师德教育活动主题歌《一切都给你》录制了师德楷模版的MV，在全省教育系统引起了强烈反响。在庆祝党的百年华诞之际，十位师德楷模"我手写我心"，送上对党的真挚祝福，表达自己"把一切献给党"的赤子情怀。

我把一切献给党

张玉滚

党啊，母亲，
您是人民的引路人，
是民族的脊梁。
我们为您骄傲，为您自豪。

张玉滚

张玉滚：时代楷模的回乡之路

王生英

对学生的爱，是我坚守的初心；
红旗渠精神，是我力量的源泉；
党啊，把一切献给你，
是我一生不变的追求！

王生英

王生英：交给党的答卷我打100分！

刘文婷

从教三十载，入党二十年，我真切感受到了祖国逐渐强大，见证了特殊教育从起步到普及、办好的历程。我将永葆初心，砥砺奋进！

刘文婷

刘文婷：为党站好特教这班岗，我义不容辞

郭天财

百年奋斗历程，百年灿烂辉煌；
牢记初心使命，启航新的征程。
衷心祝愿伟大的中国共产党永远年青！

郭天财

郭天财：我还是农学一少年

李灵

一个信念跟党走，
一颗红心报党恩。
乡村教育使命重，
矢志不渝献此生。

李灵

李灵：坚守乡村教育的初心不

武秀之

喜迎中国共产党百岁华诞，
牢记毛主席、周总理亲切嘱托，
高举"三合一"唱、唸、演象旗帜，
感恩队齐心协力，再创辉煌！

武秀之

武秀之：将党的嘱托进行到底

王彩琴

党是母亲百岁，我乃奔六之闺。
感谢党我追梦，我当砥砺前行。
恭祝母亲康健，我当倾情陪伴。
恭祝母亲万福，我当永远祈祷。

王彩琴

王彩琴：我所有的梦都与基础教育相关

茹振钢

在我们的国家越来越强大，人民越来越幸福的今天，喜迎中国共产党100年华诞，我衷心祝福我们伟大的党、亲爱的母亲，更加壮大！更加辉煌！

茹振钢

茹振钢：把中国人的"粮袋子"抓在自己手里

赵秀红

一颗爱心，
永远温暖每一个孩子！
一腔热血，
永远献给挚爱的幼教事业！
一种信念，
永远热爱祖国，永远跟党走！

赵秀红

赵秀红：享受和孩子们在一起的快乐

杨承

兴，国教育有大
育才育人为根
强国崛起正当
引吭高歌齐方

杨承：乡村教育振兴，我不能

“出彩河南人”2021 最美教师宣传推介活动启动

为深入学习贯彻习近平总书记关于教育的重要论述和全国、全省教育大会精神，加强和改进新时代师德师风建设，以高质量的师德建设水平迎接建党百年，结合教育部“全国教书育人楷模”“全国最美教师”评选活动，2021 年 4 月 15 日，省委宣传部、省委高校工委、省教育厅、河南日报报业集团、河南广播电视台五部门联合下发《关于开展“出彩河南人”2021 最美教师宣传推介活动的通知》（以下简称《通知》）。

《通知》指出，全省各级各类学校具备教师资格且在岗的专任教师均可参加宣传推介活动。活动将通过推荐、初评、终评三个阶段，最终在全省共选树 10 名“出彩河南人”2021 最美教师，于教师节前夕公布宣传推介结果，举行颁奖典礼，进行广泛宣传。

《通知》要求，各地、各校要将“出彩河南人”2021 最美教师宣传推介活动与中国共产党成立 100 周年庆祝活动结合起来，与全党开展的党史学习教育结合起来，充分发挥党员教师的先锋模范作用，使党员教师成为践行高尚师德的中坚力量；要高度重视，深入挖掘优秀教师典型，综合运用授予荣誉、事迹报告、媒体宣传、创作文艺作品等手段，充分发挥典型引领示范和辐射带动作用；要严格按照“公开、公平、公正”原则，按照推介标准组织推荐工作，真正将具有代表性、影响力的典型人物遴选出来。要向农村学校一线教师倾斜。

本次活动由河南省师德建设宣传中心、河南广播电视台卫星频道、河南省教育发展基金会承办，“河南师德”微信公众号和河南省师德建设宣传网（sdxc.shuren100.com）将对活动进行全程报道。

（原载 2021 年 4 月 29 日《教育时报》，作者：杨智斌）

我省启动师德专题教育

为全面贯彻习近平总书记关于教育的重要论述和全国、全省教育大会精神，全面加强和改进新时代师德师风建设，省教育厅2021年6月8日印发《河南省教育系统师德专题教育实施方案》（以下简称《实施方案》）。

《实施方案》指出，师德专题教育将贯穿2021年全年，突出明师德要求、强"四史"教育、学师德楷模、遵师德规范、守师德底线，注重融入日常、抓在经常，强化系统组织、分类指导。

根据《实施方案》，全省教育系统将采取论坛、座谈会、师德师风优秀典型案例征集、师范生师德养成教育活动等多种形式，组织教师及师范生深入学习习近平总书记关于师德师风的重要论述。结合建党百年系列庆祝活动，在教师队伍中强化"四史"学习教育，充分发挥我省丰富红色资源优势，组织开展青年教师国情教育培训和高层次人才理想信念教育培训。启动师德建设基地、师德涵养基地建设，依托省内优质高等教育资源，统筹省内优秀传统文化教育资源，遴选、培育、建设一批河南省师德师风建设基地、河南省师德师风涵养基地。开展教师优秀典型选树宣传活动、新时代河南师德楷模宣传推介活动、学习师德师风优秀典型活动、"出彩河南人"2021最美教师宣传推介活动，引导广大教师从"被感动"到"见行动"。组织全体教师分类学习教育部《新时代高校教师职业行为十项准则》《新时代中小学教师职业行为十项准则》等系列文件，规范职业行为，明确师德底线。

此外，我省还将集中开展师德警示教育、定期通报师德违规问题，进一步健全宣传、教育、考核、奖惩、监督"五位一体"师德建设长效机制。各地各校要定期组织教师召开师德警示教育大会，以教育部和省教育厅网站公开曝光的"违反教师职业行为十项准则典型案例”为反面教材，开展警示教育，引导教师以案为鉴。结合师德违规问题，对照新时代教师职业行为十项准则正面规范和负面清单，教育广大教师以案为鉴、以案明纪。

为推进师德专题教育深入开展，省教育厅成立师德专题教育领导小组，全面加强对专题教育的组织领导。《实施方案》要求各地各校健全组织机构，认真落实工作责任制，突出问题导向，强化宣传教育，加强督促指导，确保师德主题教育顺利推进。

（原载 2021 年 6 月 15 日《教育时报》，作者：张利军）

河南省教师违反职业道德行为投诉管理平台正式上线

2021 年 10 月 8 日，河南省教师违反职业道德行为投诉管理平台正式上线。发现违反师德师风行为，全省各地市民、家长可以通过手机扫码登陆平台进行投诉，实现“指尖监督”。

日前，省教育厅印发的《关于启用河南省教师违反职业道德行为投诉管理平台的通知》指出，根据中共河南省委高校工委、中共河南省教育厅党组《深入整治全省教育领域群众身边腐败和不正之风工作实施方案》精神，结合教育部和我省师德专题教育、中小学有偿补课和教师违规收受礼品礼金问题专项整治工作部署，省教育厅决定启用河南省教师违反职业道德行为投诉管理平台，受理群众对教师师德失范行为的投诉举报。

该通知明确，针对投诉，各地、各校将依据教育部《关于高校教师师德失范行为处理的指导意见》《中小学教师违反职业道德行为处理办法（2018 年修订）》《幼儿园教师违反职业道德行为处理办法》等法律法规和制度规范，对群众反应强烈、与群众利益密切相关的各类教师师德失范行为进行严肃查处。

（来源：2021 年 10 月 8 日河南省师德建设宣传网，作者：庞珂）

我省确定10个师德师风建设基地和9个涵养基地

近日，河南省师德师风建设基地和涵养基地名单公布，郑州大学、河南大学、河南师范大学等10所高校被确定为河南省师德师风建设基地；焦裕禄纪念园、红旗渠纪念馆、新乡先进群体精神教育基地等9家单位被确定为河南省师德师风涵养基地。

以建设基地和涵养基地的形式进一步引导广大教师以德立身、以德立学、以德施教，在河南省尚属首次。省教育厅要求，师德师风建设基地要对照目标任务，开发具有实效性的师德教育资源，加强对师德师风建设整体情况的监测和分析评估，提高师德师风建设的科学性、有效性、针对性。师德师风涵养基地要立足自身基础，发挥优势，突出特色，制订基地建设规划，探索形成师德涵养教育体系和协同育人工作机制。省教育厅将组织专家对各基地建设情况进行跟踪指导，并在教师培训项目、师范生实习、课题研究、平台建设等方面予以支持。

在“两个基地”建设的基础上，省教育厅鼓励各地、各学校不断探索师德师风建设的新模式、新路径，充分利用省内红色教育资源、传统文化资源，开发师德师风教育课程资源，开展体验式教学和课题研究，组织在职教师、在校师范生参与社会实践活动，激发他们的家国情怀、乡土情感，激励广大教师坚守教育报国的初心，勇担立德树人的光荣使命。

（原载2021年12月7日《教育时报》，作者：张利军）

揭晓丨“出彩河南人”2021最美教师

师德中心 河南师德 2021-09-09 20:15

刚刚
“出彩河南人”2021最美教师发布仪式
在河南卫视播出
宣传推介活动由
中共河南省委宣传部
中共河南省委高校工委
河南省教育厅
河南日报报业集团
河南广播电视台
共同主办
河南省师德建设宣传中心
河南广播电视台卫星频道
河南省教育发展基金会
联合承办

致全市广大教师和教育工作者的慰问信

全市广大教师和教育工作者：

值此全国第37个教师节来临之际，中共郑州市委、市人民政府向辛勤耕耘在教育战线的广大教师和教育工作者，致以节日的祝贺和诚挚的慰问！向长期以来关心、支持郑州教育事业健康持续发展的社会各界人士，表示衷心的感谢！

教育是国之大计、党之大计，教师是立教之本、兴教之源。近年来，全市广大教育工作者深入学习习近平新时代中国特色社会主义思想，全面贯彻党的教育方针，以争做"四有好老师"、当好"四个引路人"为标杆，以让每个孩子享受公平而有质量的教育为己任，潜心育人、孜孜不倦，爱岗敬业、无私奉献，用真心爱心细心支撑起了中小学午餐和课后延时服务"全覆盖"，同心同向开启了"美好教育"高质量发展的新篇章，赢得了社会各界的广泛赞誉。你们无愧于党和人民的信任与重托，无愧于人民教师的光荣称号！

今年暑期，面对汛情、灾情、疫情交织叠加，广大教师和教育工作者积极响应党委、政府号召，逆行而上、冲在一线，以执笔之手守护人民安康，以勇毅笃行展示"师者榜样"，为防汛抢险、灾后重建、抗击疫情、返校复学做出了积极贡献。

当前，全市上下正在深入学习贯彻习近平总书记关于河南郑州的重要讲话指示批示精神，按照省委、省政府提出的当好"国家队"、提升国际化要求，加快打造国家创新高地、国家先进制造业高地、国家开放高地和国家人才高地"四个高地"。这些目标的实现离不开高品质教育的支撑，离不开广大教育工作者的积极参与。希望广大教师认真学习贯彻习近平总书记关于教育的重要论述，始终不忘立德树人初心，时刻牢记为党育人、为国育才使命，积极探索新时代教育教学方法，不断提升教书育人本领，努力培养德智体美劳全面发展的社会主义建设者和接班人，为国家中心城市现代化提供源源不断人才和智力支撑！各级党委、政府要认真落实国家、省加快推进教育现代化的各项部署，坚定不移实施教育优先发展战略，加强教师队伍建设，以更加务实举措营造安心从教、热心从教、静心从教的良好环境，合力办好人民满意的"美好教育"！

祝愿全市广大教师和教育工作者节日愉快、身体健康、工作顺利、阖家幸福！

中共郑州市委
郑州市人民政府
2021年9月10日

"出彩河南人"2021"最美教师"揭晓
郑州三位老师获"最美"

本报讯（郑报全媒体记者 张竞昳）致敬最美的你！昨晚，"出彩河南人"2021"最美教师"发布，11位优秀教师获"出彩河南人"2021最美教师称号，2位教师获特别奖。

发布仪式上，"出彩河南人"2021"最美教师"正式揭晓，他们是禹州市花石镇观音堂小学教师王变变、靳塬统，濮阳县文留镇东王庄小学教师王爱红，林州市采桑镇第一初级中学教师元建周，漯河市高级中学教师申中华，郑州市第101中学教师朱奎鹏，河南师范大学教师刘安娜，新乡县大召营中学教师张峰，沁阳市龙泉中心小学教师陈佩，河南中医药大学教师崔姗姗，郑州大学教师梁静。

另外，郑州大学教师周荣方、太康县清集镇二郎庙小学校长张鹏程，被组委会授予"出彩河南人"2021"最美教师"特别奖。

■看看郑州"最美"三位老师

深耕基础理论 她创造了"中国标准"

梁静，郑州大学电气工程学院院长，在取得博士学位后，她拒绝了地方政府机关、国外科研机构抛来的"橄榄枝"，回到家乡郑州工作。

在智能优化算法方面，梁静创新性地提出了多种新型高效的智能学习策略，相关论文被30多个国家的相关研究团队引用4200余次。在优化算法测试评价方面，设计了新的复合型标准测试函数集，发表的相关技术报告总引用超过3700次，目前已被全世界67个国家和地区45个学科领域的学者认可和使用，实现"中国标准"衡量世界计算智能。

在算法的实际应用方面，她成功地将所提出的新型智能优化算法应用于许多实际应用问题中，产生良好的经济效益。

针对新时期大学生教育呈现的新特点，她结合学科专业，以实际应用为导向，以社会需求为目标，尝试教学改革，注重培养学生研究和解决实际问题能力。在她的指导下，一大批优秀学子取得傲人的成绩。

梁静

春风化雨，她是学生们的"中基妈妈"

崔姗姗，河南中医药大学中医学院中医基础理论教研室教授，在高校教师这个岗位上耕耘了36个春秋。一提起崔老师，学生们会亲切地称她为"中基妈妈"。

学生一进校，崔姗姗就会制作学生个人信息卡，详细记录学生的性格爱好、选择学习中医的初衷等，帮助新生度过"心理失衡期"。

学生生病了，她熬粥送至床前；学生遇到危险时，她像母亲呵护孩子；她出钱为困难学生买学习资料，编写教学辅导资料免费发给学生。在她的带领下，在我省执业医师考试中，学生们的中基成绩全国排名第一。

已经毕业的学生还经常和"中基妈妈"联系，汇报他们的学习和工作，节日里，满屏的"我爱崔妈妈"是对崔姗姗最好的肯定与认可。

崔姗姗

"最暖"班主任，52份盒饭感动学子

朱奎鹏是郑州市第101中学的老师，从教10余年，是学生们心中"最暖"的班主任。

学生小董不会忘记，在2012年7月的一次考试中，他忽然晕倒，是朱老师与校医一同把他从四楼抬至一楼，送上救护车……

学生小郭不会忘记，2013年9月，他因文理分科不适应，出现严重的厌学情况，以至休学回家。是朱老师多次家访，与他沟通交流，帮他走出厌学阴影。随后，他多次名列班级第一。

2017年，朱奎鹏担任毕业班班主任，在一次模拟考试中，学生们的成绩普遍不理想，心情低落，朱奎鹏在体育馆给大家上了一堂激励课。结束时正值午饭时间，朱奎鹏走到体育馆一角掀开桌布，精心准备的52份盒饭感动了每一位学生。

每每接手新班级，朱奎鹏会通过与学生一起制作"指纹树"等方式，增强班级的凝聚力。作为高三毕业班的班主任，朱奎鹏会提前了解学生的目标学校，给每人定制理想大学的校徽，激励学生积极向学。

朱奎鹏

市领导调研指导市区新冠疫苗接种工作

本报讯（记者 张武杰）实施新冠疫苗接种，形成群体免疫屏障是阻断疫情传播的有效途径。昨天上午，副市长刘建发在市区调研指导新冠疫苗接种工作，并就近阶段疫苗接种工作提出要求。

刘建发先后来到北关区红旗路街道办事处社区卫生服务中心、文峰区甜水井街道办事处社区卫生服务中心、龙安区新冠疫苗临时接种点、殷都区相台新冠疫苗接种点，实地查看接种点疫苗登记、接种、留观等情况，详细了解辖区当前新冠疫苗接种工作推进进度，并和留观群众亲切交谈，希望大家能够相互带动，尽早完成相应剂次疫苗接种。

刘建发指出，各级各部门要高度重视疫苗接种工作，高效推进，切实提高疫苗接种率，特别是要在做好第一针疫苗接种基础上，继续抓好第二针疫苗接种工作，真正有效发挥疫苗作用。

刘建发强调，领导干部要提高站位，靠前指挥，广大基层的同志也要克服疲劳倦怠思想，振奋精神，做到疫苗接种工作不放松。要明确重点，突出实效，近阶段要在做好学生疫苗接种工作的同时，全力开展18周岁以上人群第二针疫苗接种工作。要压实责任，落实到人，做好督促提醒工作，消除疫苗接种工作的盲区和死角。此外，要加强科学宣传，做好每天的抽查和通报，确保疫苗接种工作顺利完成。

我市启动“遇见最美安阳”“99公益日”爱心包裹活动

本报讯（记者 高学艳）昨天下午，“遇见最美安阳”“99公益日”爱心包裹活动启动仪式在安阳邮政大厦举行。市委宣传部、市文明办、共青团安阳市委、市邮政分公司等有关单位的领导和企业家代表、各界爱心人士共同见证了这一“最美”时刻。

爱心包裹项目是由中国扶贫基金会和央视电影频道于2009年共同发起、中国邮政提供特别支持的公益项目，旨在改善欠发达地区农村小学生综合发展和生活条件。项目以“小包裹，大爱心”为主题，通过搭建透明便捷的捐赠平台，关爱弱势群体，推动全民公益，促进社会和谐。近5年，该项目在我市逐渐深入人心，许多企业和个人不断参与其中，累计募捐73万余元，惠及7300名儿童和母亲。这些爱心包裹不仅温暖了我市留守儿童的心，还给云南、贵州、四川、新疆、西藏等地区的孩子们送去古都人的关怀，使其感受到来自甲骨文故乡的热情。

近年，安阳邮政充分发挥中国邮政网络覆盖全国，特别是能够深入农村的优势，积极运作爱心包裹活动，致力于改善欠发达地区及农村小学生综合发展和生活条件，传递党和社会各界对边远山区、贫困儿童的关爱和帮扶。

小小的一个包裹，承载着孩子的梦想，连接着一颗颗爱心，播种下一个个希望。活动启动仪式上，爱心企业家代表宣读了倡议书，现场进行了认捐，正式拉开了2021年安阳邮政助力爱心公益活动的序幕。截至发稿日，通过线上、线下捐赠渠道，已筹集善款近30余万元，展现了一座古老都市的现代文明风尚。

市消协发布中秋国庆“双节”消费提示

本报讯（记者 李 慧）9月8日，市消费者协会结合近期市场消费热点和假日消费特点，发布2021年中秋、国庆“双节”消费提示，旨在使广大消费者过一个祥和、舒心的节日，减少或避免消费纠纷引起的不快，倡导文明、科学、绿色、环保的品质消费理念。

“随着我国疫情防控形势持续向好，不少人将选择外出旅游。消费者应在出行前加强风险评估，尽量选择风险低、相对安全的旅游线路出行，避免前往疫情中高风险地区，避开热门景点的高峰时段，错峰出行，并实时关注旅游目的地防疫政策。”市消费者协会秘书长陈文超提醒。大家如自驾出行还应提前做足安全准备，出行前仔细检查车辆状况，进行必要的保养维护和检测，携带相关急救用品和药品，合理安排出行线路，避免疲劳驾驶。

随着网上购物的日益火爆，特别是节假日期间，越来越多的消费者会选择网上购物，但由于网购的特殊性，隐含了诸多风险。“消费者在网购时，要尽量选择大型知名的购物网站或企业官方网站。网络订餐时，要尽量选择信誉较好的平台和供餐商家。收到外卖送餐后要先检查餐食包装是否完好、清洁，是否受到污染或出现变质，确认无误后要及时就餐。”陈文超说。同时，消费者还应慎购朋友圈食品。在购买的过程中要注意保留交易过程中的聊天记录、支付凭证、快递单、商品包装等相关资料；使用电子支付时要防止个人信息泄露，影响资金安全。

“双节”期间，正值商家销售旺季，线上线下各类商品的促销打折吸引消费者的方式五花八门。陈文超还提醒广大消费者，不要被特价、优惠、打折商品所迷惑，不盲目贪图便宜而购买自己不需要的商品，理性消费。“大家消费时要谨记向商家索取并妥善保管购物发票、小票、电子交易等有效凭证。一旦发生消费纠纷，可及时拨打12315投诉热线或者向当地消费者协会投诉，并提供有效维权凭证，依法维护自身合法权益。”陈文超说。

奋斗百年路 启航新征程 牢记初心使命 争取更大光荣

“出彩河南人”2021最美教师揭晓

本报讯 昨天晚上，“出彩河南人”2021最美教师发布仪式在河南卫视播出，11位优秀教师荣获“出彩河南人”2021最美教师称号，2位教师获得特别奖。受疫情影响，今年的最美教师发布仪式首次采用云录制方式进行。

发布仪式上，“出彩河南人”2021最美教师正式揭晓，他们分别是：夫妻同心、让村小旧貌换新颜的禹州市花石镇观音堂小学教师王变变、靳塬统，扎根田野、激活乡村教育蓬勃力量的濮阳县文留镇东王庄小学教师王爱红，投身特岗、拓展启智扶贫之路的林州市采桑镇第一初级中学教师元建周，兼任第一书记、探究控辍保学新路径的漯河市高级中学教师申中华，在“校史中挖掘党史”、助力红色基因传承的郑州市第101中学教师朱奎鹏，课堂因材施教、课下网络互联的河南师范大学教师刘安娜，倾其所有、把留守孩子送向理想学堂的新乡县大召营中学教师张峰，全科教学、让乡村孩子全面发展的沁阳市龙泉中心小学教师陈佩，共享精品课程资源、传承中华医学精华的河南中医药大学教师崔姗姗，引领智能优化领域发展、为“双一流建设”增砖添瓦的郑州大学教师梁静。

以焦裕禄为榜样、讲活思政课、引导学生走好人生路的“思政网红”——郑州大学教师周荣方，用白发书写青春、用亲情点亮心灵的“‘80后’白发校长”——太康县清集镇二郎庙小学校长张鹏程，被组委会授予“出彩河南人”2021最美教师特别奖。另外，今年“出彩河南人”2021最美教师宣传推介活动还首次增设优秀奖，共有10位教师获奖。

特别值得注意的是，今年的发布仪式还有两大亮点：一是刚刚获得2021年全国教书育人楷模的辉县市西平罗乡中心幼儿园园长郭文艳，也在发布仪式上代表全省教师表达了“为党育人、为国育才”的决心和信心；二是河南省首批教育世家的家庭代表，一起云合诵原创叙事诗《赓续百年，初心不变》，展现了教育世家代代传承、薪火相传育桃李的教育情怀。

据悉，“出彩河南人”2021最美教师宣传推介活动由中共河南省委宣传部、中共河南省委高校工委、河南省教育厅、河南日报报业集团、河南广播电视台共同主办，河南省师德建设宣传中心、河南广播电视台卫星频道、河南省教育发展基金会承办。自2015年开始，“出彩河南人”最美教师宣传推介活动已连续举办7届，在全社会营造了尊师重教的浓厚氛围。（本报记者）

爱满山乡育桃李

——记林州市采桑镇一中教师元建周

□本报记者 刘剑昆 文/图

“让每一个山村孩子学有所成，不让一个贫困学生失学。”这是元建周从教的初心，也是他执着的追求。

元建周，共产党员，林州市采桑镇一中教师，河南省首批特岗教师，体育教育专业硕士研究生。十余年来，他坚守山乡教育一线，长期担任班主任工作，兼任校团委书记。2020年9月被评为“安阳最美教师”，新近又入选“出彩河南人”2021最美教师。

扎根山村 智志双扶

“热爱孩子是教师生活中最主要的东西。”元建周始终牢记前苏联教育家苏霍姆林斯基的箴言，并付诸自己的教学实践。

2009年9月，元建周顺利考取特岗教师，被分配到采桑镇二中小学部（现秦家坡福生小学）任教。这是一所寄宿制小学，远离镇区，条件艰苦，留守儿童共性问题，始终是这类农村学校的教育短板。解决留守儿童的教育问题，便成了他初入教坛的第一命题。他深入家庭进行走访，与家长沟通，与学生谈心，与学生共餐，了解各自家庭背景，掌握学生思想动向，用身心探寻留守儿童的教育捷径。

秦西文，一个从小就失去父爱的孩子，极度自卑，性格孤僻，黑瘦的脸上时刻诠释着家庭的不幸。爷爷体弱，奶奶耳聋，祖孙相依为命。两位老人常常习惯性地仰望二楼的半截砖房，长吁短叹，那是西文父亲离世前留下的最后念想。尽管在国家政策的扶持下，生活日益好转，但孩子的教育问题使得年迈的老人异常揪心。面对元建周老师的突然造访，老人老泪纵横：“老师，西文，可咋办？”元建周强忍泪水安慰：“没事，有我呢。”自此，西文的教育便成了元建周实践初心的具体模板。自此，西文家中便多了一位常客，星期天、节假日，宿舍里、庭院中，补语文、补数学，聊生活、聊未来，孩子成绩大幅度提升，奖状开始在墙上有了位置，沉寂许久的院落，终于有了笑声。

“元老师，真是个好人呀！”9月6日，记者采访时，老人泪流满面拉着记者的手倾诉着：“看，这是西文得的奖！”“看，这是元老师最近来时提的东西，每次来都不空手。”

西文笑着告诉记者：“上学真好，我要好好学习，长大后做个像元老师这样的人。”

与秦西文一样遭遇不幸的还有宋依霏、李林榕、刘柯艺等留守儿童。元建周对每一个孩子都倾注了爱心，让每一个孩子都找到了快乐，扬起了自信的风帆。

2015年，元建周取得硕士研究生学位，市区多所学校诚心邀请，但他毅然决然留了下来，他说：“这里的孩子更需要我。”

扎根农村需要一种精神，更需要一种情怀、担当和行动。潜心扶智助贫，倾情乡村教育，他用一腔真情，催开穷乡僻壤一株株奇花异蕊。

以德为先 立德树人

德才兼备，以德为先，这是元建周培养学生的理念。多年来，他将德育教育贯穿教书育人工作。他说：“一个好老师，就是要引导学生文明向善，做个好人。”

他常常邀请那些贫困学生到自己宿舍，给他们做饭，边吃边聊，聊生活、聊未来，还自掏腰包，购置了党史、励志、百科等各类图书，与他们同读共勉，从思想到生活，从爱好到志向，悉心铺垫着孩子们对未来生活的愿景。日积月累，他的小小宿舍，俨然成了微型图书室，成了孩子们追求梦想的精神家园。

刘柯艺，元建周从教后教的第一届学生，上大学后还给元老师写信说：“我现在都还记得您给我们上的第一课，您给我们讲‘人’和‘入’的区别，您说同样都是一撇一捺，‘人’字是站着的，要顶天立地，所以我们永远要顶天立地做人，这句话我终生难忘。”

坚守初心 躬身践行

十余年扶智助贫，真情催开桃李艳；十余年教书育人，丹心温暖山区春。元建周老师，为人憨实，处事沉稳，一个红旗渠精神家园的追梦人，他勇于担当，坚守初心，躬身践行。学生寝室，他是那个长期的值班人；三更半夜，病床前，他是对孩子嘘寒问暖的第一人；他的办公室常备着治疗感冒、发烧、腹泻等非处方药，村上的卫生所也常常出现他背着学生看病的身影。

如今，因山村学校布局调整，元建周已调至镇一中，但他依然初心不改，躬身践行着一个教师、一名党员的担当使命。他对事业一如既往执着，他对孩子依然爱得深沉。孩子的成长令他欣慰，学生的困境让他挂心。事业是他的支点，在个人与学生的天平上，他的心始终向学生倾斜。岁月流转，当年的帅小伙，如今两鬓也染上了风霜，但孩子们依然喊他“元大哥”，他依然是家长心中的“大好人”，他永远是孩子人生路上的陪伴者。

无私终会得到认可，付出终会赢得喝彩。2020年教师节，元建周当选“安阳最美教师”，新华社记者写了专访《太行深处最情牵》。清华学子李晓亮、海创业成功人士张丽军等纷纷与他联系，希望也能用实际行动，助力山乡教育，他们都想做一个像元建周这样的人。元建周说：“我就是个普通的老师，把每一个孩子都当作自己的孩子看待，我们都这样做就行了！”

人格至伟的人往往把自己归于平凡。拿到最美教师鼓励奖的第一时间，元建周便一文不剩用于了对孩子的资助、捐赠。面对质疑，他憨厚一笑，朴实地释义了一个教育人的责任和担当。其实，他并不富裕，但他说“生活，简单点好。”

元建周坚信，最好的教育就是爱的教育。爱，没有休止符；奉献，没有止境。在教育教学路上，他坚守自己的担当，坚守自己的初心，躬身践行。

元建周与学生在一起

面对汛情和疫情，河南利源集团积极应对，基本生产持续运行，灾后仅10天企业恢复满负荷生产模式，截至8月底，焦炭累计产量近110万吨，比去年同期增加3万多吨。图为9月8日，蓝天、绿树映衬下，采用脱硫脱硝、干熄环保工艺的焦炉正在高效生产中。（本报记者 张俊军 摄）

完善矛盾纠纷多元预防化解机制 为平安河南建设提供法治保障

（上接第1版）与会人员结合各自工作实际，介绍了开展矛盾纠纷多元预防化解工作的情况，并针对《条例》立法提出意见和建议。

张维宁对与会单位积极参与此次立法调研表示感谢。他强调，完善社会矛盾纠纷多元预防化解机制，是贯彻落实习近平法治思想、更好服务“四个全面”战略布局的重要内容，也是进一步加强和创新社会治理、维护我省社会大局稳定的现实需要，对于平安河南建设、保障群众合法权益、促进社会公平正义具有重要意义。多年来，安阳市主动作为、积极探索，在矛盾纠纷多元预防化解方面做了大量卓有成效的工作，取得了很多好的经验和做法，相关体系建设走在了全省前列，在保民生、促和谐、保稳定、促发展方面发挥了重要作用，应给予充分肯定。

张维宁指出，随着经济社会的发展，社会矛盾纠纷也发生很多新的变化和走向，类型更加多样，司法资源供给不足导致“案多人少”矛盾日益突出。在这种背景下，迫切需要完善社会矛盾纠纷多元预防化解机制，将相关规定和举措上升到地方立法层面，通过系统治理、综合治理、源头治理，推动矛盾纠纷化解从终端裁决向源头预防延伸，最终实现将矛盾纠纷解决在基层、化解在萌芽的“诉源治理”目标。在立法工作中，要进一步结合贯彻落实好有关法律法规，充分借鉴新时代“枫桥经验”，通过顶层设计细化明确相关部门责任，推动形成各负其责、齐抓共管、协同推进的多元预防化解矛盾纠纷工作格局；要着力加强信息化平台建设，完善基层、行业、社会调解组织建设，建立健全有机衔接、协调联动、高效便捷的纠纷解决体系，为推进全省治理体系和治理能力现代化提供法治保障。

徐家平就配合省人大常委会做好立法工作表示，一要提高认识。要充分认识到《条例》立法的重要意义，特别是全市政法机关要认真组织研究《条例》，结合我市工作实际，提出高质量的修改意见和建议，为立法工作贡献安阳智慧。二要密切配合。矛盾纠纷预防化解是一项复杂的系统工程，立法难度较大，省人大常委会做了大量基础性工作。参会单位要强协调联动，配合做好相关立法调研工作。三要抓好落实。矛盾纠纷重在预防和化解，要增强责任意识，注重方式方法，努力将矛盾纠纷预防在基层、化解在基层，不断夯实平安安阳、法治安阳建设基础。

在安期间，调研组还深入林州市实地查看了横水镇司法所、开元派出所、林州市人民法院老白工作室、黄华镇方村和庙荒村等地，详细了解基层矛盾纠纷多元预防化解机制建设，人民调解、专业调解等工作开展情况。

“出彩河南人”2021最美教师事迹简介

（按姓氏笔画排序）

“出彩河南人”2021最美教师揭晓

讯（李 哲）9月9日晚，“出彩河南人”2021最布仪式在河南卫视播出，11位优秀教师荣获南人”2021最美教师称号，2位教师获得特别情影响，今年的最美教师发布仪式首次采用云进行。

仪式上，“出彩河南人”2021最美教师正式揭晓，是：夫妻同心、让村小旧貌换新颜的禹州市花石小学教师王变变、靳塬统，扎根田野、激活乡村力量的濮阳县文留镇东王庄小学教师王爱红，投石展启智扶贫之路的林州市采桑镇第一初级中学周，兼任第一书记、探究控辍保学新路径的漯河学教师申中华，在“校史中挖掘党史”、助力红色的郑州市第101中学教师朱奎鹏，课堂因材施教、互联的河南师范大学教师刘安娜，倾其所有、把留守孩子送向理想学堂的新乡县大召营中学教师张峰，全科教学、让乡村孩子全面发展的沁阳市龙泉中心小学教师陈佩，共享精品课程资源、传承中华医学精华的河南中医药大学教师崔姗姗，引领智能优化领域发展、为“双一流建设”增砖添瓦的郑州大学教师梁静。

以焦裕禄为榜样、讲活思政课、引导学生走好人生路的“思政网红”——郑州大学教师周荣方，用白发书写青春、用亲情点亮心灵的“80后白发校长”——太康县清集镇二郎庙小学校长张鹏程，被组委会授予“出彩河南人”2021最美教师特别奖。另外，今年“出彩河南人”2021最美教师宣传推介活动还首次增设优秀奖，共有10位教师获奖。

特别值得注意的是，今年的发布仪式还有两大亮点：一是刚刚获得2021年全国教书育人楷模的辉县市西平罗乡中心幼儿园园长郭文艳，也在发布仪式上代表全省教师表达了“为党育人、为国育才”的决心和信心。二是河南省首批教育世家的家庭代表，一起云合诵原创叙事诗《赓续百年，初心不变》，展现了教育世家代代传承、薪火相传育桃李的教育情怀。

据悉，“出彩河南人”2021最美教师宣传推介活动由中共河南省委宣传部、中共河南省委高校工委、河南省教育厅、河南日报报业集团、河南广播电视台共同主办，河南省师德建设宣传中心、河南广播电视台卫星频道、河南省教育发展基金会承办。自2015年开始，“出彩河南人”最美教师宣传推介活动已连续举办7届，在全社会营造了尊师重教的浓厚氛围。

1.王变变，女，1986年生；靳塬统，男，1985年生，均为中共党员、禹州市花石镇观音堂小学教师

事迹关键词：为一所村小发展圆梦的党员夫妻

让孩子们在家门口上学是王变变、靳塬统夫妻二人的共同梦想。五年来，在他们的努力下，保住了一所即将撤并的村小，他们的梦想也得到实现。

2016年春，王变变接任仅师、6名学生、即将倒闭的观音堂小学校长，靳塬统放弃乡镇中心校工作回村任教。夫妻二人筹资金、捐设备、访生源、义务美化校园。前是教师，退休后仍无偿到校上课，因积劳成疾不幸离世。公公投入新盖的面积达512平方米的两层楼房，被夫妻二人做通了工作，把家通过五年的努力，学生人数增加到256人，学校从教学点升格为完

变、靳塬统一家先后获得许昌市最美家庭、河南省最美家庭，王变变许昌市教坛新秀、许昌市三八红旗手，靳塬统先后获得许昌市最美教省最具智慧力班主任。

2.王爱红，女，1985年生，中共党员，濮阳县文留镇东王庄小学教师

事迹关键词：引领教师专业发展的乡村首席教师

她不顾家人的反对，放弃城市的优越条件，扎根乡村教育19年，不断尝试课程改革，改善学习环境，为青年教师搭建成长平台，在黄河滩上办出了有特色的乡村教育。作为河南省首批乡村中小学首席教师，她建工作室、招募团队成员，通过问题诊断、通识研修、示范教学、研课磨课、成果展示、总结提升等六个阶段开展活动，以“七个一工程”引领乡村教师专业发展，推动乡村教育再上新台阶，并在今年的“河南省乡村中小学首席教师岗位计划试点工作现场推进会”上情景再现了工作室从成立到壮大的点滴成长，点燃了一大批乡村教师的激情，被中国教育报、学习强国、教育时报等媒体报道，引发社会广泛关注。

王爱红先后被评为河南省骨干教师、第四批河南省名班主任工作室主持人，并入选河南省优秀乡村青年教师培养奖励计划。

3.元建周，男，1984年生，中共党员，林州市采桑镇第一中学教师

事迹关键词：硕士毕业毅然留教镇中的首批特岗教师

作为河南省首批特岗教师，元建周扎根乡村，潜心教育。他从教的第一站，远离镇区，条件艰苦，但他一干就是八年，挥洒汗水，无怨无悔。2015年，他取得硕士研究生学位以后，面对市区多所学校邀请，他毅然决然留在乡村。参加工作10余年，他走近每一个孩子，了解他们，帮助他们。他自费购买图书，创建班级图书角；为学生做一顿饭，是他和学生交心的日常。安阳最美教师的鼓励金，他一文不剩，全部用于对孩子的资助。面对质疑，他总是憨厚一笑，朴实地诠释着一个教育人的责任和担当。

元建周先后被评为安阳市优秀教师、最美教师、优秀班主任等，新华社以《太行深处最情牵》为题对他的事迹进行了报道。

4.申中华，男，1970年生，中共党员，漯河高级中学教师

事迹关键词：扶贫助教投身乡村建设的第一书记

从教20年多来，申中华坚持立体化施教，全方位育人，首创“蓝青带教，点面结合”的带教方法，构建青年教师培养的“点面体系”。2020年3月，他到漯河市西城区阴阳赵镇水坑赵村担任驻村第一书记，积极参与完善村中五类户的各项资料，帮助贫困户树信心、想办法。他帮村里解决“井井通”问题，争取到投资100万元的高压架电项目，解决村小学的围墙建设问题，促成村里第一条长1.6公里、投资80余万元的生产路在10天内完成修建。工作之余，他化身“义务教师”“就业导师”，自掏腰包购买为村里的初高中生和待业人员答疑解惑、指点迷津，开展“中华英”志愿服务，激志成才、应帮尽帮。

华先后获得全国模范教师、全国中小学优秀班主任、河南省优秀教省骨干教师、漯河市优秀共产党员等称号。

5.朱奎鹏，男，1987年生，中共党员，郑州市第101中学教师

事迹关键词：巧用资源开展党史教育活动的全能教师

作为党员，朱奎鹏在建党百年活动中，积极开发校史中的党史资源，参与多项学校和郑州广播电视台的党史学习教育活动。他利用学校图书馆馆藏的民国时期的《新华日报》资源主持策划了“南京大屠杀死难者国家公祭日”展览；积极联系郑州市博物馆，将博物馆的“郑州历史名人展”引进校园；在建党百年的纪念活动中，将校史中的郑州市第一个中共地下党支部的历史发掘呈现，赢得了极大的社会反响。作为郑州市名班主任工作室主持人，他不断创新班级育人方式，带领工作室开展新德育，不断打造“年轻化、创新型、实践派”的班主任团队。

朱奎鹏曾获河南省德育先进个人、郑州市教育局学术技术带头人、郑州市骨干教师等荣誉称号。

6.刘安娜，女，1978年生，中共党员，河南师范大学教师

事迹关键词：因博学备受学生追捧的“偶像教师”

从教十余载，“教师育人，非一课之功，乃终身之事”是刘安娜始终坚持的信念。她的课堂从不以点名的方式保证学生的出勤率，自如潇洒的执教风格、鲜活丰富的课程，常使她的课堂“拥挤不堪”。

她累计安排近20名考研学生吃住在自己家，保证学生全力考研，倾心帮已毕业学生设计公开课，对患病学生进行各种帮助。她还致力于课堂改革探索，善用学生最熟悉、最喜欢的方式，如短视频、时事新闻、音乐影视等讲述深刻复杂的理念，实现教学与生活紧密相连、与时俱进。

刘安娜曾获河南省师德标兵、河南省教学标兵等称号，两次获全省教育系统教学技能竞赛一等奖。2019年5月，刘安娜获河南省师德演讲比赛冠军，同年被评为河南年度教育新闻人物。

7.张峰，女，1973年生，中共党员，新乡县大召营中学教师

事迹关键词：义务辅导500名留守儿童的优秀班主任

张峰是一名体育老师，也是一名班主任，看到自己班级英语成绩较差，她主动请缨教英语。2004年至今，张峰利用节假日义务辅导留守学生500多名。课下她把自己的家当成了“免费”补习班、看护所，把其他老师和家长管不了的学生领回家住，先后有60多名学生吃住在她家里。她用自己不算宽裕的收入，先后资助十几位家庭经济困难的学生。她动员全家上阵，不计得失，让一个个“迷途的羔羊”重拾生活信心，让一个个“学困生”重燃学习兴趣，考上理想的学校。

张峰先后获得河南省体育优质课一等奖、河南省优秀班主任、“李芳式的好老师”，新乡市教学能手、文明教师等荣誉称号。

8.陈佩，女，汉族，1987年生，中共党员，沁阳市西向镇屯头村教学点教师

事迹关键词：用大爱让乡村教学点重获新生的全科教师

2018年9月，陈佩来到屯头教学点任教，当时这个教学点正面临“零招生”的窘境。她和中心小学的负责人三番五次到学生家中做工作，渐渐赢得家长的信任，让他们把孩子送到学校。作为全科教师，她认真上好每节课，让孩子们德智体美劳全面发展。对待家庭经济困难的学生，她自掏腰包，利用奖励的方式对孩子予以资助，同时发动亲朋好友及爱心人士参与帮扶，累计资助金额20余万元。在她的努力下，屯头教学点已有三个年级28名学生，生源“零流失”。

陈佩先后获河南省青少年科技创新大赛优秀辅导教师、焦作市优秀教师、师德标兵等荣誉。

9.崔姗姗，女，1963年生，中共党员，河南中医药大学教师

事迹关键词：深研中医药、实现全国第一的“中基妈妈”

崔姗姗奉行教学第一的原则，爱生如子，曾带着24小时血压监测仪坚持上课；帮助家庭经济困难学生，为他们购买学习资料；学生遇到危险时，不惜自己受伤去保护学生。她对教学全身心地投入和对学生的关爱，被同学们亲切地称为“中基妈妈”！

崔姗姗在本校率先开展PBL（项目式学习）教学，主持开设《中医基础理论综合性设计实验》课程及“中基实训教学”，弥补本科实验与实训教学的空白；她还建成首门在中国大学MOOC运行的《中医基础理论》课程，2020年被教育部认定为首批国家级线上一流本科课程。

崔姗姗先后主持3项、参加2项省级教学质量工程，获得河南省高等学校教学名师、高校教育教学成果一等奖等荣誉。

10.梁静，女，1981年生，中共党员，郑州大学教师

事迹关键词：引领智能优化领域发展的归国博士

十几年前，梁静远赴新加坡南洋理工大学求学，取得博士学位后，毅然放弃海外科研机构提供的优厚待遇，坚持回国工作，将自己的爱国之情、报国之志融入教书育人的事业中。

梁静针对新时期大学生教育呈现的新特点，结合电气工程学院专业课程进行教学改革尝试。在她的指导下，教授的本科生曹帅等人获得了“挑战杯”河南省大学生课外学术科技作品竞赛一等奖，硕士研究生王栩等人获得中国研究生数学建模竞赛一等奖，博士研究生岳彩通在人工智能领域 Top 期刊上发表学术论文。

归国12年，梁静一直从事群体智能及其应用方面的研究，所提出的智能优化算法和标准测试函数集被地区的45个学科领域学者认可并推广使用，其先进教学及科研事、光明日报、中国青年报等30多家媒体报道。

特别奖

1.张鹏程，男，1982年生，中共党员，太康县清集镇二郎庙小学校长

事迹关键词：乡村小学的80后“校长爷爷”

80后的他，不到40岁，头发却已白了一半，看起来比同龄人苍老不少，平时在学校里，孩子们喜欢围着他叫“校长爷爷”。2018年，时任清集镇申庄小学校长的张鹏程找到中心校领导请求调到自己的母校二郎庙小学，决心改变母校落后面貌。一到二郎庙小学，张鹏程就修缮楼顶、硬化操场，还设置了食堂和宿舍，又在学校开办了一所幼儿园。每周两次凌晨三点就起来，去买菜给孩子们做饭。他不仅垫付十几万元建设幼儿园，还拿自己的工资补贴学校餐费，给孩子们加一些肉和水果。张鹏程说，“农村的孩子，总要有人来陪”，自己作为一名党员，更要坚守在最需要的地方。

2021年4月14日，央视新闻客户端以《“鸡腿”姑娘火了！背后还有个80后白发校长》为题对“80后白发校长”张鹏程进行了报道。

2.周荣方，女，1981年生，中共党员，郑州大学马克思主义学院教师、副教授

事迹关键词：育人更育心的思政网红

她出身于思政课教师之家，从教十余年来，她积极帮助学生树立科学思维方法和健康生活态度，注重学生的感受，将思政课教学用春风化雨、润物无声的方式展现出来。

近年来，她先后获得首届全国高校思想政治理论课教学展示活动特等奖、河南省教学技能竞赛高校思政组特等奖第一名、河南省高校思想政治理论课教师教学技能大赛特等奖第一名，并先后获得“河南省五一劳动奖章”“河南省教学标兵”“河南省高校思想政治理论课教学标兵”等称号。

今年4月2日，周荣方讲授了一堂以“什么是幸福”为主题的思政课，在讲到1966年2月26日焦裕禄魂归兰考的一幕时，她几度哽咽、潸然泪下，现场的同学都深受触动。这堂思政课直播，在互联网上成了爆款，网友们纷纷为她点赞，她也因此一时间成为思政网红。

2021 年 9 月 10 日 星期五
第 4368 期 本期 4 版
国内统一连续出版物号:CN 41-0026
邮发代号:35-44
河南专号 1:35-431
河南专号 2:35-455

中原教育崛起发言人

教师节特刊

如影随形，冷暖共知
——教育时报
不仅仅是一张报纸

主管、主办、出版:河南教育报刊社 社长:唐泽仓 总编辑:张保健 副总编辑:刘肖 社址:郑州市惠济区月湖南路 17 号 邮编:4500

习近平回信勉励全国高校黄大年式教师团队代表

真正把为学为事为人统一起来 当好学生成长的引路人 向全国广大教师致以节日的祝贺和诚挚的祝福

新华社北京9月9日电 在第 37 个教师节来临之际，中共中央总书记、国家主席、中央军委主席习近平 9 月 8 日给全国高校黄大年式教师团队代表回信，对他们寄予殷切期望，并向全国广大教师致以节日的祝贺和诚挚的祝福。

习近平在回信中表示，你们以黄大年同志为榜样，立足本职岗位，凝聚团队力量，在教书育人、科研创新等方面取得了可喜成绩，我感到很高兴。

习近平强调，好老师要做到学为人师、行为世范。希望你们继续学习弘扬黄大年同志等优秀教师的高尚精神，同全国高校广大教师一道，立德修身，潜心治学，开拓创新，真正把为学、为事、为人统一起来，当好学生成长的引路人，为培养德智体美劳全面发展的社会主义建设者和接班人、全面建设社会主义现代化国家不断作出新贡献。

2017 年，习近平总书记对吉林大学地球探测科学与技术学院教授黄大年的先进事迹作出重要指示。为贯彻落实习近平总书记重要指示精神，教育部 2017 年启动全国高校黄大年式教师团队创建活动，首批认定的 201 个教师团队来自全国 200 所高校，覆盖各学科门类和东中西各省份。近日，首批教师团队的代表给习近平总书记写信，汇报教学、科研等工作情况，表达了坚守教育报国理想、为民族复兴贡献力量的决心。

回信原文：

全国高校黄大年式教师团队代表：

你们好！来信收悉。你们以黄大年同志为榜样，立足本职岗位，凝聚团队力量，在教书育人、科研创新等方面取得了可喜成绩，我感到很高兴。

好老师要做到学为人师、行为世范。希望你们继续学习弘扬黄大年同志等优秀教师的高尚精神，同全国高校广大教师一道，立德修身，潜心治学，开拓创新，真正把为学、为事、为人统一起来，当好学生成长的引路人，为培养德智体美劳全面发展的社会主义建设者和接班人、全面建设社会主义现代化国家作出新贡献。

教师节即将来临，我向你们、向全国教师致以节日的祝贺和诚挚的祝福！

2021 年 9 月

中共河南省委 河南省人民政府 致全省广大教师和教育工作者的慰问信

全省广大教师和教育工作者：

在第 37 个教师节来临之际，省委、省政府向辛勤耕耘的广大教师、教育工作者致以节日的祝贺和亲切的慰问！

今年是中国共产党成立 100 周年，是“十四五”开局之年，也是开启全面建设社会主义现代化河南新征程的起步之年。全省广大教师和教育工作者全面贯彻党的教育方针，落实立德树人根本任务，担当为党育人、为国育才光荣使命，开拓创新、扎实工作，为我省由教育大省向教育强省迈进做出了积极贡献。特别是 7 月下旬以来，面对历史罕见的特大暴雨灾害和新一轮新冠肺炎疫情，全省广大教师和教育工作者迎难而上、砥砺前行，风雨同舟、守望相助，维护了师生生命安全和学校财产安全，涌现出许多先进典型和感人事迹，赢得了千万学生和家长的充分信赖，得到了全社会的高度赞誉。省委、省政府向你们表示衷心的感谢和崇高的敬意！

当前，我省正以习近平新时代中国特色社会主义思想为指导，深入学习贯彻习近平总书记“七一”重要讲话精神和视察河南重要讲话重要指示精神，紧紧围绕“奋勇争先、更加出彩”，紧抓构建新发展格局战略机遇、新时代推动中部地区高质量发展政策机遇、黄河流域生态保护和高质量发展历史机遇，加快推进经济社会高质量发展，在全面建设社会主义现代化河南的新征程上阔步前进。百年大计，教育为本；教育大计，教师为本。各级党委、政府要切实把教育摆在优先发展的战略位置，优先谋划教师工作，优先保障教师工作投入，优先满足教师队伍建设需要，在全社会大力倡导尊师重教的良好风尚，让广大教师安心从教、热心从教、舒心从教、静心从教，在岗位上有幸福感、事业上有成就感、社会上有荣誉感，让教师成为令人尊敬、让人羡慕的职业。

教师承载着传播知识、传播思想、传播真理的历史使命，肩负着塑造灵魂、塑造生命、塑造新人的时代重任。希望广大教师和教育工作者切实担当为党育人、为国育才的光荣使命，忠诚于党和人民的教育事业，把党的教育方针贯彻到教育教学管理工作全过程，爱岗敬业、立德树人，教育引导学生热爱祖国、热爱人民、热爱中国共产党，做德智体美劳全面发展的社会主义建设者和接班人，为中华民族伟大复兴培养更多栋梁之材。

衷心祝愿全省广大教师和教育工作者节日愉快、身体健康、阖家幸福！

中共河南省委
河南省人民政府
2021 年 9 月 9 日

2021 年全国教书育人楷模名单发布

我省教师郭文艳入选

本报讯（记者 张利军） 9 月 8 日，教育部召开第六场 2021 教育金秋系列发布会，公布了 2021 年全国教书育人楷模名单，我省新乡市辉县市西平罗乡中心幼儿园园长郭文艳入选（详细事迹见本期第 4 版）。

为深入贯彻落实习近平总书记关于教育的重要论述精神，进一步落实《中共中央国务院关于全面深化新时代教师队伍建设改革的意见》，经中央领导同志批准，中宣部、教育部联合开展全国教书育人楷模学习宣传活动，今年共计推出 10 位全国教书育人楷模。

他们是河北省石家庄外国语学校教师李红霞，辽宁省本溪市本溪满族自治县第五中学教师张万波，黑龙江省牡丹江市职业教育中心学校教师王丹凤，浙江省台州市玉环市坎门海都小学教师叶海辉，东华理工大学教授周义朋，河南省新乡市辉县市西平罗乡中心幼儿园园长、教师郭文艳，重庆市特殊教育中心校长、教师李龙梅，贵州护理职业技术学院教师李红波，西藏自治区日喀则市萨嘎县昌果乡完全小学校长、教师强巴次仁，西安电子科技大学教授郝跃。

这 10 位全国教书育人楷模涵盖了高教、职教、中小学、幼教、特教等各级各类教育，同时兼顾了地域、民族、性别、年龄等因素，既有高校勇攀科研高峰的领军拔尖人才，也有在乡村默默奉献的一线教师，他们牢记为党育人、为国育才使命，坚决贯彻落实立德树人根本任务，模范践行“四有好老师”标准，努力当好“四个引路人”，始终坚守“四个相统一”，做学生为学、为事、为人……范，贡献突出，事迹感人。

此前，我省先后有 4 位老师……国教书育人楷模，他们分别是安……州市横水镇闻甲平小学教师王……（2010 年）、洛阳市老城区培智学……刘文婷（2016 年）、河南农业大……郭天财（2017 年）、南阳市镇平……镇黑虎庙小学校长张玉滚（2018 年……

“出彩河南人”2021 最美教师揭晓

本报讯（记者 杨智斌） 9 月 9 日晚，“出彩河南人”2021 最美教师发布仪式在河南卫视播出，11 位优秀教师荣获“出彩河南人”2021 最美教师称号，2 位教师获得特别奖，10 位教师获得优秀奖。受疫情影响，今年的最美教师发布仪式首次采用云录制方式进行。

发布仪式前，省教育厅党组书记宋争辉通过视频的形式，代表省委高校工委、省教育厅向全省广大教师和教育工作者送上节日的祝福。宋争辉指出，今年是极不平凡的一年，我们激情满怀，热烈庆祝党的百年华诞，但又遭遇“汛情疫情”叠加的复杂形势，任务十分繁重。在没有硝烟的两个战场，全省广大教师和教育工作者心手相牵，同舟共济，为战胜疫情灾情做出了突出贡献，涌现出许多先进典型和感人事迹。百年大计，教育为本。河南教育的高质量发展，根本靠广大教师和教育工作者的接续努力和辛勤工作。希望大家共同携起手来，奋力谱写新时代中原教育更加出彩的绚丽篇章。

省教育厅党组书记宋争辉通过视频送上节日祝福

发布仪式上，“出彩河南人”2021 最美教师正式揭晓，他们分别是：夫妻同心、让村小旧貌换新颜的禹州市花石镇观音堂小学教师王变变、靳堰统，扎根田野、激活乡村教育蓬勃力量的濮阳县文留镇东王庄小学教师王爱红，投身特岗、拓展启智扶贫之路的林州市采桑镇第一初级中学教师元建周，兼任驻村第一书记、探究控辍保学新路径的漯河市高级中学教师申中华，在“校史中挖掘党史”、助力红色基因传承的郑州市第 101 中学教师朱奎鹏，课堂因材施教、课下网络互联的河南师范大学教师刘安娜，倾其所有、把留守孩子送向理想学堂的新乡县大召营中学教师张峰，全科教学、让乡村孩子全面发展的沁阳市西向镇屯头村教学点教师陈佩，共享精品课程资源、传承中华医学精华的河南中医药大学教师崔姗姗，引领智能优化领域发展、为“双一流”建设增砖添瓦的郑州大学教师梁静。（详见本期第 2、3 版）

以焦裕禄为榜样、讲活思政课、引导学生走好人生路的“思政网红”——郑州大学教师周荣方，用白发书写青春、用亲情点亮心灵的“80 后白发校长”——太康县清集镇二郎庙小学校长张鹏程，被组委会授予特别奖。

另外，今年“出彩河南人”2021 最美教师宣传推介活动还首次增设优秀奖，共有 10 位教师获奖，他们分别是：尉氏县庄头镇第二初级中学教师于松平、郸城县东风乡郑庄小学教师于金梅、栾川县特殊教育学校教师王丽娟、范县第三小学教师巴世阳、鹤壁市第四中学教师朱利军、河南省工业科技学校教师刘小翠、民权县教师进修学校教师宋念慈、河南省济源第一中学教师宗星星、郑州大学体育学院教师侯雯、驻马店市驿城区胡庙乡臧集小学教师耿峰。

特别值得注意的是，今年的发布仪式还有两大亮点：一是刚刚获得 2021 年全国教书育人楷模的辉县市西平罗乡中心幼儿园园长郭文艳，在发布仪式上代表全省教师表达了“为党育人、为国育才”的信心和决心。二是河南省首批教育世家的家庭代表，一起云合诵原创叙事诗《赓续百年，初心不变》，展现了教育世家代代传承、薪火相传育桃李的教育情怀。

整场发布仪式分为楷模的力量、特别的影响、清澈的信仰、多彩的课堂、求索的方向、振兴的希望、使命的传承七个篇章，利用虚拟演播室、跨时空对话，云互动、云接力等艺术呈现方式，在保证疫控安全的情况下，让更多人物进来，展现河南教师在传承“……基因”、创新“多彩课堂”、“科研创新”、助力“乡村振兴”的美丽身影，体现广大教师倾……献，做学生“锤炼品格引路人……习知识引路人、创新思维引路……奉献祖国引路人”的高尚品质……时，整场发布仪式还融入了建……年、防汛救灾、抗击疫情等多……素，既展现了河南教师在特殊……非常时期的倾情奉献，又体现……省教育工作者“把灾难当教材……祖国共成长”的使命担当。

发布仪式最后，重新作词谱……河南省师德教育活动主题歌《一……给你》的旋律响起，2021 最美教……特别奖获得者云接力领唱，教育……代表、师德楷模云接力合唱。新……词，新的曲调，更加贴近教师……贴合时代发展节奏，给这首已经……了 15 年的主题歌注入了新的……凸显出河南教育铁军将继续夯实……支撑、增厚信念土壤，在新的起……上继往开来、开拓前进，交出更……异答卷的坚定信心。

据悉，“出彩河南人”20……美教师宣传推介活动由中共河南……宣传部、中共河南省委高校工委……南省教育厅、河南日报报业集团……南广播电视台共同主办，河南省……建设宣传中心、河南广播电视台……频道、河南省教育发展基金会……自 2015 年开始，“出彩河南人……美教师宣传推介活动已连续举……届，在全社会营造了尊师重教的氛围。

全国教书育人楷模郭文艳代表全省教师表达“为党育人、为国育才”的信心和决心

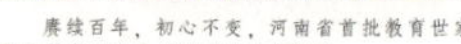

赓续百年，初心不变，河南省首批教育世家彰显教育人的执着追求和使命担当

重新作词谱曲的河南省师德教育……主题歌《一切都给你》首次唱响

编辑:教育时报社 网址:http://jysbnews.shuren100.com 总编辑:侯军锋 值班总编辑:侯军锋 值班主任:张利军 杜帅鹏 本版编辑:杜帅鹏 电话:0371-66342631 本版邮箱:jysb001@126

“出彩河南人”2021最美教师候选人出炉

近日，记者从“出彩河南人”2021最美教师宣传推介活动组委会获悉，2021最美教师20名候选人已经正式产生。即日起，公众可通过“河南省教育厅”“河南师德”微信公众号进行宣传点赞。

“出彩河南人”2021最美教师宣传推介活动由省委宣传部、省委高校工委、省教育厅、河南日报报业集团、河南广播电视台主办，河南广播电视台卫星频道、河南教育报刊社教育时报、河南省教育发展基金会承办，旨在挖掘宣传一批爱岗敬业、无私奉献的优秀教师典型，大力宣传党员教师的先锋模范作用，激励引导广大教师继续发扬老一辈教育工作者“捧着一颗心来，不带半根草去”的精神，以赤诚之心、奉献之心、仁爱之心投身教育事业，争当最美教师，争做“四有”好老师，引导全社会关心教师队伍建设、支持教育事业发展，为全面推进新时代中原更加出彩贡献力量，以优异成绩庆祝中国共产党成立100周年。

宣传推介活动启动以来，全省各地、各学校高度重视、积极参与。截至4月30日，组委会办公室共收到各地、各校上报事迹材料140件。组委会本着公平、公正、公开和向基层一

点赞！“出彩河南人”2021最美教师候选人

师德中心 河南师德 2021-06-02 07:30

近日，师德君从“出彩河南人”2021最美教师宣传推介活动组委会获悉，2021最美教师20名候选人已经正式产生。即日起，公众可通过“河南省教育厅”“河南师德”微信公众号进行宣传点赞。

宣传推介活动启动以来，全省各地、各学校高度重视、积极参与。截至4月30日，组委会办公室共收到各地、各校上报事迹材料140件。组委会本着公平、公正、公开和向基层一线教师倾斜的原则，经过初评，最终确定了20名候选人。

线教师倾斜的原则，经过初评，最终确定了20名候选人。

现将候选人名单及事迹公布，请社会各界积极参与，踊跃点赞，支持您心目中的“出彩河南人”2021最美教师。

点赞平台：“河南省教育厅”微信公众号、“河南师德”微信公众号。

点赞时间：2021年6月2日8时—6月6日20时。

“出彩河南人”2021最美教师候选人名单

（按姓氏笔划排序）

于松平　　尉氏县庄头镇第二初级中学
于金梅　　郸城县东风乡郑庄小学
王丽娟　　栾川县特殊教育学校
王变变、靳塬统　禹州市花石镇观音堂小学
王爱红　　濮阳县文留镇东王庄小学
元建周　　林州市采桑镇一中
巴世阳　　范县第三小学
申中华　　漯河市高级中学
朱利军　　鹤壁市第四中学
朱奎鹏　　郑州市第101中学
刘小翠　　河南省工业科技学校
刘安娜　　河南师范大学
宋念慈　　民权县教师进修学校
张　峰　　新乡县大召营中学
陈　佩　　沁阳市龙泉中心小学
宗星星　　河南省济源第一中学
侯　雯　　郑州大学体育学院
耿　峰　　驻马店市驿城区胡庙臧集小学
崔姗姗　　河南中医药大学
梁　静　　郑州大学

（原载2021年6月2日“河南师德”微信公众号，作者：庞珂）

关于在全省教育系统开展“礼赞建党百年，矢志为党育人”师德主题教育活动的通知

各省辖市、济源示范区教育局，省直管县（市）教育局，各高等学校，省属中等职业学校，厅直属学校：

今年是中国共产党成立 100 周年，为深入学习贯彻习近平总书记关于教育的重要论述和全国、全省教育大会精神，加强和改进新时代师德师风建设，以高质量的师德建设水平向建党百年献礼，省教育厅决定以“礼赞建党百年，矢志为党育人”为主题开展 2021 年师德教育系列活动。现将有关事项通知如下：

一、指导思想与目标

教育兴则国家兴，教育强则国家强。党的十八大以来，习近平总书记多次强调发展教育的重要意义，为教育强国的建设指明方向，为推进新时代教育改革发展提供了强大思想武器。2020 年教师节前夕，习近平总书记寄语广大教师“不忘立德树人初心，牢记为党育人、为国育才使命，积极探索新时代教育教学方法，不断提升教书育人本领，为培养德智体美劳全面发展的社会主义建设者和接班人作出新的更大贡献”。

为庆祝中国共产党成立 100 周年，进一步凝聚师德正能量，激励广大教师和教育工作者不忘立德树人初心，厚植爱国情怀，省教育厅将通过开展师德主题教育系列活动，教育和引导广大教师忠诚党和人民的教育事业，坚守为党育人、为国育才的使命担当，认真履行教师神圣职责，真正成为有理想信念、有道德情操、有扎实学识、

有仁爱之心的“四有”好老师。

二、活动内容

(一) 组织诗歌创作朗诵比赛。以“礼赞建党百年，矢志为党育人”为主题，组织开展广大教师和师范专业学生参与诗歌创作朗诵比赛。通过层层开展活动，歌颂共产党，唱响爱党爱国爱社会主义主旋律，讲好建党百年革命历史，讲好共产党人“不忘初心，砥砺前行”奋斗故事，增强广大党员和师生“听党话、感党恩、跟党走”的思想自觉和行动自觉，矢志不渝，立德树人，将主题教育活动不断引向深入，大力营造共庆建党百年华诞、共创历史伟业的浓厚氛围。省教育厅将在各地各校评选推荐的基础上组织诗歌创作朗诵决赛。

（二）开展新时代师德楷模人物学习宣传活动。以“礼赞建党百年，矢志为党育人”为主题，通过电视、报纸、网站、新媒体等多种方式，对我省教师队伍涌现出的时代楷模、全国教书育人楷模、感动中国人物和英雄教师先进事迹进行持续宣传，以展现河南教育取得的显著成就和全省教师队伍“为党育人、为国育才”的精神风貌，深刻学习领会先进典型的精神内涵和时代价值，强化师德教育内涵、践行师德行为规范。

（三）开展师德教育主题征文活动。以“礼赞建党百年，矢志为党育人”为主题，积极组织广大教师参与师德征文活动。引导广大教师以朴实真切、内容真实的文字，真情展现广大教师和教育工作者教书育人、无私奉献、对党忠诚、奉献于党的精神风貌。对比赛活动中评选的优秀获奖作品，将在《教育时报》开辟专栏予以刊登。

（四）开展师德师风优秀案例评选。围绕师德师风建设成绩突出的地市、学校和教师个人，挖掘遴选出一批具有示范引领和带动作用的师德师风优秀典型案例。突出师德教育活动的创新性和有效性，围绕典型案例和突出事迹材料开发师德教育课程资源，同时在《教育时报》开辟专版刊登获奖案例。

（五）开展“出彩河南人”2021 最美教师宣传推介活动。会同省委宣传部等部门，继续开展“河南最美教师”宣传推介活动。组织各地、各学校通过深入寻找、发掘本地、本校有代表性的、高素质的“最美教师”，展示基层教育工作者为党为国无私奉献、甘为人梯的风采。将“河南最美教师”作为“出彩教育人”的突出代表，深入宣传展示最美教师的先进事迹，在全社会弘扬尊师重教的良好风尚，促进形成关心、支持教育发展的良好氛围。

（六）广泛开展师德学习宣传活动。组织广大教师深入学习教育部中小学、幼儿园教师职业行为十项准则系列文件，学习研讨教育部《中小学教育惩戒规则（试行）》，指导各地和中小学校规范教师从教行为，引导广大教师全面理解和深刻认识遵守职业行为准则的重要性和必要性，严格遵守新时代教师职业行为基本规范，自觉做以德立身、以德立学、以德施教、以德育德的楷模，维护教师职业形象。

（七）创新开展师范生师德养成教育。在承担有教师教育培养任务的高校开展师范生师德养成教育活动，通过开好“师德第一课”、开设师德专门课程、开展“师德活动周”和举办师德征文、师德演讲比赛、师德专题培训等系列活动，对师范生进行多元化的师德养成教育，着力培育师范生的教师职业认同和社会责任感。

（八）持续推进师德师风长效机制建设。深入贯彻教育部等七部门《关于加强和改进新时代师德师风建设的意见》，进一步健全宣传、教育、考核、奖惩、监督“五位一体”的师德建设长效机制，推动师德建设工作的系统性、持久性、针对性、实效性。

三、工作要求

（一）高度重视，精心组织，切实把师德教育工作落到实处。开展“礼赞建党百年，矢志为党育人”师德主题教育活动，要与学习党的十九大和十九届二中、三中、四中、五中全会精神结合起来，与深入贯彻落实习近平总书记在全国教育大会上的重要讲话精神结合起来，与学习贯彻教育部等七部门《关于加强和改进新时代师德师风建设的意见》精神结合起来，与建党百年庆祝活动结合起来，充分利用“互联网+”技术手段，通过形式多样和扎实有效的教育活动，打造河南师德建设的文化品牌。

（二）广泛宣传，积极参与，营造良好的师德教育氛围。各地、各学校要结合实际，挖掘新媒体平台优势，充分利用好各种宣传阵地，多形式地广泛开展“礼赞建党百年，矢志为党育人”师德主题教育活动。要重视发掘身边的先进典型，尤其是党员教师先锋模范，用先进典型来引导人、鼓舞人、教育人，努力形成学校重视师德、教师注重师表、学生尊重教师、家长配合学校的良好师德建设氛围。

（三）加强领导，创新工作，提高师德教育的实效性。各地、各校要结合实际情况，切实加强对师德教育活动的组织领导，找准师德教育的切入点，创新开展工作，进一步提高师德教育的针对性和实效性。要及时发现、总结、宣传、上报优秀典型和先进事迹，促进师德主题教育活动扎实有效。

请各地、各高校将师德主题教育活动落实进展情况，分别于今年6月底、11月底前报省教育厅。

河南省教育厅教师教育处 联系人：吕康 邱长林

联系电话：0371-69691798 邮件：hnsjsjyc@163.com

河南省师德建设宣传中心 联系人：庞珂

联系方式：0371-66312234 邮箱：hnsd6969@163.com

2021年1月29日

河南省教育厅办公室

关于开展“出彩河南人”2021最美教师宣传推介活动的通知

各省辖市党委、济源示范区党工委宣传部、教育局，省直各主要新闻单位，各高等学校，各省属中等职业学校，厅直属学校：

为深入学习贯彻习近平总书记关于教育的重要论述和全国、全省教育大会精神，加强和改进新时代师德师风建设，以高质量的师德建设水平迎接建党百年，结合教育部“全国教书育人楷模”“全国最美教师”评选活动，中共河南省委宣传部、中共河南省委高校工委、河南省教育厅、河南日报报业集团、河南广播电视台决定 2021 年继续在全省教育系统组织开展“出彩河南人”最美教师宣传推介活动。现将有关事项通知如下：

一、指导思想

高举习近平新时代中国特色社会主义思想伟大旗帜，全面贯彻落实党的十九大及十九届二中、三中、四中、五中全会精神，深入学习贯彻习近平总书记关于教育的重要论述和全国、全省教育大会精神，把立德树人的成效作为检验学校一切工作的根本标准，把师德师风作为评价教师队伍素质的第一标准，全面加强和改进新时代师德师风建设。通过层层开展“最美教师”宣传推介活动，在全党全社会大力弘扬尊师重教的社会风尚，推动形成优秀人才竞相从教、广大教师尽展其才、好老师不断涌现的良好局面。紧密结合中国共产党成立 100 周年庆祝活动，大力宣传党员教师的先锋模范作用，弘扬红色文化，传承革命精神，增强爱党爱国情怀，激励引导广大教师继续发扬老一辈教育工作者“捧着一颗心来，不带半根草去”的精神，以赤诚之心、奉献之心、仁爱之心投身教育事业。

二、推介范围和名额

全省各级各类学校具备教师资格且在岗的专任教师均可参加。全省共选树10名"出彩河南人"2021最美教师。

含省直管县（市）的省辖市各推荐上报3-4名候选人（其中含省直管县推荐上报的1名候选人），其他省辖市推荐上报2-3名候选人，济源示范区推荐上报1名候选人，各高等院校、省属中等职业学校、厅直属学校限推荐1名候选人。

三、推介标准

1.品德高尚，关爱学生。认真学习贯彻习近平新时代中国特色社会主义思想，忠诚于党和人民的教育事业，坚持践行"四有好老师""四个引路人"和"四个相统一"要求，政治强、人格正；遵守教师职业行为规范，既教书又育人，努力培养学生正确的世界观、价值观，在师生中有较高的威信和影响力。

2.严谨治学，协作创新。严格执行教育教学管理规范，遵守学术道德规范，教育教学成绩显著，在同行中具有较高的威望；关心集体、顾全大局，不计较个人得失；积极参加教育教学改革，不断提高教育教学质量，刻苦钻研业务，努力培养学生的创新精神和实践能力。

3.扎根一线，事迹突出。长期工作在教育教学第一线，师德事迹真实、突出、感人；具有教师资格并从事教学工作5年以上（特岗教师从事教学工作3年以上）；中小学教师和中等职业学校教师应有3年以上班主任工作经历。

四、推介程序

宣传推介时间为2021年4月至9月，按推荐、初评、终评、表彰四个阶段进行。

1.推荐阶段（即日起—4月下旬）。由各地、各学校按照推介条件，层层开展推介活动，推荐上报候选人。

2.初评阶段（2021年5月上旬）。组委会办公室组织专家从推荐人选中推选出20名"出彩河南人"2021最美教师候选人。

3.终评阶段（2021年5月中旬）。组委会组织召开终评会，结合宣传推介条件和评审专家意见，推选出10名"出彩河南人"2021最美教师。

4.表彰阶段（教师节前夕）。公布宣传推介结果，组织发布仪式，在庆祝教师节相关活动中予以推介，组织各类媒体进行广泛宣传。

五、组织机构

本次活动由中共河南省委宣传部、中共河南省委高校工委、河南省教育厅、河南日报报业集团、河南广播电视台主办，河南广播电视台卫星频道、河南教育报刊社教育时报、河南省教育发展基金会承办。为保证宣传推介工作顺利进行，成立“出彩河南人”2021最美教师宣传推介活动组委会（具体成员名单见附件1）。

六、有关要求

1.各地、各校要将“出彩河南人”2021最美教师宣传推介活动与中国共产党成立100周年庆祝相关活动结合起来，与全党开展的党史学习教育充分结合起来，充分发挥教师党员的先锋模范作用，使教师党员成为践行高尚师德的中坚力量，教育引导广大教师勇担为党育人、为国育才使命，认真履行教师神圣职责，不断开创教育事业高质量发展新局面，以优异成绩向党的百年华诞献礼。

2.各地、各校要高度重视，深入挖掘优秀教师典型，综合运用授予荣誉、事迹报告、媒体宣传、创作文艺作品等手段，充分发挥典型引领示范和辐射带动作用。通过层层开展“最美教师”宣传推介活动，深入寻找、发掘本地、本校有代表性的、高素质的“最美教师”，大力宣传新时代广大教师阳光美丽、爱岗敬业、甘于奉献、改革创新的新形象，形成校校有典型、榜样在身边、人人可学可做的局面。

3.各地、各校要严格按照“公开、公平、公正”的原则，认真做好遴选考核和推荐的各项工作。要严格按照推介标准组织推荐工作，真正将具有代表性、影响力的典型人物遴选出来。要向农村学校一线教师倾斜，地市教育局推荐的候选人原则上乡镇及以下学校人数不低于推荐总人数的50%。对推荐的候选人要在本区域、本单位内进行公示（公示时间不少于5个工作日），确保事迹真实突出，评价客观准确。

七、材料报送

1.《“出彩河南人”2021最美教师宣传推介活动推荐表》（见附

件 2，一式 1 份），并附事迹材料（字数不超过 2000 字，一式 1 份）。推荐表要求加盖公章，且在照片栏粘贴推荐人彩色免冠照片。事迹材料要求详细介绍推荐人选的先进事迹，要有细节，有生动感人的具体事例，要求内容准确，生动翔实，感染力强，充分体现先进性、时代性和典型性。

2.《“出彩河南人”2021 最美教师候选人政审表》（见附件 3，一式 1 份，要求加盖公章）。

3. “出彩河南人”2021 最美教师候选人公示证明材料。

4.候选人彩色免冠照片电子版（要求头部占照片尺寸的 2/3，照片尺寸为 320×240 像素以上，文件名为“单位+姓名”）、工作有关的生活照片 5-6 张（每张照片大小 1M 以上，文件名为照片的说明文字，照片文件格式统一为 jpg）。

请各地、各校于 4 月 30 日前将上述材料邮寄方式报送至河南省师德建设宣传中心，同时发送相关电子文档，逾期不再受理。

报送地址：郑州市惠济区月湖南路 17 号 1 号楼河南教育报刊社 1013 室河南省师德建设宣传中心

联 系 人：庞 珂

联系方式：0371-66312234

邮　箱：hnzmjs@163.com

中共河南省委宣传部 中共河南省委高校工委 河南省教育厅

河南日报报业集团　河南广播电视台

2021 年 4 月 15 日

关于公布“出彩河南人”2021最美教师名单的通知

各省辖市、济源示范区党委（党工委）宣传部、教育局，省直各主要新闻单位，各高等学校，各省属中等职业学校，厅直属学校：

为深入学习贯彻习近平总书记关于教育的重要论述和全国、全省教育大会精神，加强和改进新时代师德师风建设，以高质量的师德建设水平庆祝建党百年，根据中共河南省委宣传部等五部门《关于开展“出彩河南人”2021最美教师宣传推介活动的通知》（教师〔2021〕52号）精神，今年4月，省委宣传部、省委高校工委、省教育厅、河南日报报业集团、河南广播电视台联合开展了“出彩河南人”2021最美教师宣传推介活动。活动开展以来，得到社会各界、教育系统广大教职工的高度关注，公众参与热情高涨、反响强烈，全省各地各校掀起了学习最美、崇尚最美、争当最美的热潮。经各地各校遴选推荐、专家初评、公众投票、组委会终评等环节，王变变等11名同志当选“出彩河南人”2021最美教师，张鹏程等2名同志获特别奖，于松平等10名同志获优秀奖。

希望“出彩河南人”2021最美教师宣传推介活动获奖者珍惜荣誉，再接再厉，在师德建设和教育教学工作中不断取得新成绩、做出新贡献。希望广大教师和教育工作者向他们学习，不忘初心、牢记使命，带头践行社会主义核心价值观，静下心来教书，潜下心来育人。各地各校要持续推动宣传推介活动，引导全社会关心教师队伍建设、支持教育事业发展，激励广大教师以最美教师为榜样，不忘初心，立德树人，争当最美，大力宣传党员教师的先锋模范作用，弘扬红色文化，传承革命精神，增强爱党爱国情怀，激励引导广大教师继续发扬老一辈教育工作者“捧着一颗心来，不带半根草去”的精神，以赤诚之心、奉献之心、仁爱之心投身教育事业。

附件：“出彩河南人”2021 最美教师名单

中共河南省委宣传部　中共河南省委高校工委　河南省教育厅

河南日报报业集团　河南广播电视台

2021 年 9 月 6 日

附件

“出彩河南人”2021 最美教师名单

（按姓氏笔画排序）

王变变、靳塬统　禹州市花石镇观音堂小学教师

王爱红　濮阳县文留镇东王庄小学教师

元建周　林州市采桑镇第一初级中学教师

申中华　漯河市高级中学教师

朱奎鹏　郑州市第 101 中学教师

刘安娜　河南师范大学教师

张　峰　新乡县大召营中学教师

陈　佩　沁阳市龙泉中心小学教师

崔姗姗　河南中医药大学教师

梁　静　郑州大学教师

特别奖

张鹏程　太康县清集镇二郎庙小学校长

周荣方　郑州大学教师

优秀奖

于松平　尉氏县庄头镇第二初级中学教师

于金梅　郸城县东风乡郑庄小学教师

王丽娟　栾川县特殊教育学校教师

巴世阳　范县第三小学教师

朱利军　鹤壁市第四中学教师

刘小翠　河南工业科技学校教师

宋念慈　民权县教师进修学校教师

宗星星　河南省济源第一中学教师

侯　雯　郑州大学体育学院教师

耿　峰　驻马店市驿城区胡庙乡臧集小学教师

评选进程

2021 年 1 月 18 日，在河南教育报刊社举行最美教师宣传推介方案研讨会

2021 年 5 月 10 日，初评会在河南省教育厅举行

2021 年 6 月 10 日，终评会在中共省委宣传部举行

2021 年 7 月 9 日，发布仪式筹备会议在河南教育报刊社举行

2021 年 8 月 29 日，发布仪式进入录制阶段

2021 年 9 月 7 日，发布仪式审片会在省教育厅举行

2021 年 9 月 9 日晚，“出彩河南人”2021 最美教师成功云端发布

老师好

这是校园里最普通的问候语
这是课堂上最常用的致敬词
这是生命中最动听的主旋律
这是天地间最深情的赞美诗

听到这生命与生命的交响
顿时浑身充满力量
因为我就站在助力腾飞的发射场
多少个万籁俱寂的深夜
多少个月朗星稀的黎明
灯光陪伴，汲取营养
只为老师好的声音里
有鲜花的绽放
更有乘风破浪的翱翔

是啊，这句“老师好”
让我在这三尺讲台上
一站就是三十年

三十年啊
粉笔染白了双鬓
额头写满了沧桑
三十年
也曾有机会转行
感受人生的另一番风光

可我怎能忘记党旗下的铮铮誓言
守初心，育良才
让棵棵幼苗长成祖国栋梁
是我最大的幸福和荣光

我是城里生、城里长的姑娘
唱着“长大后我就成了你”
站在了乡村首席教师的岗位上
从此
我教孩子们读书、写字、说普通话
孩子们教我拔草、养兔、逮蚂蚱
那幸福的歌声啊，能传到

天涯

有一天我从县城开会返乡
远远望见大堤上
那群望眼欲穿的孩子
在雨中哭喊着“老师好”
抱着扑过来的孩子
我热泪盈眶：
这辈子就做孩子王！幸福的孩子王！

不当老师
怎能理解教师的平凡与高尚
不当老师
怎能懂得师爱无疆

一声“老师好”我们忘了自己也是个需要爱的孩子
一声“老师好”我们忘了家中还有等爱的儿郎
老师好
老师好
老师好
老师好就是我们出发的号令
老师好就是我们前进的力量

站在祖国教育的各个岗位上
我们愿
我们愿
我们愿
心中有爱，眼底有光
为党育人，为国育才
不负党和人民的期望
让老师好的主旋律在神州大地飘荡
让教书育人的幸福代代传扬
代代传扬
代代传扬

选送单位：濮阳市昆吾小学

朗诵：林文、李洪亮、张丽华、司培宁

我们记得，他们就还活着

他们的名字
也许已被淡忘了吧
他们的事迹
也许已经模糊了吧

今天
穿越岁月的烽烟回望
我们发现
他们曾和你我一样
一样的意气风发
一样的慷慨激昂
只是，他们与我们告别时
道了一声再见后就再也未见
只留下不朽的灵魂之光
辉映日月
光芒万丈

一百年历尽沧桑
一百年风雨兼程
为了中华民族的伟大复兴
无数好儿女披荆斩棘、无畏前行
因为对国家、对人民爱得深沉
他们前赴后继、无惧牺牲

还有这样一群可爱可敬的人

为了孩子们期待的眼神
为了教育事业的振兴
他们选择坚守教书育人的三尺讲台
用粉笔书写对党、对教育事业的无限忠诚

他是谁？
他既懂医术又了解自己的病情
但他仍然没日没夜地奋战在抗击非典的第一线
一直忙到他那颗“三搭桥”手术的心脏
停止了跳动

他就是

河南职业技术师范学院校医院院长孙阳吉

他是谁?

他坚守着那所乡村学校与各种艰难鏖战

让学校的教学质量从连年倒数进入全县前三

成为了办好农村偏远学校的成功典范

他是用生命践行焦裕禄精神的好榜样

他就是

连续工作三昼夜而累倒的郸城县秋渠一中校长张伟

她是谁?

在护送学生放学的路上

她用血肉之躯挡在了

急速冲来的三轮车和学生们中间

“有车，快走开！”

这是她在这个世界留下的最后一句话

她就是

信阳市浉河区董家河镇绿之风希望小学教师李芳

时过境迁

山海相隔

当风从耳边吹过

当云从头顶飘过

那就是我们在缅怀和追忆

我们从未忘记那些名字

从未忘记那些可爱的脸庞

从未忘记那些震撼人心的事迹

从未忘记那熠熠生辉的灵魂之光

只要我们记得

他们就还活着

深情回望是为了迎接更加美好的明天

我们将汲取力量，砥砺前行

矢志不渝，为党育人

以更加优异的成绩礼赞建党百年

选送单位：安阳市第一实验小学

朗诵：石肖庆

您的背影，我们的方向

一百年前
秀丽嘉兴，烟雨南湖……
那条满载信仰的红船
用星星之火
燎原！燃烧！反抗！斗争！
一支支步枪惊醒沉睡山河
一捧捧小米哺育红色革命
两万五千里长征宣告铮铮誓言
无数烈士前赴后继取义舍生

您的背影，我们的方向！
如今，我们高举红色旗帜
追寻信仰的足迹
井冈山上，观红旗漫卷西风
橘子洲头，携百侣挥斥方遒
遵义城中，唱红歌激情飞扬
宝塔山下，悟延安革命精神

走进兰考
听，风吹泡桐
轻声细语中诉说：
我们怀念您，人民的好书记！
红旗渠畔
看，巍巍天险
太行雄奇山花怒放
脚踢太行让开路，手牵漳河回家乡

您的背影，我们的方向！
信仰，化作无数坚定前行的身影
在党旗下汇聚
行走在教育人的行列里
满怀赤诚，践行教育初心
扎根教学，坚持五育并举
鉴古今，传爱党报国好基因
学党史，育经天纬地新桃李
一个个身影在校园里勇于担当
一枚枚党徽如火炬般把路

照亮

您的背影，我们的方向！
困境中有你
一节节名校同步课堂录制
是你夜以继日，不遗余力
线上线下问候关怀
把温暖和希望传递

实战中有你
一次次返校复学演练
你把工作落实做细
测量体温，消毒桌椅
舒缓情绪，暖人心语

劳动中有你
一筐筐泥土辗转传递
绿色校园听鸟鸣阵阵
迷你农场闻麦香袭袭
劳动教育的广阔天地搬到了校园里！

火红的党旗啊，高高飘扬
星星火炬啊，闪耀着金光
红领巾的童心呀，永远向党
您的背影，我们的方向！
您的背影，我们的方向！

培根铸魂，坚守三尺讲台
启智润心，收获桃李芬芳
教育征途漫漫
惟有砥砺前行
我愿
我愿
我愿
我愿
以满腔的热爱
以一生的深情
书写教育人
对党的耿耿忠心
一片赤诚
向党的百年华诞献礼！
献礼！
献礼！

选送单位：河南省实验小学

朗诵：黄博、张博、吴丹阳、樊艳茹

最亮的星

当山雨把唯一的教室变成废墟

您拖着一条残腿在家里把校园重建

“孩子们，有老师站的地儿

就有你们学习的课堂”

十年以家为校，二十年以校为家

只为让知识在家乡贫瘠的土地上开出绚烂的花

您是基础教育的明星——王生英

您从饥荒年代走过，从豫北山区走来

“让父老乡亲吃上白馍”，是您最朴实的承诺

自从选择了守望麦田，就坚定地与泥土作伴

您带着河南农大的博士生

把论文写到了中原大地上

50 年后依然在挥舞的教鞭

连年增产的麦田里，装着您的赤子之心

您是高等教育的明星——郭天财

校门外，是您坚定的步履和温暖的双手

校门里，是您温柔的目光和坚实的双臂

遇见了您，他们的生命才遇见了美好

孩子们的灵与肉，从荒芜走向了传奇

一个简单的手势，您要重复百遍千遍

可每一回都像第一次那样笑容满溢

您是特殊教育的明星——刘文婷

从老校长手中接过一根扁担
一挑，就是 5 年
扁担窄窄，挑起山村的明天
板凳宽宽，稳住孩子们的心田
前一秒在劈柴生火，下一秒就课堂执鞭
山风吹老了岁月，艰难磨不灭心愿
有人看到了你的沧桑，更多人看到你意志如磐
你是乡村教育的明星——张玉滚

你们，似夜空中的星辰，遥远而亲近
你们，是青年教师的榜样，明亮而热情
你们，用实际行动教会我
做教师，要有高贵而温暖的灵魂
你们，用无声岁月教给孩子
做人，要有一颗清澈的心
年青的我们，多少次在黑夜中仰望苍穹
星光给了我璀璨的眼睛，我定要用它点燃光明
我在王生英的家乡流连、在刘文婷的琴声中徘徊
我在郭天财的足迹里探索、在张玉滚的扁担上寻梦——

建党百年，百年沧桑
新中国的发展从站起来到富起来再到强起来
前进的火炬在一代又一代人的手中点亮
新时代的教师已融入新时代的长征
带着习近平总书记的殷殷嘱托
让我们河南教育人心中的光如夜空中的星那般洒满新长征经过的地方……
怀揣教育梦想
不忘初心，再出发

选送单位：河南省第二实验中学

朗诵：王珂、胡苏煜、高婕、孙小飞

毕业后，我愿成为你

您瞧，桃李满枝间
是我们为您撰写的诗篇
您听，春风化雨里
是青年学子立下的誓言
三十年前，憧憬在您的心中沉淀
三十年后，您的故事感召我们向前

用青春谱写华章，用信念指引方向
用爱承载希望，用心编织梦想
这个梦想，与传承有关
这个故事，由散乱的粉笔头书写
这个梦想，与故乡有关
这个故事，在巍巍太行脚下开启

与乡土结缘，描绘一道风景
与心愿相印，雕刻一段韶华
同课异构，互学互鉴
您以高度的目标感
和责任感打造精彩纷呈的课堂
实地调研，精准分析

您用改革和创新的良方治弊病
树立尚学新风尚

这是您的长情守望
也是您孜孜致力的教育事业
心逐碧草沐清风，育得群芳沁心田
这是像您一样的广大豫派良师
育人情怀的真切流露

庙堂之高，非心之所向
教育园地，乃心中所系
服务师生如同甘霖润物
笃行致远便是不负芳华

我们在期待着
期待着和你们一样的未来
期待着走上三尺讲台时
台下一声声欢喜的“老师好”
期待着粉笔与黑板摩擦时
孩子们眼神里传达求知的信号

我们也在渴望着
渴望着传播你们的芬芳
渴望看到作业本上字里行间
蹦出的质朴与天真
渴望邂逅走廊里打闹身影中
藏着的简单快乐

青春相继，百年新启
乡村振兴在于教育之兴
教育之兴在于青年担当
十年树木，百年树人
为党育人我们责无旁贷
为国育才我辈义不容辞

如今，我毕业了
跨出师大校门那一瞬间
我憧憬着将来我的学生也会骄傲地跨入这扇大门
开启他们的梦想之旅
如今，我回家了
我来到家乡的一所小学实习
两周后我将成为一名真正的人民教师
立身三尺讲台，只为“传道受业解惑”

如今，我开启了新的学业
准备在最后的大学时光充实自己的知识储备
为万千学子传递振兴家乡的知识与希望

如今，我们长大了
奔赴四方，只为用自己的光
点燃孩子们的梦想
您看
漫天皆是和您一样耀眼的星辰
在教育的净土上，熠熠生辉

深入基层不放松
立根原在群众中
我们因情触摸乡村
我们用爱护航希望
不负韶华，我们迎着曙光努力奔跑
不忘初心，我们奔赴充满希望的未来
勇猛恣意如英姿少年
像霞光一般照亮璀璨明天

选送单位：河南师范大学
朗诵：许艺馨、李孟钊、李世元、刘梦墣

种子·初心

您头戴草帽，肩背水壶
穿着那身被风雨褪色的衣裳
极目远眺那海洋般翻腾不息的麦浪
畅想着小麦培育发展的新蓝图
那遍地麦花的清香
飘荡着您——茹振钢教授40年来的育种初心

37年前，您在加入中国共产党时
立志要用自己所学的知识搞好科研，育出良种
让大地生金，让百姓丰衣足食
进入新时代
您牢记总书记的嘱托
要让种业装上更多“中国芯”
中国人的饭碗任何时候都要
牢牢端在自己手上

为了这个誓言
为了这份嘱托
您拼上命发狂似的奋斗
用长满老茧的双手
把血水、泪水、泥水、汗水
统统揉进小麦的醇香

“向前吧，不要忧心忡忡，有多大事需要你干，有多少未知领域需要你探索！”
这是您鼓励自己不断探索的金句
也是您时常教导我们求知的良言
为解决抗风问题
您创建数字化风洞实验室
为研究小麦根系
您发明了地下根系观察走廊

您那沾满泥土的双脚
那被岁月风霜染白的双鬓
终让黄淮第一麦“百农矮抗58”

及其庞大的家族
在黄淮大地谱写出小麦优质高产的动人乐章

有人说
爱麦苗您爱得如痴如醉
有人说
爱良种您爱得近乎疯狂
“小麦狂人”是老百姓对您最亲切的称呼
但您最惦记的
还是老师这个身份
因为在您心里
让学生能站上自己的肩膀飞得更高
为中国育种事业播撒一批“人的种子”才是最重要的

您始终不忘恩师教导
甘为人梯育桃李
忠诚教育守初心
四十年埋头于农业生产
潜心研究小麦育种
四十年耕耘在三尺讲台
倾心育人兢兢业业
只因一句“我是一名人民教师，我的心永远向着中国共产党！”
您是麦田的守望者
是时代的真师者

一粒粒种子
破土而出，挺立在亿亩麦田
一批批学子
春华秋实，奋战在科研战线
您与无数的教学科研工作者同行
勇担为党育人、为国育才的神圣使命
秉持开拓创新、求真务实的奋斗精神
培养更多优秀人才
筑起我们伟大祖国粮食安全的坚固屏障
青年之躯挺起中国脊梁
一代代科研人将踏着前辈的足迹
站在前辈的肩膀上
逐梦前行！

选送单位：河南科技学院
朗诵：刘梦月

特殊的奖章

我是一名教师
我站的是一班特殊的岗
特岗教师
是同学少年听到了党中央的呼唤
一群人，肩负着党的重托
为了共同的目标
到基层去，到山区去
把知识带去，把希望带去
把党的教育火种
带到中国山区的各个角落

我知道——
特殊的岗位
不是一个人的战场
这是一个民族的青年
用奉献合奏的一曲教育强音

杨承
理想推动信念，你挺直腰杆
坚定地立于黄河之畔
青春的热血沸腾，教育的情怀激荡

任明杰
十项全能，学生偶像
撑起百户人家的希望

把少男少女懵懂的心海点亮

郭雯琼
告别故土，扎根异乡
挥洒乡村教育的诗情
用坚守和爱守护留守学生健康成长

我想加入，我要加入
我要成为这个群体中的一员
我要用我的青春，站好我的岗

在这里，寒来暑往，九度春秋
炼金的烈火烧掉了青春的

娇情

淬掉了稚嫩的彷徨
铸就了不畏风雨的坚强
寒冬深夜
我不再是那个只会裹紧棉被瑟瑟发抖的女孩
坚定的信念
抵住了刺骨寒风
忍住了双手冻疮的奇痒

父亲手术，我流着泪却只能望着他的方向
对不起，您的女儿
双手托起了职守的忠诚
却难再托起儿女的孝养
在这里，我把爱和希望播撒
宿舍，是留守孩子“心灵”的避风港
寂静窗外留下的剪影
连接着他们走出去的梦想

在这里，我也收获着爱和感动
“老师，我能叫你一声‘仙女姐姐’吗?”
原来，孩子们心中那会施魔法
带他们看到外面世界的“仙女”是我
原来，那个能帮他们化解青春骚动
引领他们追求人生真谛的暖心大姐也是我
这该是怎样的幸福啊
——这是“特岗教师的奖章”

我要应诺，这是一名共产党员的誓言
我要应诺，这是一个师者的灵魂
自此而高昂

2006—2021
中国特岗教师的十五年坚守
满满的，都是无悔的选择
每一个人的党徽上
都焕发着熠熠生辉的荣光

选送单位：许昌市建安区镜水路小学

朗诵：刘元

长成树

您是谁?
我是陈鹤琴，是特殊儿童教育事业的参与者
您在哪里呢?
我立足在 20 世纪 30 年代，
胸怀一枚复兴祖国教育的赤子之心
您在做什么?
我在给这些小树苗找寻一个安身之所
这些枝桠看起来很羸弱
将来，能够成活吗?
一定，他们一定会成活、成长
终将成为并肩沐雨的绿色栋梁

您是谁?
我是一名特教教师，红心向党的教育主流跟随者
您在哪里?
我行走在中国特色社会主义新时代
持有一份有教无类的职业信仰
您在做什么?
我在给这片林木浇水施肥、除虫修葺

他们看起来长势良好，如今，长成了吗?
真的，他们真的成活、成长了
如今已是绵延成荫的绿色长廊

无数个平凡之我
绽放微光献给特教天地
这点点微光凝聚成灿烂星河
他们的名字在中华大地上唱响

手语国歌的研制人仰国维
致力于为残疾人发声
他是展示特教战线风采的

代言者

折翼天使的梦想导师梁琰老师

无声世界弹奏出韵律的最强音

她是赋予生命华章的规划者

用手指带领孩子触摸人生色彩的郭超阳老师

她是孩子的眼

她是穿越命运盲区的指引者

他们

他们

他们

都将信仰高举过额头

却俯下身姿，去做好一件事情——

浇水施肥、除虫修葺……

让羸弱枝桠长成参天巨木

你们是谁呢?

我们是有听力障碍的孩子

也是最适合出演哑剧的天赋型选手

他们是有听力障碍的孩子

也是最适合出演哑剧的天赋型选手

那你们在哪里呢?

他们成长在一个国泰民安的大好时代

他们就是当年您种下的希望之苗

今天的我，长成最美少年的模样

今天的我，努力学习天天向上!

在最好的年代里，遇见最好的知心老师

在更好的时光里，珍惜更好的教育福祉

爱国，安家，成才，回报

对，爱国，安家，成才，回报

十年树木，百年树人

一百年后的今天，放眼望去

举目绿茵如盖

折翼，不代表着灵魂缺失

在您的指引下，乘风破浪的少年

长成南国浩渺烟波的垂柳

长成北方浩荡大漠的胡杨

让我们齐心协力

在党的领导下

在横跨五个时区的中国维度

绘就上下五千年的华夏图腾!

选送单位：漯河市特殊教育学校

朗诵：胡梦阳、汪硕、赵紫怡、梁锦鹏

为了远方的召唤

那是去年的夏天
第一次在你的朋友圈
见到了新疆的风物
一望无际的澄澈的蓝
金灿灿的阳光
堆满皑皑白雪的山峰
你一定想象不到我当时有多么地向往
就像夏季海洋的浪潮
汹涌而澎湃

可是我不知道
阳光明媚之下
是强烈到灼伤人皮肤的紫外线
是与中原极为不同的干燥气候
是飞沙走砾后饭菜中飘落的沙子
是无数次的嘴唇干裂起皮
我无法想象
你是如何在咸腥的鲜血弥漫口鼻时
依然金声玉振、掷地有声

当天山北麓下了第六场雪
零下 30 度，雪花飘扬
你揉了揉受不住寒的有旧伤的膝盖
夹起三角板，拿上圆规
又向教室毅然走去
就如扎根戈壁的红柳、胡杨
你说
轩辕故里是我生长的地方
我在这里听到天山雪莲对我的召唤
你说
我是一名教师
更是一名党员
选择到新疆支教
是一种使命，一种责任

全

编者按:

6月28日晚8时,"礼赞建党百年,矢志为党育人"全省师德主题诗歌朗诵比赛总决赛将在河南广播电视台举行。活动旨在以高质量的师德建设水平向党的百年华诞献礼,并激励引导广大教师和师范生坚定理想信念、厚植爱国情怀、涵养高尚师德。

入围总决赛的9组教师和师范生,将依次展示原创诗歌作品,并根据专家评委现场打分和前期网络投票,决出金、银、铜奖。总决赛实况将于7月4日在河南广播电视台都市频道播出,"河南师德"微信公众号、河南省师德建设宣传网、本报"师德"版将继续跟踪报道。

最亮的星

当山雨把唯一的教室变成废墟
您拖着一条残腿在家里把校园重建
"孩子们,有老师站的地儿
就有你们学习的课堂"
十年以家为校,二十年以校为家
只为让知识在家乡贫瘠的土地上开出绚烂的花
您是基础教育的明星——王生英

您从饥荒年代走过,从豫北山区走来
"让父老乡亲吃上白馍",是您最朴实的承诺
自从选择了守望麦田,就坚定地与泥土作伴
您带着河南农大的博士生
把论文写到了中原大地上
50年后依然在挥舞的教鞭
连年增产的麦田里,装着您的赤子之心
您是高等教育的明星——郭天财

校门外,是您坚定的步履和温暖的双手
校门里,是您温柔的目光和坚实的双臂
遇见了您,他们的生命才遇见了美好
孩子们的灵与肉,从荒芜走向了传奇
一个简单的手势,您要重复百遍千遍
可每一回都像第一次那样笑容满溢
您是特殊教育的明星——刘文婷

从老校长手中接过一根扁担
一挑,就是5年
扁担窄窄,挑起山村的明天
板凳宽宽,稳住孩子们的心田
前一秒在劈柴生火,下一秒就课堂执鞭
山风吹老了岁月,艰难磨不灭心愿
有人看到了你的沧桑,更多人看到你意志如磐
你是乡村教育的明星——张玉滚

你们,似夜空中的星辰,遥远而亲近
你们,是青年教师的榜样,明亮而热情
你们,用实际行动教会我
做教师,要有高贵而温暖的灵魂
你们,用无声岁月教给孩子
做人,要有一颗清澈的心
年青的我们,多少次在黑夜中仰望苍穹
星光给了我璀璨的眼睛,我定要用它点燃光明
我在王生英的家乡流连、在刘文婷的琴声中徘徊
我在郭天财的足迹里探索、在张玉滚的扁担上寻梦——

建党百年,百年沧桑
新中国的发展从站起来到富起来再到强起来
前进的火炬在一代又一代人的手中点亮
新时代的教师已融入新时代的长征
带着习近平总书记的殷殷嘱托
让我们河南教育人心中的光如夜空中的星那般洒满新长征经过的地方……
怀揣教育梦想
不忘初心,再出发

选送单位:河南省第二实验中学
朗诵:王珂、胡苏煜、高婕、孙小飞

为了远方的召唤

那是去年的夏天
第一次在你的朋友圈
见到了新疆的风物
一望无际的澄澈的蓝
金灿灿的阳光
堆满皑皑白雪的山峰
你一定想象不到我当时有多么地向往
就像夏季海洋的浪潮
汹涌而澎湃

可是我不知道
阳光明媚之下
是强烈到灼伤人皮肤的紫外线
是与中原极为不同的干燥气候
是飞沙走砾后饭菜中飘落的沙子
是无数次的嘴唇干裂起皮
我无法想象
你是如何在咸腥的鲜血弥漫口鼻时
依然金声玉振、掷地有声

当天山北麓下了第六场雪
零下30度,雪花飘扬
你揉了揉受不住寒的有旧伤的膝盖
夹起三角板,拿上圆规
又向教室毅然走去
就如扎根戈壁的红柳、胡杨
你说
轩辕故里是我生长的地方
我在这里听到天山雪莲对我的召唤
你说
我是一名教师
更是一名党员
选择到新疆支教
是一种使命,一种责任
更是一种情怀
党旗所指,心之所向,素履以往

听说,你成了正宗的巴郎子
在加尔克家里
啃着馕,唠着家常
彰显着民族团结一家亲

听说,你将三角函数的魅力无限延展
为边疆学子洒下知识的甘霖
使他们开阔眼界,坚定理想

听说,你将河南的优秀教育成果无私分
与当地青年教师帮扶结对
为哈密打造了一支带不走的育人队伍

艰难困苦,玉汝于成
君子藏器,待时而动
从中原腹地到祖国边疆
从黄河之畔到天山之巅
六千里漫漫援疆路
万千人浓浓豫疆情

你是谁?
你是数万扎根在雪山戈壁的河南援疆教
你们,肩挑重担,以梦为马
你们,不负使命,砥砺前行
你们,坚守着团结稳疆、文化润疆的责
你们,秉持着富民兴疆、长期建疆的信

心中有信仰,脚下有力量
风吹过的路依然远
你们的故事才刚刚打开卷轴
他日,我们也必将芬芳华夏万千桃李
文化润疆,教育为本
党的百年华诞
你们,向党献礼
我们,向你们致敬

选送单位:郑州市第九中学
朗诵:王金姣、李悦

种子·初心

您头戴草帽,肩背水壶
穿着那身被风雨褪色的衣裳
极目远眺那海洋般翻腾不息的麦浪
畅想着小麦培育发展的新蓝图
那遍地麦花的清香
飘荡着您——茹振钢教授40年来的育种初心

37年前,您在加入中国共产党时
立志要用自己所学的知识搞好科研,育出良种
让大地生金,让百姓丰衣足食
进入新时代
您牢记总书记的嘱托
要让种业装上更多"中国芯"
中国人的饭碗任何时候都要
牢牢端在自己手上

为了这个誓言
为了这份嘱托
您拼上命发狂似的奋斗
用长满老茧的双手
把血水、泪水、泥水、汗水
统统揉进小麦的醇香

"向前吧,不要忧心惮惮,有多大事需要你干,有多少未知领域需要你探索!"
这是您鼓励自己不断探索的金句
也是您时常教导我们求知的良言
为解决抗风问题
您创建数字化风洞实验室
为研究小麦根系
您发明了地下根系观察走廊

您那沾满泥土的双脚
那被岁月风霜染白的双鬓
终让黄淮第一麦"百农矮抗58"
及其庞大的家族
在黄淮大地谱写出小麦优质高产的动人乐章

有人说
爱麦苗您爱得如痴如醉
有人说
爱良种您爱得近乎疯狂
"小麦狂人"是老百姓对您最亲切的称呼
但您最惦记的
还是老师这个身份
因为在您心里
让学生能站上自己的肩膀飞得更高
为中国育种事业播撒一批"人的种子"才是最重要的

您始终不忘恩师教导
甘为人梯育桃李
忠诚教育守初心
四十年埋头于农业生产
潜心研究小麦育种
四十年耕耘在三尺讲台
倾心育人兢兢业业
只因一句"我是一名人民教师,我的心永远向着中国共产党!"
您是麦田的守望者
是时代的真师者

一粒粒种子
破土而出,挺立在亿亩麦田
一批批学子
春华秋实,奋战在科研战线
您与无数的教学科研工作者同行
勇担为党育人、为国育才的神圣使命
秉持开拓创新、求真务实的奋斗精神
培养更多优秀人才
筑起我们伟大祖国粮食安全的坚固屏障
青年之躯挺起中国脊梁
一代代科研人将踏着前辈的足迹
站在前辈的肩膀上
逐梦前行!

选送单位:河南科技学院
朗诵:刘梦月

毕业后,我愿成为你

您瞧,桃李满校间
是我们为您撰写的诗篇
您听,春风化雨里
是青年学子立下的誓言
三十年前,憧憬在您的心中沉淀
三十年后,您的故事感召我们向前

用青春谱写华章,用信念指引方向
用爱承载希望,用心编织梦想
这个梦想,与传承有关
这个故事,由散乱的粉笔头书写
这个梦想,与故乡有关
这个故事,在巍巍太行脚下开启

与乡土结缘,描绘一道风景
与心愿相印,雕刻一段韶华
同课异构,互学互鉴
您以高度的目标感
和责任感打造精彩纷呈的课堂
实地调研,精准分析
您用改革和创新的良方治弊病
树立尚学新风尚

这是您的长情守望
也是您孜孜致力的教育事业
心逐碧草沐清风,育得群芳沁心田
这是像您一样的广大豫派良师
育人情怀的真切流露

走进中小学课堂
是你们"教学相长"理念的践行
遍历不同地方
是你们"知行合一"理论的注脚

庙堂之高,非心之所向
教育园地,乃心中所系
服务师生如同甘霖润物
笃行致远便是不负芳华

可勤劳、勇敢、善良仍是置于心间的座右铭
自省、自知、自信依旧是行事处事的指向标
你们带着希望走来,走到孩子们的中间
你们助力梦想远去,凝望着奋斗的脚印
胸怀大爱,成就师爱经典
执着小事,铸就师德榜样

我们在期待着
期待着和你们一样的未来
期待着走上三尺讲台时
台下一声声欢喜的"老师好"
期待着粉笔与黑板摩擦时
孩子们眼神里传达求知的信号

我们也在渴望着
渴望着传播你们的芬芳
渴望看到作业本上字里行间
蹦出的质朴与天真
渴望邂逅走廊里打闹身影中
藏着的简单快乐

青春相继,百年新启
乡村振兴在于教育之兴
教育之兴在于青年担当
十年树木,百年树人
为党育人我们责无旁贷
为国育才我辈义不容辞

如今,我毕业了
跨出师大校门那一瞬间
我憧憬着将来我的学生也会骄傲地跨入这扇大门
开启他们的梦想之旅

如今,我回家了
我来到家乡的一所小学实习
两周后我将成为一名真正的人民教师
立身三尺讲台,只为"传道受业解惑"

如今,我开启了新的学业
准备在最后的大学时光充实自己的知识储备
为万千学子传递振兴家乡的知识与希望

如今,我们长大了
奔赴四方,只为用自己的光
点燃孩子们的梦想
您看
漫天皆是和您一样耀眼的星辰
在教育的净土上,熠熠生辉

深入基层不放松
立根原在群众中
我们因情触摸乡村
我们用爱护航希望
不负韶华,我们迎着曙光努力奔跑
不忘初心,我们奔赴充满希望的未来
勇猛恣意如英姿少年
像霞光一般照亮璀璨明天

选送单位:河南师范大学
朗诵:许艺馨、李孟钊、李世元、刘梦堞

这是校园里最普通的
这是课堂上最常用的
这是生命中最动听的
这是天地间最深情的

听到这生命与生命的
顿时浑身充满力量
因为我就站在助力腾
多少个万籁俱寂的深
多少个月朗星稀的黎
灯光陪伴,汲取营养
只为老师好的声音里
有鲜花的绽放
更有乘风破浪的翱翔

是啊,这句"老师好
让我在这三尺讲台上
一站就是三十年

三十年啊
粉笔染白了双鬓
额头写满了沧桑
三十年
也曾有机会转行
感受人生的另一番风
可我怎能忘记党旗下
守初心,育良才
让棵棵幼苗长成祖国
是我最大的幸福和荣

我是城里生、城里长
唱着"长大后我就成
站在了乡村首席教师
从此
我教孩子们读书、写
孩子们教我拔草、养
那幸福的歌声啊,能

年 矢志为党育人

诗歌朗诵比赛总决赛入围作品展示

我们记得，他们就还活着

他们的名字
也许已被淡忘了吧
他们的事迹
也许已经模糊了吧

今天
穿越岁月的烽烟回望
我们发现
他们曾和你我一样
一样的意气风发
一样的慷慨激昂
只是，他们与我们告别时
道了一声再见后就再也未见
只留下不朽的灵魂之光
辉映日月
光芒万丈

一百年历尽沧桑
一百年风雨兼程
为了中华民族的伟大复兴
无数好儿女披荆斩棘、无畏前行
因为对国家、对人民爱得深沉
他们前赴后继、无惧牺牲

还有这样一群可爱可敬的人
为了孩子们期待的眼神
为了教育事业的振兴
他们选择坚守教书育人的三尺讲台
用粉笔书写对党、对教育事业的无限忠诚

他是谁？
他既懂医术又了解自己的病情
但他仍然没日没夜地奋战在抗击非典的第一线
一直忙到他那颗“三搭桥”手术的心脏
停止了跳动
他就是
河南职业技术师范学院校医院院长孙阳吉

他是谁？
他坚守着那所乡村学校与各种艰难鏖战
让学校的教学质量从连年倒数进入全县前三
成为了办好农村偏远学校的成功典范
他是用生命践行焦裕禄精神的好榜样
他就是
连续工作三昼夜而累倒的郸城县秋渠一中校长张伟

她是谁？
在护送学生放学的路上
她用血肉之躯挡在了
急速冲来的三轮车和学生们中间
“有车，快走开！”
这是她在这个世界留下的最后一句话
她就是
信阳市浉河区董家河镇绿之风希望小学教师李芳

时过境迁
山海相隔
当风从耳边吹过
当云从头顶飘过
那就是我们在缅怀和追忆
我们从未忘记那些名字
从未忘记那些可爱的脸庞
从未忘记那些震撼人心的事迹
从未忘记那熠熠生辉的灵魂之光

只要我们记得
他们就还活着
深情回望是为了迎接更加美好的明天
我们将汲取力量，砥砺前行
矢志不渝，为党育人
以更加优异的成绩礼赞建党百年

选送单位：安阳市第一实验小学
朗诵：石肖庆

长成树

您是谁？
我是陈鹤琴，是特殊儿童教育事业的参与者
您在哪里呢？
我立足在20世纪30年代，胸怀一枚复兴祖国教育的赤子之心
您在做什么？
我在给这些小树苗找寻一个安身之所
这些枝桠看起来很羸弱
将来，能够成活吗？
一定，他们一定会成活、成长
终将成为并肩沐雨的绿色栋梁

您是谁？
我是一名特教教师，红心向党的教育主流跟随者
您在哪里？
我行走在中国特色社会主义新时代
持有一份有教无类的职业信仰
您在做什么？
我在给这片林木浇水施肥、除虫修葺
他们看起来长势良好，如今，长成了吗？
真的，他们真的成活、成长了
如今已是绵延成荫的绿色长廊

无数个平凡之我
绽放微光献给特教天地
这点点微光凝聚成灿烂星河
他们的名字在中华大地上唱响

手语国歌的研制人仰国维
致力于为残疾人发声
他是展示特教战线风采的代言者
折翼天使的梦想导师梁琰老师
无声世界弹奏出韵律的最强音
她是赋予生命华章的规划者
用手指带领孩子触摸人生色彩的郭超阳老师
她是孩子的眼
她是穿越命运盲区的指引者
他们
他们
他们
都将信仰高举过额头
却俯下身姿，去做好一件事情——
浇水施肥、除虫修葺……
让羸弱枝桠长成参天巨木

你们是谁呢？
我们是有听力障碍的孩子
也是最适合出演哑剧的天赋型选手
他们是有听力障碍的孩子
也是最适合出演哑剧的天赋型选手

那你们在哪里呢？
他们成长在一个国泰民安的大好时代
他们就是当年您种下的希望之苗

今天的我，长成最美少年的模样
今天的我，努力学习天天向上！
在最好的年代里，遇见最好的知心老师
在更好的时光里，珍惜更好的教育福祉
爱国，安家，成才，回报
对，爱国，安家，成才，回报

十年树木，百年树人
一百年后的今天，放眼望去
举目绿茵如盖
折翼，不代表着灵魂缺失
在您的指引下，乘风破浪的少年
长成南国浩渺烟波的垂柳
长成北方浩荡大漠的胡杨
让我们齐心协力
在党的领导下
在横跨五个时区的中国维度
绘就上下五千年的华夏图腾！

选送单位：漯河市特殊教育学校
朗诵：胡梦阳、汪硕、赵紫怡、梁锦鹏

我从县城开会返乡
见大堤上
眼欲穿的孩子
哭喊着“老师好”
过来的孩子
盈眶：
就做孩子王！幸福的孩子王！

师
解教师的平凡与高尚
师
得师爱无疆

老师好”我们忘了自己也是个
子
老师好”我们忘了家中还有等

就是我们出发的号令
就是我们前进的力量

国教育的各个岗位上

爱，眼底有光
人，为国育才
和人民的期望
子的主旋律在神州大地飘荡
育人的幸福代代传扬
扬
扬

位：濮阳市昆吾小学
林文、李洪亮、张丽华、司培宁

特殊的奖章

我是一名教师
我站的是一班特殊的岗
特岗教师
是同学少年听到了党中央的呼唤
一群人，肩负着党的重托
为了共同的目标
到基层去，到山区去
把知识带去，把希望带去
把党的教育火种
带到中国山区的各个角落

我知道——
特殊的岗位
不是一个人的战场
这是一个民族的青年
用奉献合奏的一曲教育强音

杨承
理想推动信念，你挺直腰杆
坚定地立于黄河之畔
青春的热血沸腾，教育的情怀激荡

任明杰
十项全能，学生偶像
撑起百户人家的希望
把少男少女懵懂的心海点亮

郭雯琼
告别故土，扎根异乡
挥洒乡村教育的诗情
用坚守和爱守护留守学生健康成长

我想加入，我要加入
我要成为这个群体中的一员
我要用我的青春，站好我的岗

在这里，寒来暑往，九度春秋
炼金的烈火烧掉了青春的娇情
淬掉了稚嫩的彷徨
铸就了不畏风雨的坚强

寒冬深夜
我不再是那个只会裹紧棉被瑟瑟发抖的女孩
坚定的信念
抵住了刺骨寒风
忍住了双手冻疮的奇痒

父亲手术，我流着泪却只能望着他的方向
对不起，您的女儿
双手托起了职守的忠诚
却难再托起儿女的孝养
在这里，我把爱和希望播撒
宿舍，是留守孩子“心灵”的避风港
寂静窗外留下的剪影
连接着他们走出去的梦想

在这里，我也收获着爱和感动
“老师，我能叫你一声‘仙女姐姐’吗？”
原来，孩子们心中那会施魔法
带他们看到外面世界的“仙女”是我
原来，那个能帮他们化解青春骚动
引领他们追求人生真谛的暖心大姐也是我
这该是怎样的幸福啊
——这是“特岗教师的奖章”

我要应诺，这是一名共产党员的誓言
我要应诺，这是一个师者的灵魂
自此而高昂

2006—2021
中国特岗教师的十五年坚守
满满的，都是无悔的选择
每一个人的党徽上
都焕发着熠熠生辉的荣光

选送单位：许昌市建安区镜水路小学
朗诵：刘元

您的背影，我们的方向

一百年前
秀丽嘉兴，烟雨南湖……
那条满载信仰的红船
用星星之火
燎原！燃烧！反抗！斗争！
一支支步枪惊醒沉睡山河
一捧捧小米哺育红色革命
两万五千里长征宣告铮铮誓言
无数烈士前赴后继取义舍生

您的背影，我们的方向！
如今，我们高举红色旗帜
追寻信仰的足迹
井冈山上，观红旗漫卷西风
橘子洲头，携百侣挥斥方遒
遵义城中，唱红歌激情飞扬
宝塔山下，悟延安革命精神

走进兰考
听，风吹泡桐
轻声细语中诉说：
我们怀念您，人民的好书记！
红旗渠畔
看，巍巍天险
太行雄奇山花怒放
脚踢太行让开路，手牵漳河回家乡

您的背影，我们的方向！
信仰，化作无数坚定前行的身影
在党旗下汇聚
行走在教育人的行列里
满怀赤诚，践行教育初心
扎根教学，坚持五育并举
鉴古今，传爱党报国好基因
学党史，育经天纬地新桃李
一个个身影在校园里勇于担当
一枚枚党徽如火炬般把路照亮

您的背影，我们的方向！
困境中有你
一节节名校同步课堂录制
是你夜以继日，不遗余力
线上线下问候关怀
把温暖和希望传递

实战中有你
一次次返校复学演练
你把工作落实做细
测量体温，消毒桌椅
舒缓情绪，暖人心语

劳动中有你
一筐筐泥土辗转传递
绿色校园听鸟鸣阵阵
迷你农场闻麦香袅袅
劳动教育的广阔天地搬到了校园里！

火红的党旗啊，高高飘扬
星星火炬啊，闪耀着金光
红领巾的童心呀，永远向党
您的背影，我们的方向！
您的背影，我们的方向！

培根铸魂，坚守三尺讲台
启智润心，收获桃李芬芳
教育征途漫漫
惟有砥砺前行
我愿
我愿
我愿
我愿
以满腔的热爱
以一生的深情
书写教育人
对党的耿耿忠心
一片赤诚
向党的百年华诞献礼！
献礼！
献礼！

选送单位：河南省实验小学
朗诵：黄博、张博、吴丹阳、樊艳茹

更是一种情怀
党旗所指，心之所向，素履以往

听说，你成了正宗的巴郎子
在加尔克家里
啃着馕，唠着家常
彰显着民族团结一家亲

听说，你将三角函数的魅力无限延展
为边疆学子洒下知识的甘霖
使他们开阔眼界，坚定理想
听说，你将河南的优秀教育成果无私分享
与当地青年教师帮扶结对
为哈密打造了一支带不走的育人队伍

艰难困苦，玉汝于成
君子藏器，待时而动
从中原腹地到祖国边疆
从黄河之畔到天山之巅
六千里漫漫援疆路
万千人浓浓豫疆情

你是谁?
你是数万扎根在雪山戈壁的河南援疆教师
你们，肩挑重担，以梦为马
你们，不负使命，砥砺前行
你们，坚守着团结稳疆、文化润疆的责任
你们，秉持着富民兴疆、长期建疆的信念

心中有信仰，脚下有力量
风吹过的路依然远
你们的故事才刚刚打开卷轴
他日，我们也必将芬芳华夏万千桃李
文化润疆，教育为本
党的百年华诞
你们，向党献礼
我们，向你们致敬

选送单位：郑州市第九中学
朗诵：王金姣、李悦

我是党和国家好政策的受益者

□ 李少君

我是一名普通的一线教师，我热爱我的工作；我也是一名光荣的共产党员，我深爱着我的祖国！

今年，是我们伟大的中国共产党百岁华诞。回望来时路，我们的国家，虽经历种种艰辛和坎坷，但从不缺抛头颅洒热血的革命先烈，他们前仆后继地进行着艰苦卓绝的斗争。在越来越强大的综合国力支撑下，我们国家的各项政策也越来越好，尤其是对于一线教师，特别是对我们乡村教师的好政策也越来越多：每个月除了按时发放基本的工资，我们还有物业补贴、月考核奖、乡村教师补贴和乡镇补贴等。作为教师中的一员，我不仅享受到了国家好的福利和待遇，还惊喜地享受到党和国家的一项特别惠民的新政策——“归雁计划”。

还记得 2013 年的暑假，家乡浚县招聘的特岗教师中，没有我的专业——美术类教师的招聘。万般无奈，我选择了延津县的美术专业岗位，参加了当年的特岗考试，可从南阳来的女友却报考了浚县的中学语文特岗教师招聘考试。8 月份成绩揭晓，我俩被双双录取，接着各自面试、培训、上岗。这一别，就是 7 年！在延津县丰庄镇中学，我始终以一位共产党员的标准严格要求自己，7 年多来，踏实工作、勤勤恳恳、爱生如子，认认真真开展教学，从不懈怠，获得了学校各级领导的一致好评！

可是，距离不仅仅会产生美，还会产生误会和隔阂。我家中父母已到花甲之年，孩子也已 3 岁，该上幼儿园了。妻子一个人既要上班，又要照顾一家老小，非常辛苦！而我因工作原因，长期在外，家里照顾不到。这本是我要承担的责任，本该是我挑起的担子，却因为相隔两地，都甩给了妻子一人。这些年，我深感对全家亏欠得太多太多！作为一名老师，我认为我是称职的，但作为丈夫和父亲，我真的是不称职的！

2020 年 4 月，党和国家的好政策——“归雁计划”在多地实施！我的家乡浚县也实施了这一计划。就这样，我在浚县人民政府和浚县教育体育局的帮助和支持下，一步一步地走着手续、一天一天地等候佳音、一月一月地接近幸福！

2021 年 2 月，浚县人民政府及浚县教体局正式下发通知：3 月 1 日就可以回自己的家乡工作了。听到这个振奋人心的消息，我们一家人都非常开心，都发自肺腑地感谢政府、感谢我们伟大的党！

如今，我回到了家乡的母校——小河镇第一中学，并很快就融入这个集体。我发现，无论哪里的教师，都是这样的爱岗敬业、无私奉献、无怨无悔！现在的我，与妻子在一个学校，我们和这个学校的老师们一起，每天披星戴月、早起晚睡、孜孜不倦、乐此不疲。我亲眼见证了这所学校老师们的拼搏进取和毫无怨言：他们有时为了赶来上课，早晨 4 点多就要起床，从开发区、从浚县县城开车赶往学校；他们有时为了及早入班辅导学生，可能连早饭都来不及吃；他们有时一起床就匆匆奔向教室，来不及看一眼自己蹬开被子的孩子；他们有时上完了一天的课，查寝结束已是晚上 10 点多了，还要拖着疲惫的身躯赶往几十里外的家中，这时，他们的孩子早已熟睡！这里的老师什么事都可以丢下，却唯独丢不下班里这几十个学生。他们虽然平凡却又很伟大！他们虽然贫穷，却因为有了自己的学生而感觉特别富有！

忆往昔，我们心潮澎湃；看今朝，我们拼搏上进。作为一名共产党员，我亲身体会到党的伟大和无私；作为一名一线教师，我愿意在今后的工作中加倍努力；作为一名“归雁计划”的受益者，我要挥洒热情和汗水，为家乡的教育事业增砖添瓦、全力以赴、鞠躬尽瘁！

（原载 2021 年 9 月 21 日《教育时报》，作者单位：浚县小河镇第一中学）

谱首赞歌，献予祖国

□ 徐蕾

20 年前一个风雪交加的冬夜，在一间简陋的教师公寓里，一张狭窄的床上，睡着两个被风雪阻隔无法归家的小姑娘。一位长发披肩的女老师为她们裹上厚厚的毛毯，自己却在寒冷的冬夜，颤抖着依偎在床边。她不知道，这时，其中一位小姑娘正不时地偷看她映在墙上的身影；她更不知道，这时，对教师崇高的敬佩已深深扎根于小姑娘的心里。

那位小姑娘就是 8 岁时的我，那位女教师是老家的一名乡村教师王老师。我和姐姐因家搬迁新址，每天上下学要往返几公里。每遇雨雪，王老师担心路上不安全，就会主动告知我的父母让其准允我们留宿在她的宿舍。我亲眼见证了一名教师无数个挑灯备课的夜晚。那时的我虽小，但对这个职业也由衷地敬佩与向往。长大后，我想成为她！或许，这就是初心吧。

再后来，20 年后，我大学毕业，如愿回到了家乡，成了一名教师。

记得刚走上讲台时，因为缺乏教学经验，加之学生性格的多样性，我曾多次因为学生在课堂的不配合而掉泪，教学也十分吃力。每到周三，嗓子便不堪重负，变得难以发声。我一度十分气馁，认为自己的付出没有得到回应，自己的用心无法被学生看到，我试图用自己的方式去感染学生，可总是事倍功半。

正当我为此苦恼时，一位同事的话点醒了我："学生是独立的个体，我们要问问他们真正需要什么。"我猛然意识到，作为教师，要以学生为中心，从学生的角度出发去想问题。

自那以后，我便决心在课外自学教育心理学，研究学生行为背后的原因；研究教学规律，用科学的知识和方法来武装自己；尊重学生与严格要求学生相结合，因材施教，多与学生谈话，了解他们的生活和学习，真正地走近他们，既做良师，也为益友。“以学生为中心”这句话到今天我依然十分受益，且奉为圭臬。

每天面对有着五彩斑斓梦想的学生，教学的过程无处不充满着思考。蔡元培先生曾说过：“要有良好的社会，必先有良好的个人，要有良好的个人，必先有良好的教育。”我想：要有良好的教育，也必先有优秀的教师。那么，什么样的教师才算是优秀的教师呢？

一名优秀的教师，首先应对学生充满热爱，有仁爱之心。我认为的热爱，不是偏爱少数优秀的学生，而是关心爱护每一位学生，这是师德的核心和灵魂。师德对于师者而言，比传道授业解惑更加重要。

一名优秀的教师，应具有理想信念。教师是人类文明的传承者，是学生人生道路的引路人，只有抱有坚定理想信念的教师，才有可能在孩子的心中播下希望的火种。譬如“时代楷模”张桂梅校长，虽被命运置于危崖，却向世界表达倔强，用脆弱的肩膀将 1000 多名女生托举出大山。她说：“听到学生们毕业为社会做贡献，我觉得值了！”我想，她的理想信念是炽热而笃定的，早已如种子植根在了每个学生的心底，也必将绽放在祖国的各地。

教育兴则国家兴，教育强则国家强。2021 年，是中国共产党成立 100 周年。作为一名高校教师，我该拿什么向党献礼？我想唯有用更高的标准要求自己，以更饱满的热情投入工作，一生忠诚党的教育事业，坚守为党育人、为国育才的使命担当，履行教师神圣职责，真正成为有理想信念、有道德情操、有扎实学识、有仁爱之心的“四有”好老师。

漫漫征途，唯有奋斗；不忘初心，砥砺担当。为中华民族伟大复兴贡献新作为，我要用最朴素最清澈的爱，谱首赞歌，献予祖国。

（原载 2021 年 9 月 21 日《教育时报》，作者单位：洛阳科技职业学院）

爱的传承

□ 王远

《长大后我就成了你》，这是我小时候最喜欢唱的歌。这首歌总能让我想起我上小学一年级时的语文老师。

时隔20多年，我连老师姓什么都忘了，却还能清晰地记得她的样子：圆圆的脸庞，两条又粗又黑的麻花辫搭在胸前，笑起来有两个甜甜的酒窝，普通话说得很好听，语文课上得有趣又深刻。她温柔极了，我们知识学得再慢，也从未见她对谁发过脾气。每天最期待的就是课间，因为下课铃一响，她就会带着我们跳皮筋、扔沙包、丢手绢、玩老鹰捉小鸡……阳光下，我们跳动、欢笑、亲密无间。那样阳光明媚、无忧无虑的日子就这样深深地烙在了我的童年记忆里。

还记得有一天上写字课，老师坐在教室角落里偷偷哭泣，不能自已。我们拿着手绢去问她是怎么了，她就赶紧揩揩泪，说："没事没事，你们继续写字，好好的哈。"紧接着的好几天，她的眼眶都是红红的。学生年代遇到了那么多老师，她是唯一一个当着学生的面哭泣的老师。后来我才从家里大人的谈话间知道，班里那个好几天没来上学的孩子因病去世了……一个每天和我们一起学习一起玩耍的小伙伴就这样没了……我瞬间明白了老师当时的痛心。

正是这样一个疼我们、爱我们的老师，在我幼小的心里播下了理想的种子——我长大后也要当老师，也要做一个像她那样有爱的老师！

于是做学生，梦想学高为师；于是填志愿，只写志在师范。依然清晰记得那个自信满满的8月，正值青春的我怀着满满的期待和憧憬重入校园，不同的是身份的切换，我终于站上了这三尺讲台！这一年的秋天，于我而言，不是收获的季节，而是播种的开始！

初为人师，我其实并不知道具体要怎么做，我只是单纯地想要做个真正的好老师，我想要勇敢地面对这份职业带给我的各种挑战。为了一节课，我会整夜翻阅资料，教案一写就是三遍、五遍、七遍、八遍。我要么不做，要做就要尽力做到最好。为了某个孩子的问题，我会反复和家长沟通，没有时间限制，大晚上还在打电话、发微信也是常事儿。只有看到孩子认真对待学习了，我才心安……

作为一个普通教师，我深情付出、热忱相对，这样的日子过了一天又一天、一年又一年，却未曾想到过回报，而恰恰这种回报总是不期而遇地来到跟前：一个个熟悉的名字、一张张纯真的笑脸、一声声稚嫩的问候、一句句“老师，我最喜欢你了”……我也成了孩子们心里的那个人——这就是教师的幸福之处！

这学期开学培训时，学校带领我们一起学习“时代楷模”张桂梅老师的故事。其中张老师的学生给她特别录制了一段视频，视频中她的一个学生站在一群孩子中间，说道：“张老师，我现在是一名小学老师，这是我的学生！”那群坐得笔直的孩子挥动右手大声问候：“张老师，您好！”我一直在努力克制的泪水再也压抑不住了……这是什么？这不正是一种信仰的传承、力量的传承、爱的传承吗？

当晨曦的阳光铺洒在美丽的校园，我又看到那一张张熟悉而可爱的笑脸。当琅琅的读书声在教室里弥漫，我又听到了孩子们求知若渴的心声。这样的日子真好！就让我坚守着初心和爱意踏歌前行，把老师给我的爱传承给我的学生，把我的青春挥洒在故乡的热土上吧！

（原载 2021 年 9 月 21 日《教育时报》，作者单位：新郑市第二实验小学）

我愿为祖国的未来们“带盐”

□ 田新辉

食盐是人们生活中不可缺少的。烹饪调味，离不了盐。食盐不仅是人们膳食中不可缺少的调味品，而且是人体不可缺少的主要物质。犹如教育，家庭教育生根，学校教育强干，除了父母的言传身教，学校里教师的传道授业解惑在孩子的成长过程中也必不可少，我们的学校教育就像学生成长中的“盐”。我是一名高校思政课教师，我愿意为孩子们的成长“带盐”。

6 岁，我开始上小学，遇上我人生中的第一位小学老师。她是一名乡村小学民办教师，年轻、温和，虽没有高学历高职称，但是有着一颗爱孩子的心。她用爱心陪我度过了小学前三年的时光。

上世纪 80 年代的时候，农村孩子手里能有两块钱是一件非常值得炫耀的事情。还记得在小学二三年级时，有一次去邻居家和邻家小妹妹玩，看到地上有两块钱，于是我就顺手捡了起来装到了自己的口袋里，当时觉得捡的就是自己的了，甚至为自己有了点钱而沾沾自喜，于是在和小伙伴们玩耍的时候就透露给了其中一个。结果两天后，老师就喊我进了办公室。在老师的循循善诱下，我告诉老师前几天捡到了钱，应该是邻居家的。在老师的引导下，我认识到了错误，于是就还给了邻居婶婶，还被邻居婶婶一顿好夸，让我都不好意思了。后来听老师说，之所以会问我，是因为她在讲台上她的课本里发现了一张小字条，说我偷了邻居的钱，但她并不相信我是一个会偷钱的孩子，才有了我们之间的对话。

如果在老师看到字条时，不分青红皂白直接认定是我偷拿了邻居家的钱，我想当时的我，一定会和她据理力争，并产生出叛逆的心理和行为。所以今天的我，非常感激当时老师的处理方式。也正是因为老师的言传身教，使我在小学五年级时就下决心将来要像他们一样做教师。

高考后，我如愿进入了一所师范院校，上世纪 90 年代末开始传唱的那首《长大后我就成了你》，也越发让我感到了教师这一职业的神圣。

毕业后，我进入一所中学，成为一名中学教师。身边的同事工作大都非常认真、敬业，我也像他们一样每天认真备课、上课，履行自己的职责，直到有一天我再次被感动、被震撼。学校里有一位即将退休的老教师，倒在了办公室里，离开前办公桌上仍翻开着未改完的作业。她为了教育事业奉献了一生，真正做到了“春蚕到死丝方尽，蜡炬成灰泪始干”，也使我开始更为深刻地思考“什么样的教师才是真正合格的教师”。

如今，我是一名大学思政课教师。在讲台上，我始终牢记思政课教师的初心和使命，向青年大学生传播正能量，引导他们跟党走，做合格的社会主义建设者；在细节上，我引导他们从小事做起，从身边做起，做善良阳光的时代新青年。当在校园里迎面一声“老师好”响起的时候，当 QQ 上一个又一个头像亮起并传来“姐，节日快乐”的时候，当通过一根网线得知他们也走上教师岗位的时候……是我心里最甜蜜的时候。

人如果长期不吃盐就会变得体弱多病，没有力气，没有精神。今天，我们教育工作者要为我们的青少年、为我们国家和民族的未来带去教育尤其是德育的“盐”，让他们真正成长为有理想、有本领、有担当的时代新人，成为实现中华民族伟大复兴的坚实力量。

（原载 2021 年 9 月 21 日《教育时报》，作者单位：周口师范学院）

把神圣使命融入生命

□ 李惠霞

受父亲的影响，我从小就特别向往做一名教师。1992 年师范学校毕业后，我就来到安阳市钢二路小学，一直担任班主任和语文老师。和共和国同龄的老父亲，是一位有着 40 年党龄的老党员。他经常跟我说："是共产党让咱老百姓有了好日子，一定要教好孩子们，让他们从小热爱共产党。"作为一名共产党员，作为一名人民教师，我不忘初心，虽然每天都从事着教书育人的平凡工作，却乐此不疲，"教师"这个称呼赋予的神圣使命已经融入自己的生命中了。

四年级刚接班时，我了解到班里有一个特殊的小女孩，她的名字叫小瑜。后来才逐渐知道，她的母亲因为经济纠纷入狱，父亲也不知去向。这个小姑娘由社会和学校资助上到了四年级。之后，我便特别留意这个小姑娘。

因为特殊的家庭情况，她有时会暂时缺少一些学习用具，我总是在她需要的时候，不经意地为她提前准备好。开学时，同学们志愿为班级捐图书，建立班级图书角，我会从家里拿来几本图书送给她。每当逢年过节，我都给她买两件新衣服，就像妈妈一样默默地守在她身旁，生怕她受到什么委屈，想让她像别的孩子一样健康成长。有时同年级的老师还开玩笑地说："你们班小瑜呀，真成你的女儿了！"

记得在五年级的一天，她高兴地来找我说："李老师，我妈妈给我来信了。""是吗，太好了！""李老师，你看看吧！""小瑜，这是你的秘密，可以不用让李老师看的！""老师你看看吧，我想让你看！"我接过信，从心里感谢她的信任，能和她分享快乐，真是幸福！从这以后，我经常催促她给妈妈写信，汇报她在学校的生活和学习情况，并给她准备好信封和邮票。每次收到她妈妈的来信，成了我们共同的快乐时光！

时间过得真快，转眼已经到六年级了。小瑜在学校和社会各界的帮助下快乐成长，学习成绩优异，性格也越来越开朗。毕业典礼上，她眼睛哭得通红，说：“李老师，我不想离开您呀……”我也眼含热泪，告诉她：“李老师永远是你的妈妈，钢二路小学永远是你的家，欢迎你随时回家！”小瑜能幸福地度过自己的童年生活，这就是我最大的幸福！

教师的岗位是平凡的，又是神圣的。在这个神圣使命的背后有多少付出、有多少泪水和汗水，只有身在其中的人才会感同身受。

去年 10 月份的一天，突然收到老父亲的电话。一向健康的父亲突发急病，需要住院输液缓解病情。我赶到医院，他已经输上了液体，我宽慰地对他笑笑说，这下可以休息几天了，医生说最少要住院半个月，千万别着急。他反过来安慰我：“我没关系，输几天液就行了，你别耽误学生上课，不用请假啊！”随后几天，我学校和医院两头跑，上完课就来医院陪父亲输液。有时我会拿着还没有改完的试卷或作业，在病床边，一边看父亲输液一边批改。父亲住院的第 7 天，我照常上完课急匆匆地赶到医院，谁知父亲却没有输液，住院的物品也已经收拾好了。我奇怪地问父亲：“这是怎么回事？”父亲说：“我已经好得差不多了，今天给医生说了准备出院，回家再休息休息就好了！”不管我说什么，父亲还是坚持要出院。后来才知道，父亲怕耽误学生学习，又怕把我累病了，他是心疼我啊！我心里无比的难受，眼泪溢满了眼眶。老父亲一辈子为子女着想，就是有病了也不愿拖累我们；作为女儿的我，天天忙于工作，又为他做了些什么呢？真是满心的愧疚！可我却是父亲的骄傲，他经常和别人聊天时说，我女儿是个好老师，教出的学生优秀，家长都夸呢！

春天如期而至，一阵和煦的春风吹过，校园的白杨树哗哗地响，它见证了我在钢二路小学的成功和失败，见证了钢二路小学所有教师的泪水和汗水，见证了钢二路小学所有教师的无私奉献，见证了我们付出的青春岁月。作为一名党员教师，我将不忘初心，为党育人；无私奉献，为国育才！

（原载 2021 年 9 月 21 日《教育时报》，作者单位：安阳市钢二路小学）

按：
今年3月，全省“礼赞建年，矢志为党育人”师德教育征文活动启动。全省各学校精心组织，广大教极参与。省教育厅组织专各单位选送的征文进行了其中一等奖214篇、二370篇、三等奖594篇。征文立意新颖，内容真实，具有鲜明的时代特征。本期，本报选登部分优秀以展现全省广大教师和工作者教书育人、无私奉对党忠诚、奉献于党的精貌。

礼赞建党百年 矢志为党育人

——2021年河南省师德主题教育征文活动优秀作品选登

在全省“礼赞建党百年，矢志为党育人”师德主题诗歌朗诵比赛决赛现场，诗朗诵《奠基》，表达了参赛选手“为党育人、为国育才”的拳拳之心 本报资料图片

党和国家好的受益者

一名普通的一线教师，我热作；我也是一名光荣的共产深爱着我的祖国！

，是我们伟大的中国共产党。回望来时路，我们的国历种种艰辛和坎坷，但从不洒热血的革命先烈，他们前进行着艰苦卓绝的斗争。在大的综合国力支撑下，我们项政策也越来越好，尤其是教师，特别是对我们乡村教策也越来越多：每个月除了基本的工资，我们还有物业考核奖、乡村教师补贴和乡。作为教师中的一员，我不了国家好的福利和待遇，还受到党和国家的一项特别惠策——“归雁计划”。

得2013年的暑假，家乡浚特岗教师中，没有我的专术类教师的招聘。万般无择了延津县的美术专业岗了当年的特岗考试，可从女友却报考了浚县的中学教师招聘考试。8月份成绩两被双双录取，接着各自面、上岗。这一别，就是7津县丰庄镇中学，我始终以党员的标准严格要求自己，踏实工作、勤勤恳恳、爱认认真真开展教学，从不得了学校各级领导的一致

距离不仅仅会产生美，还会和隔阂。我家中父母已到孩子也已3岁，该上幼儿子一个人既要上班，又要照，非常辛苦！而我因工作期在外，家里照顾不到。这承担的责任，本该是我挑起却因为相隔两地，都甩给了这些年，我深感对全家亏太多！作为一名老师，我认职的，但作为丈夫和父亲，不称职的！

年4月，党和国家的好政雁计划”在多地实施！我县也实施了这一计划。就这浚县人民政府和浚县教育体力和支持下，一步一步地走一天一天地等候佳音、一月正幸福！

年2月，浚县人民政府及局正式下发通知：3月1日自己的家乡工作了。听到这的消息，我们一家人都非都发自肺腑地感谢政府、感大的党！

我回到了家乡的母校——中学，并很快就融入这个现，无论哪里的教师，都爱岗敬业、无私奉献、无怨年的我，与妻子在一个学和这个学校的老师们一起，岁月，早起晚睡，孜孜不疲。我亲眼见证了这所学拼搏进取和毫无怨言：他赶来上课，早晨4点多就开发区、从浚县县城开车他们有时为了及早人班辅可能连早饭都来不及吃；他起床就匆匆奔向教室，来不已蹬开被子的孩子；他们一天的课，查寝结束已是多了，还要拖着疲惫的身里外的家中，这时，他们熟睡！这里的老师什么事，却唯独丢不下班里这几他们虽然平凡却又很伟然贫穷，却因为有了自己党特别富有！

，我们心潮澎湃；看今搏上进。作为一名共产党体会到党的伟大和无私；线教师，我愿意在今后的努力；作为一名“归雁计者，我要挥洒热情和汗的教育事业增砖添瓦、全躬尽瘁！

（作者单位：浚县小河镇第一中学）

谱首赞歌，献与祖国

□ 徐蕾

20年前一个风雪交加的冬夜，在一间简陋的教师公寓里，一张狭窄的床上，睡着两个被风雪阻隔无法归家的小姑娘。一位长发披肩的女老师为她们裹上厚厚的毛毯，自己却在寒冷的冬夜，颤抖着依偎在床边。她不知道，这时，其中一位小姑娘正不时地偷看她映在墙上的身影；她更不知道，这时，对教师崇高的敬佩已深深扎根于小姑娘的心里。

那位小姑娘就是8岁时的我，那位女教师是老家的一名乡村教师王老师。我和姐姐因家搬迁新址，每天上下学要往返几公里。每遇雨雪，王老师担心路上不安全，就会主动告知我的父母让其准允我们留宿在她的宿舍。我亲眼见证了一名教师无数个挑灯备课的夜晚。那时的我虽小，但对这个职业也由衷地敬佩与向往。长大后，我想成为她！或许，这就是初心吧。

再后来，20年后，我大学毕业，如愿回到了家乡，成了一名教师。

记得刚走上讲台时，因为缺乏教学经验，加之学生性格的多样性，我曾多次因为学生在课堂的不配合而掉泪，教学也十分吃力。每到周三，嗓子便不堪重负，变得难以发声。我一度十分气馁，认为自己的付出没有得到回应，自己的用心无法被学生看到，我试图用自己的方式去感染学生，可总是事倍功半。

正当我为此苦恼时，一位同事的话点醒了我：“学生是独立的个体，我们要问问他们真正需要什么。”我猛然意识到，作为教师，要以学生为中心，从学生的角度出发去想问题。

自那以后，我便决心在课外自学教育心理学，研究学生行为背后的原因；研究教学规律，用科学的知识和方法来武装自己；尊重学生与严格要求学生相结合，因材施教，多与学生谈话，了解他们的生活和学习，真正地走近他们，既做良师，也为益友。“以学生为中心”这句话到今天我依然十分受益，且奉为圭臬。

每天面对有着五彩斑斓梦想的学生，教学的过程无处不充满着思考。蔡元培先生曾说过：“要有良好的社会，必先有良好的个人，要有良好的个人，必先有良好的教育。”我想：要有良好的教育，也必先有优秀的教师。那么，什么样的教师才算是优秀的教师呢？

一名优秀的教师，首先应对学生充满热爱，有仁爱之心。我认为的热爱，不是偏爱少数优秀的学生，而是关心爱护每一位学生，这是师德的核心和灵魂。师德对于师者而言，比传道授业解惑更加重要。

一名优秀的教师，应具有理想信念。教师是人类文明的传承者，是学生人生道路的引路人，只有抱有坚定理想信念的教师，才有可能在孩子的心中播下希望的火种。譬如“时代楷模”张桂梅校长，虽被命运置于危崖，却向世界表达倔强，用脆弱的肩膀将1000多名女生托举出大山。她说：“听到学生们毕业为社会做贡献，我觉得值了！”我想，她的理想信念是炽热而笃定的，早已如种子植根在了每个学生的心底，也必将绽放在祖国的各地。

教育兴则国家兴，教育强则国家强。2021年，是中国共产党成立100周年。作为一名高校教师，我该拿什么向党献礼？我想唯有用更高的标准要求自己，以更饱满的热情投入工作，一生忠诚党的教育事业，坚守为党育人、为国育才的使命担当，履行教师神圣职责，真正成为有理想信念、有道德情操、有扎实学识、有仁爱之心的“四有”好老师。

漫漫征途，唯有奋斗；不忘初心，砥砺担当。为中华民族伟大复兴贡献新作为，我要用最朴素最清澈的爱，谱首赞歌，献与祖国。

（作者单位：洛阳科技职业学院）

爱的传承

□ 王远

《长大后我就成了你》，这是我小时候最喜欢唱的歌。这首歌总能让我想起我上小学一年级时的语文老师。

时隔20多年，我连老师姓什么都忘了，却还能清晰地记得她的样子：圆圆的脸庞，两条又粗又黑的麻花辫搭在胸前，笑起来有两个甜甜的酒窝，普通话说得很好听，语文课上得有趣又深刻。她温柔极了，我们知识学得再慢，也从未见她对谁发过脾气。每天最期待的就是课间，因为下课铃一响，她就会带着我们跳皮筋、扔沙包、丢手绢、玩老鹰捉小鸡……阳光下，我们跳动、欢笑、亲密无间。那样阳光明媚、无忧无虑的日子就这样深深地烙在了我的童年记忆里。

还记得有一天上写字课，老师坐在教室角落里偷偷哭泣，不能自已。我们拿着手绢去问她是怎么了，她就赶紧揩揩泪，说：“没事没事，你们继续写字，好好的哈。”紧接着的好几天，她的眼眶都是红红的。学生年代遇到了那么多老师，她是唯一一个当着学生的面哭泣的老师。后来我才从家里大人的谈话间知道，班里那个好几天没来上学的孩子因病去世了……一个每天和我们一起学习一起玩耍的小伙伴就这样没了……我瞬间明白了老师当时的痛心。

正是这样一个疼我们、爱我们的老师，在我幼小的心里播下了理想的种子——我长大后也要当老师，也要做一个像她那样有爱的老师！

于是做学生，梦想学高为师；于是填志愿，只写志在师范。依然清晰记得那个自信满满的8月，正值青春的我怀着满满的期待和憧憬重入校园，不同的是身份的切换，我终于站上了这三尺讲台！这一年的秋天，于我而言，不是收获的季节，而是播种的开始！

初为人师，我其实并不知道具体要怎么做，我只是单纯地想要做个真正的好老师，我想要勇敢地面对这份职业带给我的各种挑战。为了一节课，我会整夜翻阅资料，教案一写就是三遍、五遍、七遍、八遍。我要么不做，要做就要尽力做到最好。为了某个孩子的问题，我会反复和家长沟通，没有时间限制，大晚上还在打电话、发微信也是常事儿。只有看到孩子认真对待学习了，我才心安……

作为一个普通教师，我深情付出、热忱相对，这样的日子过了一天又一天、一年又一年，却未曾想到过回报，而恰恰这种回报总是不期而遇地来到跟前：一个个熟悉的名字、一张张纯真的笑脸、一声声稚嫩的问候、一句句“老师，我最喜欢你了”……我也成了孩子们心里的那个人——这就是教师的幸福之处！

这学期开学培训时，学校带领我们一起学习“时代楷模”张桂梅老师的故事。其中张老师的学生给她特别录制了一段视频，视频中她的一个学生站在一群孩子中间，说道：“张老师，我现在是一名小学老师，这是我的学生！”那群坐得笔直的孩子挥动右手大声问候：“张老师，您好！”我一直在努力克制的泪水再也压抑不住了……这是什么？这不正是一种信仰的传承、力量的传承、爱的传承吗？

当晨曦的阳光铺洒在美丽的校园，我又看到那一张张熟悉而可爱的笑脸。当琅琅的读书声在教室里弥漫，我又听到了孩子们求知若渴的心声。这样的日子真好！就让我坚守着初心和爱意踏歌前行，把老师给我的爱传承给我的学生，把我的青春挥洒在故乡的热土上吧！

（作者单位：新郑市第二实验小学）

我愿为祖国的未来们“带盐”

□ 田新辉

食盐是人们生活中不可缺少的。烹饪调味，离不了盐。食盐不仅是人们膳食中不可缺少的调味品，而且是人体不可缺少的主要物质。犹如教育，家庭教育生根，学校教育强干，除了父母的言传身教，学校里教师的传道授业解惑在孩子的成长过程中也必不可少，我们的学校教育就像学生成长中的“盐”。我是一名高校思政课教师，我愿意为孩子们的成长“带盐”。

6岁，我开始上小学，遇上我人生中的第一位小学老师。她是一名乡村小学民办教师，年轻、温和，虽没有高学历高职称，但是有着一颗爱孩子的心。她用爱心陪我度过了小学前三年的时光。

上世纪80年代的时候，农村孩子手里能有两块钱是一件非常值得炫耀的事情。还记得在小学二三年级时，有一次去邻居家和邻家小妹妹玩，看到地上有两块钱，于是我就顺手捡了起来装到了自己的口袋里，当时觉得捡的就是自己的了，甚至为自己有了点钱而沾沾自喜，于是在和小伙伴们玩耍的时候就透露给了其中一个。结果两天后，老师就喊我进了办公室。在老师的循循善诱下，我告诉老师前几天捡到了钱，应该是邻居家的。在老师的引导下，我认识到了错误，于是就还给了邻居婶婶，还被邻居婶婶一顿好夸，让我都不好意思了。后来听老师说，之所以会问我，是因为她在讲台上她的课本里发现了一张小字条，说我偷了邻居的钱，但她并不相信我是一个会偷钱的孩子，才有了我们之间的对话。

如果在老师看到字条时，不分青红皂白直接认定是我偷拿了邻居家的钱，我想当时的我，一定会和她据理力争，并产生出叛逆的心理和行为。所以今天的我，非常感激当时老师的处理方式。也正是因为老师的言传身教，使我在小学五年级时就下决心将来要像他们一样做教师。

高考后，我如愿进入了一所师范院校，上世纪90年代末开始传唱的那首《长大后我就成了你》，也越发让我感到了教师这一职业的神圣。

毕业后，我进入一所中学，成为一名中学教师。身边的同事工作大都非常认真、敬业，我也像他们一样每天认真备课、上课，履行自己的职责，直到有一天我再次被感动、被震撼。学校里有一位即将退休的老教师，倒在了办公室里，离开前办公桌上仍翻开着未改完的作业。她为了教育事业奉献了一生，真正做到了“春蚕到死丝方尽，蜡炬成灰泪始干”，也使我开始更为深刻地思考“什么样的教师才是真正合格的教师”。

如今，我是一名大学思政课教师。在讲台上，我始终牢记思政课教师的初心和使命，向青年大学生传播正能量，引导他们跟党走，做合格的社会主义建设者；在细节上，我引导他们从小事做起，从身边做起，做善良阳光的时代新青年。当在校园里迎面一声“老师好”响起的时候，当QQ上一个又一个头像亮起并传来“姐，节日快乐”的时候，当通过一根网线得知他们也走上教师岗位的时候……是我心里最甜蜜的时候。

人如果长期不吃盐就会变得体弱多病，没有力气，没有精神。今天，我们教育工作者要为我们的青少年、为我们国家和民族的未来带去教育尤其是德育的“盐”，让他们真正成长为有理想、有本领、有担当的时代新人，成为实现中华民族伟大复兴的坚实力量。

（作者单位：周口师范学院）

把神圣使命融入生命

□ 李惠霞

窗外的白杨树叶不知不觉中已经又有巴掌大小了。时间过得真快，这棵校园的白杨，已经伴随我度过29个春秋了。

受父亲的影响，我从小就特别向往做一名教师。1992年师范学校毕业后，我就来到安阳市钢二路小学，一直担任班主任和语文老师。和共和国同龄的老父亲，是一位有着40年党龄的老党员。他经常跟我说：“是共产党让咱老百姓有了好日子，一定要教好孩子们，让他们从小热爱共产党。”作为一名共产党员，作为一名人民教师，我不忘初心，虽然每天都从事着教书育人的平凡工作，却乐此不疲，“教师”这个称呼赋予的神圣使命已经融入自己的生命中了。

四年级刚接班时，我了解到班里有一个特殊的小女孩，她的名字叫小瑜。后来才逐渐知道，她的母亲因为经济纠纷入狱，父亲也不知去向。这个小姑娘由社会和学校资助上到了四年级。之后，我便特别留意这个小姑娘。

因为特殊的家庭情况，她有时会暂时缺少一些学习用具，我总是在她需要的时候，不经意地为她提前准备好。开学时，同学们志愿为班级捐图书，建立班级图书角，我会从家里拿来几本图书送给她。每当逢年过节，我都给她买两件新衣服，就像妈妈一样默默地守在她身旁，生怕她受到什么委屈，想让她像别的孩子一样健康成长。有时同年级的老师还开玩笑地说：“你们班小瑜呀，真成你的女儿了！”

记得在五年级的一天，她高兴地来找我说：“李老师，我妈妈给我来信了。”“是吗，太好了！”“李老师，你看看吧！”“小瑜，这是你的秘密，可以不用让李老师看的！”“老师你看看吧，我想让你看！”我接过信，从心里感谢她的信任，能和她分享快乐，真是幸福！从这以后，我经常催促她给妈妈写信，汇报她在学校的生活和学习情况，并给她准备好信封和邮票。每次收到她妈妈的来信，成了我们共同的快乐时光！

时间过得真快，转眼已经到六年级了。小瑜在学校和社会各界的帮助下快乐成长，学习成绩优异，性格也越来越开朗。毕业典礼上，她眼睛哭得通红，说：“李老师，我不想离开您呀……”我也眼含热泪，告诉她：“李老师永远是你的妈妈，钢二路小学永远是你的家，欢迎你随时回家！”小瑜能幸福地度过自己的童年生活，这就是我最大的幸福！

教师的岗位是平凡的，又是神圣的。在这个神圣使命的背后有多少付出、有多少泪水和汗水，只有身在其中的人才会感同身受。

去年10月份的一天，突然收到老父亲的电话。一向健康的父亲突发急病，需要住院输液缓解病情。我赶到医院，他已经输上了液体，我宽慰地对他笑笑说，这下可以休息几天了，医生说最少要住院半个月，千万别着急。他反过来安慰我：“我没关系，输几天液就行了，你别耽误学生上课，不用请假啊！”随后几天，我学校和医院两头跑，上完课就来医院陪父亲输液。有时我会拿着还没有改完的试卷或作业，在病床边，一边看父亲输液一边批改。父亲住院的第7天，我照常上完课急匆匆地赶到医院，谁知父亲却没有输液，住院的物品也已经收拾好了。我奇怪地问父亲：“这是怎么回事？”父亲说：“我已经好得差不多了，今天给医生说了准备出院，回家再休息休息就好了！”不管我说什么，父亲还是坚持要出院。后来才知道，父亲怕耽误学生学习，又怕把我累病了，他是心疼我啊！我心里无比的难受，眼泪溢满了眼眶。老父亲一辈子为子女着想，就是有病了也不愿拖累我们；作为女儿的我，天天忙于工作，又为他做了些什么呢？真是满心的愧疚！可我却是父亲的骄傲，他经常和别人聊天时说，我女儿是个好老师，教出的学生优秀，家长都夸呢！

春天如期而至，一阵和煦的春风吹过，校园的白杨树哗哗地响，它见证了我在钢二路小学的成功和失败，见证了钢二路小学所有教师的泪水和汗水，见证了钢二路小学所有教师的无私奉献，见证了我们付出的青春岁月。作为一名党员教师，我将不忘初心，为党育人；无私奉献，为国育才！

（作者单位：安阳市钢二路小学）

闻部66342631 记者部66323635 导刊部66356951 河南睿谷教育科技有限公司66342301 ■广告66327883 广告发布登记证号：郑惠济市监广发登字（2019）002号 ■河南教育报刊社发行部服务热线：400-659-7019 ■零售：1.50元 ■订阅：全国各地邮局 ■印刷：河南文达印刷公司（郑州市黄河路124号）

扫一扫，观看河南省师德教育活动主题歌《一切都给你》（最新版）

后记

HOUJI

2021年，新冠肺炎疫情多次反复。受疫情影响，筹备良久的"出彩河南人"2021最美教师发布仪式进行了线上"云发布"，这是河南最美教师宣传推介活动开启7年以来的首次，但疫情阻隔了距离，却无法隔绝传播最美的力量——今年的这13位最美教师立足自身岗位、传承"红色基因"、创新"多彩课堂"、奋进"科研创新"、助力"乡村振兴"……作为河南百万教师的优秀代表，他们身上集中体现了广大教师倾情奉献，做学生"锤炼品格引路人、学习知识引路人、创新思维引路人、奉献祖国引路人"的高尚品质。

这本《出彩河南人最美教师2021》的书稿，不仅生动、全面地展示了以这13位最美教师为代表的河南优秀教师形象，还记录了我省一年来在师德建设上所取得的突出成就，更诠释了我省教师在教书育人岗位上"不忘初心，立德树人"的使命担当。值得一提的是，在建党百年之际，河南省师德建设宣传中心联合教育时报推出了"我把一切献给党"新世纪河南十大师德楷模宣传报道，对这十位具有标志性和代表性的人物，以及三位特别致敬人物的重点宣传报道，本书予以收录；为庆祝建党百年而举办的"礼赞建党百年，矢志为党育人"全省师德主题诗歌朗诵比赛获得了百万人次的关注，经过初赛、复赛、决赛，共决出9组选手分获金、银、铜奖，本书将比赛的精彩瞬间及获奖作品也都一并收录……

全面、详细、图文并茂且附有丰富的视频资料……这是全省广大教师和教育工作者开展师德主题教育的鲜活教材。如今书稿即将付梓，作为本书的编者，同时作为第一批读者，编委会的每一位同志又一次经历了精神和心灵上的洗礼。当然，由于编写时间紧迫和编者水平有限，书中难免还有疏漏之处，恳请广大读者能对本书多提宝贵意见，也希望大家能对今后河南师德建设工作提出更好的建议，以便我们把这项工作做得更好，助力河南教育事业高质量发展。

·编者·